博雅传记

The Harvard-Yenching Institute and Cultural Engineering
Remaking the Humanities in China, 1924–1951

樊书华 著　方堃杨 译　栾明香 校译

SHUHUA FAN

文化工程

哈佛燕京学社与中国人文学科的再建：1924—1951

北京大学出版社
PEKING UNIVERSITY PRESS

图书在版编目(CIP)数据

文化工程：哈佛燕京学社与中国人文学科的再建：1924—1951/樊书华著；方堃杨译；栾明香校译. —北京：北京大学出版社，2017.10
　（博雅传记）
　ISBN 978 - 7 - 301 - 28698 - 2

Ⅰ.①文… Ⅱ.①樊…②方…③栾… Ⅲ.①北京大学—国际合作—哈佛大学—史料—1924—1951　Ⅳ.①G649.281②G649.712.8

中国版本图书馆 CIP 数据核字(2017)第 216675 号

The Harvard-Yenching Institute and Cultural Engineering: Remaking the Humanities in China, 1924-1951 by SHUHUA FAN
Published by agreement with the Rowman & Littlefield Publishing Group through the Chinese Connection Agency, a division of The Yao Enterprises, LLC.

书　　　　名	文化工程：哈佛燕京学社与中国人文学科的再建：1924—1951 WENHUA GONGCHENG
著作责任者	樊书华　著　方堃杨　译　栾明香　校译
责 任 编 辑	吴　敏
标 准 书 号	ISBN 978 - 7 - 301 - 28698 - 2
出 版 发 行	北京大学出版社
地　　　　址	北京市海淀区成府路 205 号　100871
网　　　　址	http://www.pup.cn　新浪微博:@北京大学出版社
电 子 信 箱	pkuwsz@126.com
电　　　　话	邮购部 62752015　发行部 62750672　编辑部 62757065
印 刷 者	北京大学印刷厂
经 销 者	新华书店
	965 毫米 × 1300 毫米　16 开本　21.75 印张　插页 8　252 千字 2017 年 10 月第 1 版　2017 年 10 月第 1 次印刷
定　　　　价	49.00 元

未经许可，不得以任何方式复制或抄袭本书之部分或全部内容。
版权所有，侵权必究
举报电话: 010 - 62752024　电子信箱: fd@pup.pku.edu.cn
图书如有印装质量问题，请与出版部联系，电话: 010 - 62756370

工业铝发明者
查尔斯·霍尔 (Charles M. Hall)

哈佛燕京学社捐资人
查尔斯·霍尔(Charles M. Hall)

考古学家
奥莱尔·斯坦因(Aurel Stein)

"纳西学之父"
约瑟夫·洛克(Joseph F. Rock)

漫画《中国化》
(New York World, 1928年3月17日)

燕京大学校长司徒雷登

哈燕社研究员、《引得》主编洪业

哈燕社研究员、汉学家
伯希和(Paul Pelliot)

哈燕社研究员、汉学名宿钢和泰(von Staël-Holstein)(右二)

哈燕社北平办事处中方员工群像

叶理绥(Serge Elisséeff),1934—1956年任哈燕社第一任社长

赖肖尔(Edwin O. Reischauer),1956—1964年任哈燕社社长

阿尔伯特·克雷格(Albert Craig),1976—1987年任哈燕社社长

位于哈佛大学校内的哈燕社全貌

哈燕社徽章

哈燕社正门

挂于哈燕社的一幅对联，左联"文明新旧能相益"，右联"心理东西本自同"

哈燕社大厅里的"居今识古"牌匾(徐世昌题)

燕京大学图书馆旧影之一

燕京大学图书馆之二

燕京大学西门

燕京大学校园之一

燕京大学校园之二

燕京大学校园之三

燕京大学校园之四

燕京大学校园之五

燕京大学校园之六

燕京大学校园之七

燕京大学校园之八

燕京大学校园之九

燕京大学校园之十

目 录

序　言　裴宜理/1
致谢与前言/1
中文版致谢/1

导　论　理解跨国文化工程/1
第一章　建立一个跨国性机构(1924—1928)/24
第二章　哈燕社成功启动(1928—1937)/71
第三章　战时逆境中的运转(1937—1945)/126
第四章　破碎的复兴中国人文学科梦(1945—1949)/182
第五章　一个美国在华事业的终结(1949—1951)/226
结　论　作为东西方桥梁的文化工程/275

参考文献/292

序　言

裴宜理（哈佛大学政治系教授、哈佛燕京学社社长）

今天的中国大学急切地把"全球化"作为创建21世纪世界一流大学的基本指标。但这远不是中国高等教育国际化的第一次试验。早在民国时期就有许多中国大学致力于与世界前沿教育接轨。用庚子赔款建立的清华大学就是其中一个突出的例子。另一个就是在美国和欧洲教会帮助下建立的一系列新教和天主教大学。这些面向全球化教育的尝试引发了许多争议。其初衷与如今的中国大学相似，即学习国外先进教育与发展适合中国的教育模式，这两大需求要努力达到令人接受的平衡。

从民国时期到现在，哈佛燕京学社（以下简称"哈燕社"）都是大力推动高等教育领域中西交流的有影响的支持者。哈燕社于1928年成立，到1951年其主要活动在中国大陆停滞，樊书华对哈燕社早期历史的杰出研究说明了哈燕社是跨国文化交流和合作的重要渠道。基于丰富的原始档案资料，樊教授极具洞察力的研究阐释了哈燕社早期历史中鲜为人知的故事，一些是光荣的，而另一些是不光彩的。樊教授著作围绕哈燕社的主旨与经营中的矛盾，反映了理念与利益的冲突不仅在国家之间，更在国家自身当中。应如何开展中国研究——是用英文还是中文，是运用西方的科学研究方法还是遵守中国传统的研究思路，是将范围局限于人文学科还是将社会科学学科也涵盖在内，它是否是实现其他目标的工具（福音主义、民族主义、大同主义等等)——都是严肃的学者们从当时到现在仍在争论的议题。最近,北京大学新设燕京学堂引发的争议表明这些议题即使在今天仍很敏感。

新发展

从哈燕社1951年在大陆工作终止到现在已六十五年,现在她已极大地改变和扩张了在亚洲的学术活动。在日本史专家赖肖尔教授(Edwin O. Reischauer)的领导下,除了中国大陆地区,哈燕社还将学术合作的大学以及研究机构延伸到了中国港台地区、日本及韩国。接下来哈燕社也将在南亚和东南亚地区建立联系。除此之外,与20世纪三四十年代哈燕社在亚洲的活动仅限于支持在中国的教会大学开展国学研究不同,她从1954年开始了访问学者项目,专注于从亚洲大学挑选和支持年轻有为的学者在西方(主要是哈佛大学)进修。今天,访问学者(主要是来自亚洲合作大学的学者)以及访问研究生(来自亚洲合作大学的博士研究生)仍是哈燕社的重要项目。关于这个项目及其他项目概况可以访问哈燕社网站(http://www.harvard-yenching.org/)。

自1979年中美关系正常化后,哈燕社恢复了与中国大陆的大学以及研究机构的合作关系。今天哈燕社同中国二十所高等教育机构建立了伙伴关系(此外还和亚洲其他地区的三十所大学建立合作关系)。哈燕社因此拥有来自亚洲地区主要大学的几千位学者组成的卓越而且活跃的校友网络。在同香港大学以及新加坡国立大学的合作中,哈燕社为在东南亚攻读博士学位的年轻学者开设了奖学金项目。在和德里的中国研究机构合作中,哈燕社为在中国研究领域攻读博士学位的印度学生提供奖学金,使这些学生能够在中国和哈佛学习中文以及撰写博士论文。在和亚洲地区友好大学的合作中,哈燕社为新兴研究领域(例如城市研究、人文医学、大众政治、世界文学等等)的年轻学者以及硕士和博士研究生提供有关人文和社科的"学科拓展"训练课程。在这些项目中表现突出的研究者将有资格获得奖学金,继续在哈佛一年的研究和学习。

在哈佛大学,哈燕社(一直是一个独立的组织,在法律和财政上同哈佛大学分离)努力在更广阔的学术环境中为访问学者和访问研究生提供更多的奖学金。所有访问学者以及研究生都能从哈佛的教员中分配到一位导师,鼓励他们同导师一同进行定期的学术研讨。访问学者会在研讨会中展示他们的研究,导师主持会议,研讨会在哈佛公开进行。访问研究生将同哈佛人文和社科领域的博士研究生一同参与论文写作训练课程。哈佛教员、硕士生及博士生发现他们通过和哈燕社的紧密联系,比原先仅有的师生互动学到了更多东西。

在哈佛之外,哈燕社致力于支持具有影响力的亚洲学者面向西方听众。例如,资助他们在由一流亚洲研究学者参与的美国亚洲研究学会年会上演讲。哈燕社还资助了一批出版项目(英文以及中文的学者专著和期刊,用亚洲语言写成的针对重要学者著作的在线书评等等)。哈燕社同样为亚洲本土学者在哈佛大学、美国亚洲研究协会以及其他地区举办的重要亚洲研究会议提供旅行资助。

中心任务

尽管有了这些新的发展,哈燕社的中心任务并没有变化:在亚洲人文和社科领域推动高等教育。作为哈佛大学以及亚洲大学沟通的桥梁,哈燕社一如既往地去追求这个目标:她欢迎亚洲学者到哈佛,同哈佛教授一同研究,利用丰富的图书资源(特别是哈佛燕京图书馆)以及其他研究设施;同时,她将哈佛以及其他大学(包括亚洲以及亚洲之外)的知名教授派往亚洲开展讲座——特别是在中国的合作大学。

哈燕社的捐助者,查尔斯·霍尔(Charles Martin Hall)于1914年逝世,在他最后的心愿和遗嘱中明确承诺要在后来广为人知的"东方"("日本、亚洲大陆、土耳其以及欧洲的巴尔干国家")推动高等教育。① 十四年之后,他的愿望随着哈燕社成立而实现,哈燕社的主旨是:"支持有关中国文化、亚洲大陆和日本、土耳其以及欧洲巴尔干国家的研究、教学及出版工作……"哈燕社明确承诺"为训练有素的中国和西方学者提供研究资助,并开展文理学院研究生的教育工作……在中国,支持探索、发现、收集和保护文物,或是资助博物馆及其他机构从事前述工作"②。

哈燕社成立于中国军阀割据的混乱时期,当时中国许多古代文化遗产受到战乱毁坏的威胁,哈燕社认识其使命即保护与阐释——而不是改造——中国传统文化和价值。基于此,哈燕社同当时在华传教的西方势力有本质的不同。在最后的遗嘱中,霍尔先生对于如何支持在亚洲地区教育事业有明确要求,"任何财产都不可用于神学教育"③。尽管霍尔以及其财产受托人倾向同中国的教会大学(特别是燕京大学,也有美国教会支持下的其他教会大学)建立紧密的合作关系,他们这么做并不是因为想要使中国皈依基督教,而是赞同

---

① 霍尔最后的心愿和遗嘱(Last Will and Testament of Charles M. Hall),1914年11月1日。
② 哈佛燕京学社协定(Harvard-Yenching Institute Agreement of Association),1928年1月4日。
③ 霍尔最后的心愿和遗嘱,1914年11月1日。

教会大学博雅教学的办学主旨。霍尔本人就毕业于基于宗教信仰成立的文理学院(欧柏林学院)。作为科学发明家和成功商人的他坚信这类教育机构的优势。同理,哈燕社也认为中国的教会大学为保护中国文化提供了最大的希望。他们重视建立图书馆、博物馆将其作为保存文化价值的场所,为了激发批判性思维以及纵览全球的视野而开设多元文化课程,这些都与哈燕社的追求目标相一致。

对中国教会大学而言,同哈燕社合作以加强国学研究,被看作是让中国人皈依基督教这一更高宗教目标的途径。但对哈燕社而言,同教会大学合作则是其实现学术追求这一更高世俗目标的途径。这也是文化挖掘和保护的目标之一,中国丰厚的历史传统因此有可能免去战乱毁坏以及即将到来的革命威胁。在哈燕社眼中,教会大学的角色就是把"西方科学方法"运用到中国文化研究中去。这样的研究方法,在哈燕社受托人看来,不仅对中国的未来一代,对整个世界文明来说都是至关重要的贡献。

但是哈燕社的领导们从来没有清晰阐释过"西方科学方法"运用到中国研究的准确内涵,而呈现出某种未经检验的文化帝国主义,即认为哈佛学者(以及他们在燕京和其他教会大学的学生)所采用的研究方法理所当然地优于中国本土学者的研究方法。就像樊书华所说,虽然许多重要的亚洲研究成果——不管是在亚洲还是哈佛,部分归功于哈燕社,但它同时也要为很多表现为文化迟钝以及令人讨厌的越轨行为负责。多数不幸的历史插曲可以归结于哈燕社早期领导者自以为是的科学优越主义,他们信奉精英和卓越学术分层化的观念,而哈佛确立了全球标准。虽然哈燕社没有改变中国文化本身之企图,但它确实试图改变对中国文化的研究方法,以此能更好地适应西方学者所认为的最先进的国际学术标准。

今天的哈燕社意识到哈佛师生应该从亚洲本土学者身上学到的东西至少和其他地方学者那里一样多。虽然哈燕社的创立目标——通过中国和亚洲文化的深入研究来推动高等教育——依然没有改变,但哈燕社不再认同自己的霸主地位:哈佛的教授高居学术顶层,受过哈佛教育但在其他高校的学者屈居第二,而其他人叨陪末座。哈燕社新启动的项目,如本地工作坊和和联合培养计划,都是以与亚洲数十所友好大学密切合作的方式开展,因此哈燕社认可有多个充满活力、杰出的亚洲文化研究中心。

最近在大中华主要高校中开展的多个跨学科中国学研究院项目(和在日本一流高校开展的日本学项目类似)令人兴奋,她挑战西方现存的对这些领域的限定。这些项目无论是用英文还是亚洲语言开展,无论对国家软实力或纯学术贡献多大,也不论促进文化多元化还是全球同质化,这些都是值得讨论的议题。哈燕社在这些复杂和具有争议性的问题上并不占据任何权威地位。但哈燕社欢迎在当前趋势中所展示出的更新中国学的努力。哈燕社希望在创立九十周年之际,能为在中国以及世界范围内的大学和研究机构复兴中国文化研究贡献微薄之力。

作为哈燕社社长,我谨表示对斯克兰顿大学(University of Scranton)樊书华教授书写哈燕社早期历史,以及山东大学刘家峰教授认识到其学术价值并及时促成本书翻译出版表示真挚的感激。

致谢与前言

我在哈佛燕京学社(哈燕社)做访问学者五个月后,于1996年末开始这个课题。当我在2006年7月完成博士论文答辩时,大约十年已经过去了。2013年春完成书稿的修改工作,几年又过去了。在从事调研、撰稿和修改的过程中,我得到了朋友、同行学者和同事的帮助,欠下很多人情。首先我要感谢美国湖林学院(Lake Forest College)的陈时伟教授。当时他在哈佛读博,鼓励我去询问是否可以查阅哈燕社办公室所存的、从未对外开放的有关学社历史的档案。我还要特别感谢时任哈燕社社长(1996—2008)杜维明教授。他鼓励我开展对此课题的研究,并为我开放学社的档案。如果不能查阅到哈燕社办公室所藏的丰富原始档案资料,我是不可能开展这个课题研究的。

来自国内的朋友、前同事以及老师的支持鼓励着我完成这个课题。要特别感谢我在中国社会科学院近代史研究所的同事,包括前任所长张海鹏、现任所长王建朗,以及丁茹筠、杜继东、黄光域、黄庆华、李玉贞和陶文钊等。我也想借此机会诚挚感谢同一研究领域的学者和朋友过去对我的帮助,包括但不限于下列学者:程广中、邓红、高翠莲、宫玉振、李金铮、李美花、刘德斌、刘海平、刘家峰、刘天路、聂大海、茹莹、钱军、曲爱国、宋欧、王立新和游彪。特别感谢高翠莲和宫玉振在北京帮忙查询中文资料。也非常感谢我在国内的硕士导师聂守志和最近仙逝的汪淼老师对我的鼓励。

美国朋友、同事和老师的支持和鼓励使我能够顺利完成博士生课程和博士论文。首先感谢我的硕士和博士导师委员会成员和教授——麦尔·弗里奇（W. Miles Fletcher）、何伟亚（James Hevia）、韩德（Michael H. Hunt）、吉姆·乐鲁德斯（James L. Leloudis）、梁思文（Steven I. Levine）和钱曾瑗（Michael Tsin），感谢他们在我撰写硕士和博士论文、申请课题基金和应聘工作的过程中提供的宝贵建议和慷慨帮助。我要对韩德和梁思文教授表示最深切的感谢，感谢他们在我于北卡大学读研期间和毕业后一直以来的关心和对我课题的建议以及慷慨分享资料；同时也对波拉·亨特（Paula Hunt）和玛德琳·莱文（Madeline Levine）给予我的关心、爱护和鼓励表示深深的谢意。

在过去的十年里，我曾得到同领域美国/美籍华裔学者的很多鼓励和帮助，包括来自我参加的美国历史协会、亚洲研究学会和美国对外关系史学家学会年会小组会议成员的建议。我要特别感谢柯如柏（Rob Carbonneau）、陈意新、程麟荪、高家农（Sherman Cochran）、戴福士（Roger Des Forges）、海福德（Chuck Hayford）、侯晓佳、劳伦斯·凯斯莱（Lawrence Kessler）、雷孜志（Michael Lazich）、李洪山、李若虹、李小兵、潘以红、蒲嘉锡（Noel Pugach）、布鲁斯·雷诺兹（Bruce Reynolds）、阿瑟·罗森鲍姆（Arthur Rosenbaum）、罗伯特·索里（Robert Sawrey）、单福良、唐娜·斯宾德（Donna Spindel）、王迪、王栋、吴淑惠和英年早逝的钱金宝。其中韩德、梁思文和海福德帮忙审读了我的书稿；戴福士、高家农、罗森鲍姆和索里阅读了书稿的第1章；蒲嘉锡、罗森鲍姆和王迪阅读了书稿的第5章；侯晓佳阅读了书稿的第3章；非常感谢他们提出宝贵的修改建议。同时我要感谢西弗吉尼亚州马歇尔大学和宾州斯克兰顿大学历史系同事和秘书提供帮助。当然,书中的任何错误由我本人负责。

我还要诚挚地感谢下列人员:感谢张凤、薛龙(Ronald Suleski)和王栋分享他们的著述,感谢时任哈佛大学档案馆馆员的张正(Jane Zhang)协助我在该管查阅档案,感谢我的朋友黛博拉·哈勒姆(Deborah Hallam)和吉姆·霍克(Jim Hawk)对中国历史和对我的课题的浓厚兴趣。霍克阅读了整部书稿,并从非历史专业的视角提出了宝贵的建议。我还要对我的室友和挚友邹彤表示深深的谢意,谢谢她一直以来对我课题的浓厚兴趣和对我的关爱。

各个机构提供的慷慨资助使我得以完成在中美两国的调研工作。杜维明社长和哈燕社在1996—1997年间提供经费,资助我在哈佛、耶鲁神学院档案馆和欧柏林大学档案馆的调研工作。欧柏林-山西纪念协会为我在欧柏林大学的调研提供了住宿。其他科研基金使我能开展进一步的档案调研、集中精力撰写书稿和在美国历史协会、亚洲研究学会及美国对外关系史学家学会年会上就我的研究发现做专题报告。我在北卡大学读研期间获得的最值得一提的研究基金包括教堂山北卡大学研究生院的斯密斯研究基金和旅费基金,历史系的莫瑞研究基金、多丽丝·奎因博士奖学金和旅费基金,北卡大学国际研究中心的博士论文研究旅费基金,以及哈佛-燕京图书馆的暑期研究基金。2006年博士论文答辩以后获得的最重要的资助包括西弗吉尼亚州人文学科研究基金;马歇尔大学教师暑期研究基金、奎南基金会教师旅费基金、盈科基金会研究基金;以及斯克兰顿大学校长办公室冬季教师研究基金、教师旅费基金,文理学院院长办公室旅费基金以及亚洲研究职业发展基金等。

各档案馆和图书馆的热情接待给了我愉悦而又富有收获的调研经历。本课题的原始档案资料主要集中在哈燕社档案室、哈佛大学图书馆系统(包括哈佛-燕京图书馆、怀德纳图书馆、哈佛大学档案馆和哈佛霍顿图书馆)、欧柏林大学档案馆、耶鲁大学神学院图书馆和北京大学档案馆。我要特别感谢杜维明、爱德华·贝克(Edward Baker)、吴文津(Eugene Wu)、郑炯文(James K. M. Cheng)、玛莎·斯莫利(Martha Smalley)、黛博拉·詹金斯(Deborah Jenkins)、罗兰德·鲍曼(Roland Baumann)和他们的职员,以及哈佛大学东亚语言文明系时任系主任孔飞力教授(Philip Kuhn)为我查阅哈佛大学档案馆所藏有关该系的档案资料作出的协调和安排。我还要特别感谢欧柏林大学化学系的诺曼·克雷格教授(Norman Craig)和他夫人安·克雷格(Ann Craig)于我在奥伯林做调研时给予的帮助并分享资料给我,同时要特别感谢钱军教授为我在北大档案馆查阅档案所作出的协调和安排。另外,我还要特别感谢教堂山北卡大学图书馆、马歇尔大学图书馆、斯克兰顿大学图书馆,尤其是图书馆际互借部门和缩微胶卷部门,在我撰写博士论文和修改书稿的过程中所提供的巨大而又及时的帮助。

我也要特别感谢哈燕社的前任社长阿尔伯特·克雷格(Albert Craig)、韩南(Patrick Hanan)和杜维明教授以及前任副社长爱德华·贝克先生在2003年夏接受我的采访和分享他们在学社的经历,以及现任社长斐宜理(Elizabeth Perry)教授对我课题的浓厚兴趣和支持。同时我要特别致谢学社项目主任和职员——李若虹、南阮(Nam Nguyen)、苏珊·斯科特(Susan Scott)、林赛·斯特罗加茨(Lindsay Strogatz)和伊莲·霍尔-威瑟姆(Elaine Hall-Witham)对我提供的慷慨帮助,尤其要感谢若虹和苏珊为我的新书提供学社的档案照片,以及若虹时不时地帮我查阅和核对学社所藏档案资料。

该书有两章的部分内容曾作为论文和图书章节出版。第一章的早期版本曾以《在中国发展人文学和在美国生产有关中国的知识：哈佛燕京学社的创建，1924—1928》为题，发表在《美国东亚关系杂志》上（16.4［2009年冬］：第251—283页）；该文以同一题目再刊于阿瑟·罗森鲍姆主编的《关于燕京大学的新视野，1916—1952年：给新中国的博雅教育》（伊利诺斯芝加哥：印刷出版公司，2012），第73—105页。第5章的节略版曾以《一个美国在华事业的终结：哈佛燕京学社的经历，1949—1953年》为题，发表在《关于燕京大学的新视野，1916—1952年》一书，第151—184页。在这里我要真诚感谢以上杂志和出版公司以及海福德、罗森鲍姆和Anthony Cheung授以版权，允许我使用以上两篇论文。

与娄曼 & 利特菲尔德（Rowman & Littlefield）下属的列克星顿书局（Lexington Books）的编辑合作是一种很愉快的经历。衷心感谢贾斯汀·莱斯（Justin Race）、沙巴·古拉马力（Sabah Ghulamali）、布莱恩·黑尔（Brian Hill）和伊森·范士丹（Ethan Feinstein）耐心合作和提供帮助。同时也诚挚感谢书稿的匿名审稿人提供非常宝贵的修改建议。

最后，我要特别感谢我的先生接培柱和儿子接小枫一直以来耐心的陪伴、为我做出的牺牲、对我的关爱以及对我课题的浓厚兴趣和慷慨帮助。培柱总是热心为我书稿的撰写和修改提供宝贵建议，并常常帮我查找中文资料。小枫在我完成书稿的修改时是一名经济学和国际关系双学位的大三学生，在校内外的一切活动中都非常优秀。他对我在哈佛大学档案馆和北京大学档案馆的暑期调研提供了很大的帮助，并阅读了我的整部书稿和提供了新颖的建议。我对他们的感激之情无以言表，谨以此书献给他们。

这里我想简单介绍一下本书采用的现代拼音系统。除了一些既定的中文人名比如蒋介石之外,本书对于中文人名和专用术语一律使用现代拼音。关于一些约定俗成的中文人名和一些华人作者在自己著述中的习惯署名,本书将按照中国的习俗,将姓氏排在名字之前,比如"陈兼"。但是,关于绝大多数海外华人学者,本书将依据他们在自己著述中的署名,将姓氏排在名字之后,比如江振勇(Yung-chen Chiang)和谭文芳(Wenfang Tan)。

中文版致谢

我的新书《文化工程:哈佛燕京学社与中国人文学科的再建:1924—1951》英文版于2014年8月由娄曼&利特菲尔德(Rowman & Littlefield)下属的列克星顿书局(Lexington Books)出版。① 在英文版出版两年半之后,该书中译本即将由北京大学出版社出版。该书中文版的出版缘起于北京大学高等人文研究院的陆胤博士。陆教授极力将我的英文新书引荐给燕京大学校友会和北大出版社的吴敏编辑。在此对陆胤博士、北大出版社和吴敏女士等表示真挚感谢。

全书的翻译组织工作是由我的好友、山东大学历史文化学院的刘家峰教授承担的。方堃杨女士投入了巨大精力翻译此书,刘家峰教授对译稿进行了多次校对和最后统稿。我深知翻译工作的不易,在此对二位的付出表示诚挚感谢。我的朋友、中国驻纽约总领事馆教育处领事常全生博士及夫人栾明香教授受邀校译了全书,山东大学历史文化学院的四位同学滕菲、戴舒、罗蕊和钟荣帆则核实了中文资料以及翻译注释和参考书目等,在此一并深表谢意。

最后,我要特别感谢哈佛燕京学社和哈燕社现任社长、哈佛大学

---

① 英文书名为 The Harvard-Yenching Institute and Cultural Engineering: Remaking the Humanities in China, 1924—1951 (Lexington Books, August 2014. https://rowman.com/ISBN/9780739168509)。中文版书名有所调整。

杰出的中国政治和历史学家裴宜理教授。裴教授一直以来对我的课题给予了很多关注和鼓励。这次又拨冗为中文版惠赐序言,并提供了部分出版基金。

导　论　理解跨国文化工程

本书以哈佛燕京学社(Harvard-Yenching Institute,以下简称"哈燕社")为案例,探讨从第一次世界大战到朝鲜战争期间,美国如何将西方人文学术移植到中国,并在美国国内从事有关中国的知识生产。哈燕社是一个基于博雅理念的跨国性双边文化基金会,由哈佛大学和在华教会大学燕京大学联合创立于1928年,旨在推进亚洲特别是中国人文学科的教学、科研和出版。按照创立者的界定,人文学科广义上包括历史、语言、文学、考古、宗教、艺术和哲学。哈燕社的创立者从一开始就强调了中西方学者运用注重分析的、批判性的和论述性的西方科学研究方法研究中国人文学的重要性。因为得到工业铝提炼方法发明者查尔斯·马丁·霍尔(Charles Martin Hall)遗产基金的慷慨捐赠,哈燕社成为致力于在华(主要是在几所西方资助的大学,即在华的合作大学)推进中国人文学最早和最大的美国基金会之一。

哈燕社在中国的第一个十年是其黄金时期(1928—1937)。在取得最初的显著成功之后,哈燕社的项目因抗日战争(1937—1945)和国共内战(1946—1949)的混乱和干扰而受到很大影响。尽管学社提供了大量的资金,帮助合作大学渡过难关,保持人文学项目继续进行,但是战争期间这些项目还是被严重削弱了。即使战后复原也并没将这些项目恢复至战前水平。更糟糕的是,1949年以后,中美外交关系日趋紧张,亚洲冷战开始,哈燕社迎来了前所未有的挑战。

而朝鲜战争成了压倒骆驼的最后一根稻草,加速了哈燕社在合作大学的人文学项目及在华的其他美国文化教育机构的消亡。

1950年代初期和中期,哈燕社将关注点转移到了在其他东亚地区比如在日本、韩国和中国港台地区发展教会高等教育,同时持续并扩展了在哈佛的项目。哈燕社于1954年设立了新的访问学者项目,邀请杰出的年轻亚洲学者在哈佛进行为期一年的学习和科研。[1]在中美关系正常化后,哈燕社于80年代初期恢复了与中国大陆的关系,邀请几所知名教育机构(现已扩大到20所)的中国学者参与访问学者项目,随后又与越南建立了交流项目。在前任社长杜维明(任职期间为1996—2008)和现任社长裴宜理(Elizabeth Perry,2008起任社长)的领导下,哈燕社资助了东亚和东南亚国家的大量文化和教育交流项目,涉及国家现又增加了泰国、柬埔寨和新加坡。而在美国国内,哈燕社在21世纪初一直在亚洲研究协会(AAS)年会上举办专题学术小组研讨会和招待会,以促进亚洲研究学者之间的交流。[2]

本书着眼于1950年代初期哈燕社转移到中国大陆以外的其他东亚国家/地区之前的活动。该书主要探讨了美国移植现代人文学到中国的根本原因,美国教育者与中国合作大学在哈燕社项目运营、管理和监管中的冲突与合作,太平洋两岸国内和国际形势的制约,美国在华直接经营的文教事业的终结,以及给双方留下的永久性影响。

哈燕社的故事为中西/中美文化交流中的许多有趣问题提供了独特见解。尽管哈燕社与教会大学发展了紧密关系,但是学社主要还是一个世俗性的学术机构,所以可被视作美国宗教和非宗教两方面力量在华文化和教育事业的缩影。作为成立于1920年代的一个以博雅理念为基础的双边性文化基金会,有两个主要原因将哈燕社与教会支持的大多数活动区分开来。首先,因为有霍尔遗产的慷慨捐赠,学社专注于在华的学术项目,资助中西方学者从事中国人文学科的教学、科研和出版工作。哈燕社虽然与合作的教会大学关系密切,但是其目的并不是推广基督教。而且,在20世纪二三十年代,由于社会福音在美国日趋流行,自由派神学传入中国,自由派传教士对中国文化的赏识与理解,以及中国民族主义觉醒带来的压力,使得与哈燕社合作的教会大学经历了巨大转变,趋向于接受广义上的神学自由主义和文化自由主义,并加速了这些大学的中国化进程。这些变化反过来导致了美国公众态度和外交政策的重新定位。[3]哈燕社的创立者和理事们与许多在华的自由派教会教育者,对于理性的中国民族主义都深表同情,并且尊重中国文化和中国学者,这并非偶然。第二,哈燕社在哈佛大学开展完全世俗性的学术项目来推动美国的亚洲研究,以此作为在华工作的培训基地。创立者希望学社的发展能贯通古今中外,通过中西方学者对中国人文学的科学研究来帮助延续或重建,而不是毁灭中国文化。同时,他们也希望这种方法可以帮助中国利用自身的文化遗产来解决其向现代化转变进程中所遇到的问题。

此外,哈燕社的建立也是两次大战期间美国社会发展的一个缩影。在上世纪20年代,随着一战后美国政府、学术界和公众对外部世界关注的增长,越来越多的院校开始开设有关俄国、中国、日本和其他非西方社会的历史和语言课程。那时,包括哈佛、耶鲁、哥伦比亚、斯坦福、伯克利、威斯康星、克拉克和华盛顿大学在内的多所院校都有至少一位教授开设东亚课程。[4]

在1920年代,随着战后美国一跃而成为世界领先的经济强国,美国的教育家和慈善家成立了新的基金会或重新定位原有的基金会,以促进国内外对外国文化尤其是对亚洲/中国文化的学术研究。

用阿瑟·罗森鲍姆（Arthur Rosenbaum）的话说，这些基金会"更好地反映了世俗化和职业化的力量"。[5]在这些具有相同理念的机构中，最值得关注的有美国学术团体理事会（American Council of Learned Societies）、美国中华基金会（China Foundation）、华美协进社（China Institute in America）、太平洋学会（Institute of Pacific Relations）、洛克菲勒基金会（Rockefeller Foundation）和哈佛燕京学社。[6]这些机构"为了使中国和日本成为严肃的学术研究课题而做了很多工作"，为两次世界大战之间亚洲研究在美国学术界作为一项学术事业的崛起做出了贡献；[7]如同卜德（Derk Bodde）所说，考虑到30年代初，在大多数美国大学中"中国仍然几乎不为人知"的情况，他们的贡献尤其突出。[8]例如，洛克菲勒基金会在1920年代末扩展了其活动范围，开始资助对中国的研究，包括语言和图书馆。美国学术团体理事会于1928—1929年间利用洛克菲勒基金会的资助举办了促进中国研究的会议；与太平洋学会合作，在美国发起关于中国和日本的调查，并以《我们大学课程中的中国与日本》为名出版调查结果。[9]此外，这些机构在移植现代西方的社会科学和人文学到亚洲/中国的过程中起到了关键性作用，这可以被视作20世纪前半叶这些学科国际化进程的一部分。

两次世界大战之间，除了美国对外部世界持续增长的兴趣和慈善基金会的国际捐助日益增多外，美国教育界和知识界的新趋势以及中国国内形势的迅速变化，也至关重要地影响了西方社会科学和人文学进入亚洲/中国的过程。

威尔逊国际主义和美国的进步主义思潮是诸多激励美国教育者和慈善家的推动力中的两个代表。长久以来，美国人一直自命代表各种文明，相信天定命运论，承担着按照自己的形象"重塑"其他社会的使命——因为他们坚信他们的国家正是约翰·温斯罗普（John Winthrop）设想的"山巅之城"。[10]20世纪初，当中国等亚洲国家面临着由朝代更替向现代民族国家转变过程中出现的严峻挑战时，美国教育者和慈善家曾试图将美国本土的进步主义教育改革模式输出到亚洲。

1920年代兴起的世界和平运动和威尔逊国际主义进一步促进了进步主义运动。受伍德罗·威尔逊总统在一战中推动和平、维持战后世界秩序的原则鼓舞，和平运动的领袖们坚信文化国际主义和思想界的世界主义对于维持世界和平至关重要。许多美国教育学家和慈善家也有此共识，并相信"文化交流、理解和合作是全球和平与秩序的根本前提"[11]。威尔逊国际主义可以被视作是一种文化态度和一种政治战略，认可"渐进变革、全球性相互依赖、国际合作，以及同时注重经济富庶和政治成熟"[12]。

和平运动、威尔逊国际主义精神和进步主义教育运动以及繁荣发展的资本主义经济，鼓舞着美国教育家和慈善家扩展在海外的教育活动。他们除了早前将科学和基督教引入非西方社会之外，现在还把社科和人文知识传播到了太平洋彼岸。一战后，作为国际进步主义团体成员的美国人，开展了运用社会科学知识和技术推广大规模社会和政治变革的项目，而中国就是传教士和世俗志愿者的最大而又最显著的试验场。用大卫·艾克布拉德（David Ekbladh）的话说，通过这些项目，西方科学将"最终渗透到中国人生活的重要领域，激发出美国人所坚信的创建现代社会所必需的理性的科学观"。

上述分析表明，中美互动不仅仅最主要的是在外交和政治上，而且在非比寻常的程度上，还体现为一种文化方式——"一种特殊的关系"。然而，这个"特殊关系"的主要缔造者——由外交官、传教士和商人组成的"门户开放派"——具有明显的文化优越感和居高临下的家长式作风,认为美国应该主导中国的改革,保护中国免受外国侵略。到 20 世纪初期,华盛顿的政策制定者也认同了"门户开放派"的理念,认为"美国应当指导和扶持中国的'现代化'"。[14]威尔逊式的扶持提携体现了在华"门户开放派"所推动的这些形成已久的在道义与物质上进行提携的理念。[15]

在大洋彼岸,中国的民族主义和共产主义在某种程度上是促使像哈燕社这样的美国基金会发起新项目来引导中国特别是"重建"中国的一对孪生因素;他们同时也塑造了哈燕社的人文学项目以及教会大学的重新定位,从而体现出了中国因素的作用。近代中国民族主义起源于 20 世纪初,中国的民族主义者发动了大规模的抵制外国的示威游行和罢工。一战后,从 1919 年的五四运动到 1920—1922 年的非基督教运动,再到 1924 年的收回教育权运动,最后到 1925 年的五卅运动,近代民族主义运动横扫各大中心城市。这些运动呼吁废除不平等条约并收回教育权。[16]

自 20 世纪初以来,具有民族主义情感的中国职业知识分子阶层的崛起对推动民族主义运动起了关键作用。中国知识分子具有强烈的民族情感,他们抵制外国人窃取中国的民族宝藏。在哈燕社的成立过程中,国立北京大学和燕京大学的知识分子鼓动阻止兰登·华尔纳(Langdon Warner)率领的哈佛考古队窃取更多的敦煌艺术珍品。受过西方教育的燕京大学文理学院院长洪业(洪煨莲,William Hung)指出,中国的考古文物和艺术品是中国的财产,应该留在中国。洪业被认为是导致华尔纳率领的哈佛考古队 1925 年中国之行惨败的幕后主使。[17]在 1930 年代,来自国内主要大学和教会大学的知名中国知识分子,抗议由哈燕社资助的斯坦因(Aurel Stein)的中国西北考古考察(1930—1931),以及英国皇家学院举办的中国艺术品国际展(1935—1936)。[18]哈燕社机智有效地化解了此次危机。其理事会一直与燕京大学高层保持联系,并认同后者的建议——有必要让斯坦因在所有考古工作中与中国研究团体合作;哈燕社理事会还致电北平的国家文物保护委员会,就合作一事进行沟通,同时强调斯坦因需要在前往考古发掘基地之前先请示国家委员会。燕京大学当局和国家文物保护委员会非常欣赏哈燕社理事会通过电报和通信及时作出回应以化解危机的做法。[19]

由学生发起、得到知识分子支持的政治激进主义浪潮,不仅影响了燕京大学和其他教会大学的日常工作,也让人质疑教会大学的在华使命,从而开创了教会大学20世纪二三十年代的中国化时代。[20]民族主义觉醒使哈燕社的创立者认识到重视中国文化研究的必要性,以此赢得中国学者的好感,使新成立的学社不同于教会学校和其他美国在华的教育机构。在第二次世界大战期间及战后,强烈的民族主义使得中国知识分子和学生抗议美国干涉中国内部事务,尤其是美国对蒋介石政府的支持。在中华人民共和国成立后,知识分子推动的民族主义运动与共产主义意识形态和国际政治形势相互交织,引发了前所未有的全国性的反美抗议浪潮,导致了哈燕社项目和教会大学的消亡。哈燕社的一位理事曾指出,"爱国主义和马克思主义"天衣无缝的"结合"导致了哈燕社项目的消亡。[21]

意识形态及其与民族主义的交互作用,是影响哈燕社项目和教会大学走向的另一因素;而意识形态与国家和政治压力的交互影响甚至在某种程度上决定了哈燕社和美国在华其他文化教育机构的命运。民国时期,中国民族主义和意识形态被当作重要的思想统治工具。蒋介石政府曾利用其意识形态和民族主义动员中华民族抵抗外国侵略，首先是来自西方国家的侵略，之后是来自日本的侵略。在20年代非基督教运动和反帝国主义运动的高潮时期，蒋介石政府要求将教会大学纳入中国的国家教育体系。蒋介石政府的压力加速了教会大学的中国化进程，也使得哈燕社的创立者理所应当地认为，要注重中国人文学项目以重塑中国文化和赢取中国知识分子的好感。蒋政府是独裁政府，他们压制中国知识分子的政治激进主义及其对民主的追求，这导致了其在40年代失去了教育界的支持。

对中国共产党人来说，意识形态在塑造其革命和外交政策方面起了更为重要的作用，这将导致哈燕社和其他在华美国机构的消亡。从一开始，中国共产党人就运用马列主义及后来的毛泽东思想，创造了一个独特的带有民族主义色彩的革命模式。在抗日战争中，他们将共产主义意识形态与民族主义相结合，发动村村户户起来抵抗日本。[22]由于哈燕社的创始人与中国共产党有着不同的意识形态，他们意识到有必要通过推动中国人文学研究来革新中国传统，再造中国文化，以此作为抵御无神论共产主义（参见第一章）。在二战以后，共同的共产主义意识形态，以及美国对蒋政府的支持和对毛泽东胜利的阻挠，导致中国倒向苏联。随着亚洲冷战的升级，新成立的中国政府因为美国对其未予外交认可和在朝鲜半岛的军事对抗而将美国视作头号敌人。席卷全国的反美宣传和运动注定了哈燕社和教会大学的消亡。[23]

唐日安（Ryan Dunch）指出，在20年代，列宁的帝国主义论逐渐影响了中国的都市青年，催生了一种新的民族主义论——具有武力色彩的/激进的民族主义，这被大多数西方人视为对其在华利益的威胁[24]，也影响了哈燕社创始人将项目定位于中国文化研究。谭文芳强调，20世纪上半叶的中国共产主义运动"就是民族主义运动"，而

8　文化工程

1949年的胜利"既是共产主义的胜利,也在同等程度上是中国民族主义的胜利"。即使在1949年之后前30年里,"马克思主义意识形态与民族主义仍是孪生兄弟"。[25]罗宾逊(Thomas Robinson)曾指出,在毛泽东领导下的中华人民共和国早期的外交政策,主要由三大内部因素决定——政治至上、历史包袱和意识形态。陈兼(Chen Jian)也强调了意识形态的重要性。他指出,1949—1950年的反美政策有着深刻的历史根源,同时也是政治意识形态和国家利益的严重分歧造成的。反美主义从一开始就是毛泽东改造中国的国家、社会和国际形象的宏大计划中不可缺少的组成部分。[26]

中国的急剧变化,尤其是强烈的民族主义、国共两党的崛起及其意识形态的分歧,美国国内的新发展包括国际和平运动的兴起、威尔逊民族主义和教育改革,一战后国际关系的变化,使中美文化互动出现了一些新特点,诸如20世纪初期教育家对跨越太平洋移植和调适的新信仰。中国知识分子选择性地引进西方/美国的理念,同时越来越多的美国进步主义教育家寻求新的方法来改变中国。然而,强大的中国民族主义与紧张的中美外交关系和冷战升级相互作用,最终让双方无法调适,进而迫使美国文化和教育事业彻底退出中国。[27]

在过去两代人中,学术界对在华美国文化和教育事业已多有论述,但是对于如何定论美国与中国的文化交流各持己见。在整个60年代,美国学者总是着眼于一个现代化的西方对一个传统文化的冲击,而中国学者则运用毛泽东理论,认为在华美国文化和教育事业是文化帝国主义。在美国,哈佛的费正清——美国的现代中国研究之父,是"现代化"研究范式最著名的提倡者。费正清强调,中国正是因为与西方的接触才开始转型为现代社会。从50年代初期起,费正清发表了大量论著,同时发起了有关在华美国传教事业的学术研究,形成了中国研究领域中颇具影响力的"哈佛学派"。这被费氏的高足、知名的近代中国研究学者柯文(Paul Cohen)总结为研究中国历史的"冲击与反应"论。[28]

在中国,毛泽东对帝国主义的定义一直支配着1950年代至1970年代初的学术界。[29]毛泽东强调指出:"近代中国的历史是一部帝国主义侵略的历史,是帝国主义反对中国独立和反对中国资本主义发展的历史";西方帝国主义表现在它对中国的政治、经济、文化和教育领域的控制。在1940年代中期之后,毛泽东还将美国视为西方帝国主义的首领。[30]聂崇岐是反映毛泽东观点对学术研究影响力的极好案例。聂是燕京大学毕业生,后留校任教当教授,也是《汉学引得丛刊》(由哈燕社资助出版)的一位重要编辑,曾由哈燕社资助在哈佛做过访问教授。然而,1962年发表的一篇文章中,聂批判美国在华教育活动是文化帝国主义,并认为燕京大学是"美帝国主义对中国文化侵略的一个重要堡垒,哈燕社自然就是这个堡垒的最重要部分"[31]。

在美国,20世纪六七十年代的新左派学者向老一代美国学者发起了挑战,他们指责西方帝国主义让中国变得如此弱小,以至于无法成功地对西方作出回应。[32]随后,爱德华·赛义德(Edward Said)《东方主义》一书的出版引发了对美国卷入亚洲事务的更多批判。赛义德认为,包括各类政府官员、商人、学者和传教士在内的西方人,构建了一幅丰富但扭曲和片面的有关东方的图景,以服务于帝国中心。他们把东方描述为低人一等的、可征服的和消极被动的异类。[33]唐日安指出,赛义德的著作摧毁了"现代知识体系应有的'中立性'"。[34]自从《东方主义》出版以来,有些学者开始运用赛义德的理论将美国在亚洲的活动批判为文化帝国主义,其他学者利用后现代研究方法,批判包括美国在内的西方弱小、低等和被动的东方,以促进帝国中心对全球边缘的控制。[35]

自从越战结束以来,美国和中国大陆的学术方向都发生了巨大变化。80年代中期,大陆的学者,诸如华中师范大学校长章开沅教授、北京大学张寄谦教授和四川大学的顾学稼教授,都因文化帝国主义论过分简单化而将之抛弃,转而认可美国对中国现代化尤其是在教育和文化领域的贡献。在80年代初期发表了一系列文章后,他们发起主办了国际会议,并出版了会议论文集及其他系列丛书。随后,第一届有关教会大学的国际会议于1989年6月在武汉举行。在一组中国学者与美国和加拿大的同行在耶鲁举行两次小型会议之后,第二届国际会议于1991年6月在南京举行。这些早期努力之后,越来越多有关教会大学的会议在中国大陆、香港和台湾地区举行。[36]在章开沅教授的领导下,华中师范大学于1994年成立了教会大学历史研究中心,该中心出版了关于所有在华的重要教会大学的历史著作,并资助了对相关西方学术的翻译出版。[37]在美国,自80年代以来,颇具影响的著述相继问世,阐述在华美国文化与教育事业的渊源以及中美文化关系的双向互动。[38]

这些不同的研究方法都为理解中美文化关系作出了贡献,但有些研究范式却低估了中国政治和中国参与者的作用及其对中美文化关系的影响;另一些研究范式则直接将东方与西方、中国与非中国、古典/传统与现代直接对立起来。[39]哈燕社在中国的经历表明,以上所有这些因素都对中美关系的发展起了作用,而且中国也并不是一个被动的受害者/简单的反应者和接收者。哈燕社的故事还表明,中美双方对于在华活动的目的并没有共识。

此外,尽管有大量关于中美文化关系的学术著述,但很少有学者关注美国向中国输出现代人文学的活动。很多学者透彻地研究了美国向中国输出西方教育、科学、技术和基督教的努力,还有一些学者则考查了美国移植现代社会科学到中国的活动。[40] 然而,我们对美国将现代人文学植入中国的尝试知之甚少,对美国在华教育领域的活动也只有片面而有限的了解。鉴于对一个迅速崛起的世界大国——中国的影响,以及中国在世界舞台上日益重要的作用,全面理解美国在教育领域对中国的影响在目前是非常重要和必要的。这不仅可以帮助我们更好地总结美国如何对中国施加影响的历史模式,尤其是在关键而又被忽视的教育和文化领域;而且也有助于我们从历史的视角理解在快速全球化的 21 世纪中美两国当前的文化和教育交流。此外,对中国现代人文学崛起与美国的慈善捐赠之间关系的个案研究,也会丰富关于慈善事业的学术著述,并为诸如慈善捐赠是如何影响接收方的教学、科研议程和研究方法以及出版项目等问题提供全新的视野。[41]

　　在本书中,我采用了"文化工程"(cultural engineer)的概念来研究分析哈燕社为了重塑中国文化而将西方/美国人文学知识植入中国的过程。我的"文化工程"概念部分地借鉴了"社会工程"的概念。大量的学术成果显示,20 世纪初期的社会科学运动代表了运用社会学知识来指导社会发展的新途径。在私人基金会的支持下,美国的社会科学家发起了研究美国社会的项目,也向外输出西方的科学研究方法,推动对包括中国在内的外国的研究,以指导这些社会的现代化进程。[42]

　　我的概念还借鉴了有关亚非后殖民时期身份认同和民族国家建设的学术观点。劳埃德·福乐斯(Lloyd Fallers)曾使用"文化管理"(cultural management)这个术语,阿里·马兹瑞(Ali Mazrui)曾用"文化工程"这个概念,来描述东非新成立的民族国家打造新的民族文化和建设新的民族国家的努力。福乐斯和马兹瑞都强调,这些新成立的民族国家的领导人,尤其是那些受过西方教育的知识分子,支持引入适用的西方方法和价值观,并将之与本土文化和历史传统相结合,以打造一个新的民族文化和形成国民的共同认同感。这一切都被这些领导人认为是促进其民族国家发展的关键。[43]

我将"文化工程"定义为,为创造一种新文化而有意识地制定的方案,以促进民族国家和身份认同的建设。根据项目发起者的需求,文化工程项目可以是对于历史的相对科学和"客观"的研究,利用文化传统/遗产来促进某一社会的发展;用哈燕社创立者的话说,就是用传统文化中的"精华"为现时服务。文化工程也可以是一种像中国"文化大革命"(1966—1976)那样的意识形态领域层面的运动,通过否定甚至摧毁传统价值观来构建一种全新的文化和一个新的社会秩序。无论是以上哪种情况,项目发起者都会声称,其目标是保证社会的"健康"(按项目发起者的定义)发展。当一个社会经历急剧转变或遭遇社会危机时,它通常需要文化工程来重新创建一种新的文化和一种新的身份认同。文化工程可以由本土政府、非政府组织、外国政权或由这几种力量联合发起。如果一个政府/非政府组织为了促进外国的社会进步而发起文化研究项目,那么这项文化工程就可以被定义为跨国性的文化工程。

文化工程需要满足几个要求/标准才能成功。如果一项文化工程是由一个强大的本土政府在适当的时机利用切实可行的方法发起,那么它就有可能达到其设定的目标,因为发起者拥有权力和资源将之付诸有效实施。如果一项文化工程是由当地的非政府组织发起,那么它只有获得中央政府的支持,或者至少不对其构成威胁,并同时满足社会的急迫需求,才可能成功。跨国文化工程项目除了满足上述标准外,还需要满足更多的前提条件。外国赞助发起者应该对接收方的社会和文化有透彻的理解,而且其项目应该与当地的类似项目的发起者及政府合作,或者至少不能给他们造成威胁。跨国文化工程还应该具备有效的行政机制来经营和管理其跨国项目的运行。如果通过私人机构在跨国背景下运作文化工程,其发起人应该获得外国当地接收者的合作甚至是积极参与。外国发起者和当地接收者的有效互动对于跨国文化工程的最终结果至关重要。良好的国内和国际环境也是本土或跨国文化工程是否成功的决定性因素。然而,并不是所有的文化工程项目都有助于社会的发展。例如,毛泽东的"文化大革命"就可以被视为一种打造社会主义新文化的文化工程,但是它却给中国带来了灾难。

哈燕社在中国的活动符合文化工程的模式。哈燕社的历史表明,"文化帝国主义"论/东方主义论和现代化理论都无法完整地阐释20世纪美国在华的文化和教育工作,尤其是其建立现代社会科学和人文学的活动。哈燕社的中国人文学项目可以被视作是为民族国家建设而开展的大规模的文化再造/重塑活动的一部分。1910年代初期中国王朝秩序的崩塌、中国融入国际社会以及在巴黎和会上遭受的屈辱,迫使中国知识分子寻求建立新的文化和民族国家认同。为了达此目的,中国知识分子,特别是在国外受过教育的学者,发起了运用西方科研方法研究中国历史,尤其是中国文化遗产的运动。其结果就是,国立大学和私立学校,包括西方在华教会大学,都相继开设中国文化研究项目。哈燕社在1920年代是以客人和后来者的身份加入了这个行列。它的慷慨资金帮助教会大学加强了中国文化研究,甚至开展了一系列新的项目,在应对中国的民族国家建设和打造民族认同感的过程中起到了积极作用。因此,哈燕社的项目可以被看作是声势浩大的促进中国民族国家建设和身份认同建设的民族主义运动的一部分,而不完全是纯粹的学术研究。[44]

哈燕社的项目具有多国和跨国合作的性质。这主要表现在,作为在美国发起的私立教育基金会,哈燕社的管理层包括中美两国的教育家。哈燕社提供资金和输出西方研究方法以支持在中国的合作教会大学开展中国文化研究,而这些教会大学则是由西方差会资助运作的,其教职员来自于中西方的教育者,并以中国学生作为其学生的主体。

本书按年代顺序讲述哈燕社的故事。第一章考查哈燕社创立(1924—1928)的渊源及其领导人物。哈燕社是一战后特殊年代太平洋两岸新发展的产物。第二章研究哈燕社创建后第一个十年(1928—1937)的机构建设以及项目的运营和管理。第一个十年是哈燕社的黄金时期,这在某种程度上在于哈燕社的项目正好满足了再造中国文化的紧急需求,并且与中国教育领域的发展趋势相一致。第三章探讨抗日战争时期(1937—1945)哈燕社在中国的营救任务以及在哈佛拓展亚洲研究项目的努力。哈燕社的资助对于挽救中国教会大学起了很重要的作用,并维持人文学项目的基本运行,而且还间接地开拓了中国人文学科的新领域。然而,哈燕社对于哈佛与日俱增的关注以及对在中国的项目日趋严格的监管,引起了学社与合作大学之间的新矛盾。第四章叙述哈燕社在二战后(1945—1949)帮助教会大学重建和恢复中国人文学的努力。慷慨的资金、管理层的拓展和日益严格的监管,并没有带来黄金时期的再现。相反,哈燕社体系的内部矛盾和外来的严峻挑战,不仅打断了哈燕社开展的复原工作,而且注定了哈燕社在华项目的逐渐消亡。本书最后一章分析哈燕社项目于1950年代在中国的消亡(1949—1951),并从中美国内发展形势和不断变化的国际关系的大背景分析哈燕社在中国的终结。本章指出,新政府的建立、中美外交关系的恶化以及亚洲冷战的升级是哈燕社在大陆中国消亡的根本原因;朝鲜战争由于直接加速了这一过程,因而对哈燕社的消亡也起了极其重要的作用。

  我之所以能够讲述哈燕社的故事,首先得益于位于麻省剑桥的哈燕社办公室以及哈佛大学各图书馆提供的丰富的档案文献。另一部分主要档案资料来自位于康州纽黑文耶鲁大学神学院的亚洲基督教高等教育联合董事会档案(The United Board for Christian Higher Education in Asia)。第三部分重要档案资料是现存于北京大学档案馆中的有关燕京大学/哈燕社的资料。第四部分重要资料是现存于中美两国的中文文献。这些不同渠道的资料包括机构档案记录如年度报告、理事会会议、记录和信函,未出版手稿如日记和重要人物的来往信件,以及已出版的资料(如校刊和演讲稿等)。除了这些与哈燕社直接相关的档案资料,我也利用了中美两国的政府文档和第二手资料。身为一名哈燕社的访问学人和一名人文学领域的学者,我急切地希望利用这些资料来讲述哈燕社的故事以及它留给当代中国和当今中美文化交流的经验和教训。

注 释

1 "Call and Notices of Special Meeting of the Board of Trustees, Apr. 17, 1952", 此文附于哈佛燕京学社理事会会议记录(The Harvard-Yenching Institute's Board of Trustees' meeting minutes, 此后简写为 TM), Apr. 29, 1952. 另见: TM, Nov. 17, 1952; Apr. 1953, 藏于哈佛燕京学社档案馆(Harvard-Yenching Institute Office Archives 下文称 HYIOA); Ronald Suleski, "A Brief History of the Harvard-Yenching Institute: Celebrating Seventy-Five Years (1928-

2003)",未刊文章,8-20,HYIOA。

2　http://www.harvard-yenching.org/partner-institutions(于 2014 年 1 月登录查询); Suleski, "A Brief History of the Harvard-Yenching Institute", 35-42;《"我的半个故乡在中国":哈佛燕京学社社长裴宜理教授访谈录》("Half of My Hometown is in China": An Interview with Elizabeth J. Perry, Director of Harvard-Yenching Institute), http://english.beijingharvardclub.com/artical/artical.aspx? pagetitle = Alumni%20Honor-s&id = 597(于 2012 年 12 月登录查询)。

3　Xi Lian, *The Conversion of Missionaries: Liberalism in American Protestant Missions in China*, 1907-1932 (University Park, PA: Pennsylvania State University Press, 1997).

4　Robert A. McCaughey, *International Studies and Academic Enterprise: A Chapter in the Enclosure of American Learning* (New York: Columbia University Press, 1984).

5　Arthur Lewis Rosenbaum, "Yenching University and Sino-American Interactions, 1919-1952", in *New Perspectives on Yenching University, 1916-1952: A Liberal Education for a New China*, ed. A. Rosenbaum (Chicago, II: Imprint Publications, 2012), 71; Akira Iriye, *The Globalizing of America, 1913-1945* (New York: Cambridge University Press, 1993), 103-107.

6　Tomoko Akami, *Internationalizing the Pacific: The United States, Japan, and the Institute of Pacific Relations in War and Peace, 1919-1945* (New York: Routledge, 2002); Edward H. Berman, *The Ideology of Philanthropy: The Influence of the Carnegie, Ford, and Rockefeller Foundations on American Foreign Policy* (Albany, NY: State University of New York Press, 1983); Chih Meng, *Chinese-American Understandings: A Sixty-Year Search* (New York: China Institute in America, 1981); Akira Iriye, *Global Community: The Role of International Organizations in the Making of the Contemporary World* (Berkeley, CA: University of California Press, 2002).

7　Akira Iriye, "Americanization of East Asia: Writings on Cultural Affairs since 1900", in *New Frontiers in American-East Asian Relations: Essays Presented to Dorothy Borg*, ed. Warren I. Cohen (New York: Columbia University Press, 1983), 55; McCaughey, International Studies, 73-109.

8　Paul A. Cohen and Merle Goldman, eds., *Fairbank Remembered* (Cambridge, MA: The John K. Fairbank Center for East Asian Research, Harvard University,

1992), 11.

9 Mary Brown Bullock, *The Oil Prince's Legacy: Rockefeller Philanthropy in China* (Stanford, CA: Stanford University Press, 2011), 2, 70-71; Edward Carter 编辑的 *China and Japan in Our University Curricula*（New York: Institute of Pacific Relations, 1929）即为出版的调查结果的书名。

10 Anders Stephanson, *Manifest Destiny: American Expansionism and the Empire of Right*（New York: Hill and Wang, 1995）.

11 Iriye, *Globalizing of America*, 103-107.

12 Akira Iriye, *Power and Culture: The Japanese-American War, 1941-1945*（Cambridge, MA: Harvard University Press, 1981）, 132. 另见 Akami, *Internationalizing the Pacific*, 5-10.

13 David Ekbladh, *The Great American Mission: Modernization and the Construction of an American World Order*（Princeton, NJ: Princeton University Press, 2010）, 7-8, 14, 25-39.

14 Michael H. Hunt, *The making of a Special Relationship: The United States and China to 1914*（New York: Columbia University Press, 1983）, xi, 258.

15 关于意识形态在美国外交政策制定中的作用，见 Stephanson, *Manifest Destiny*; Michael H. Hunt, *Ideology and U. S. Foreign Policy*（New Haven, CT: Yale University Press, 1987）, 以及 *Special Relationship*; Michael E. Latham, *Modernization as Ideology: American Social Science and "National Building" in the Kennedy Era*（Chapel Hill, NC: University of North Carolina Press, 2000）。

16 Jessie G. Lutz, *China and the Christian Colleges, 1850-1950*（Ithaca, NY: Cornell University Press, 1975）, 204-270, and *Chinese Politics and Christian Missions: The Anti-Christian Movements of 1920-1928*（Notre Dame, IN: Cross Cultural Publications, Cross Roads Books, 1988）; John Israel, *Student Nationalism in China, 1927-1937*, imprint（Stanford, CA: Stanford University Press, 1996）, 3-4; Yip Ka-che, *Religion, Nationalism and Chinese Students: The Anti-Christian Movement of 1922-1927*（Bellingham, WA: Center for East Asian Studies, Western Washington University, 1980）.

17 Susan C. Egan, *A Latterday Confucian: Reminiscences of William Hung（1893-1980）*（Cambridge, MA: Council on East Asian Studies, Harvard University, 1987）, 114-116.

18 Justin Jacobs, "Confronting Indiana Jones: Chinese Nationalism, Historical Im-

perialism, and the Criminalization of Aurel Stein and the Raiders of Dunhuang, 1899-1944", in *China on the Margins*, eds. Sherman Cochran and Paul G. Pickowicz (Ithaca, NY: East Asia Program, Cornell University, 2010), 65-90; Frances Wood, "Paul Pellio, Aurel Stein and Chinese Opposition to the Royal Academy's International Exhibition of Chinese Art, 1935-1936", http://www.britishmuseum.org/pdf/15_wood-Pelliot). pdf (于2013年12月登录查询)。

19 Lucius Porter to Roger S. Greene, Jan. 21, Jan. 26 and Mar. 11, 1931, in "Yenching University Archives" (YUA), YJ31010, no. 3-1931, 北京大学档案馆 (Peking University Archives, PUA)。

20 Rosenbaum, "Yenching University and Sino-American Interactions, 1919-1952", in *New Perspectives*, 70.

21 Wallace B. Donham, "Report on the Use of Income from the Restricted Funds, Nov. 1, 1951", HYIOA.

22 Suisheng Zhao, *A Nation-State by Construction: Dynamics of Modern Chinese Nationalism.* (Stanford, CA: Stanford University Press, 2004), 3. 另见 Benjamin Schwartz, *Chinese Communism and the Rise of Mao* (Cambridge, MA: Harvard University Press, 1951); Chalmers Johnson, *Peasant Nationalism and Communist Power: The Emergence of Revolutionary China* (Stanford, CA: Stanford University Press, 1962)。

23 Chen Jian, *Mao's China and the Cold War* (Chapel Hill, NC: University of North Carolina Press, 2001), 6-10; Warren I. Cohen, "Introduction: Was there a 'Lost Chance' in China?" for "Symposium: Rethinking the Lost Chance in China", *Diplomatic History* 21. 1 (Winter 1997), 75; Chen Jian, "The Myth of America's 'Lost Chance' in China: A Chinese Perspective in Light of New Evidence", *Diplomatic History* 21.1(1997): 77-86.

24 Ryan Dunch, *Fuzhou Protestants and the Making of a Modern China, 1857-1927* (New Haven, CT: Yale University Press, 2001), xix.

25 Wenfang Tang and Benjamin Darr, "Chinese Nationalism and Its Political and Social Origins", *Journal of Contemporary China* 21. 77 (2012):813.

26 Chen Jian, "The Myth of America's 'Lost Chance' in China", *Diplomatic History* 21. 1:78.

27 Charles W. Hayford, *To the People: James Yen and Village China* (New York: Columbia University Press, 1990), xii.

28 关于"现代化"理论的早期经典著作,见 John K. Fairbank and Ssu-yu Teng, *China's Response to the West: A documentary Survey*, *1839-1923*(Cambridge, MA:Harvard University Press,1954);Fairbank, ed., *The Missionary Enterprise in China and America*(Cambridge, MA:Harvard University Press, 1976);Kwang-ching Liu, ed., *American Missionaries in China: Papers from Harvard Seminars*(Cambridge, MA:Harvard University Press,1966)。柯文对此持批判性态度,见 Paul Cohen, *Discovering History in China: American Historical Writing on the Recent Chinese Past*(New York:Columbia University Press,1984),10-55。

29 相关代表包括知名史学家比如胡绳、刘大年和丁名楠。见胡绳:《帝国主义与中国政治》,北京:三联书店,1950年;丁名楠等:《帝国主义侵华史》第一卷,北京:科学出版社,1958年;刘大年:《美国侵华史》,北京:人民出版社,1951年;卿汝楫:《美国侵华史》(二卷本),北京:人民出版社,1952—1956年。

30 毛泽东:《新民主主义论》,载《毛泽东选集》卷7,东京:苍苍社,1983年第二版;毛泽东:《全世界革命力量团结起来反对帝国主义的侵略,1948年11月》,载《毛泽东集》卷10;毛泽东:《在中国共产党第七届中央委员会第二次全体会议上的报告》,载 *Selected Works of Mao Tse-tung*,卷4,第370页,北京:外文出版社,1969年第三版。

31 聂崇岐:《简述哈佛燕京学社》,载《文史资料选辑》第25辑,第70—80页,北京:文史资料出版社,1986年重印版。

32 Joseph Esherick, "Harvard on China: The Apologetics of Imperialism", *Bulletin of Concerned Asian Scholars* 4.4(Dec. 1972)。其他概括性理论著作包括:Martin Carnoy, *Education as Cultural Imperialism*(New York:Longman, 1974);Johan Galtung, "A Structural Theory of Imperialism", *Journal of Peace Research* 8.2(1971):81-117;Robert Arnove, ed., *Philanthropy and Cultural Imperialism*(Bloomington, IN:Indiana University Press, 1982)。关于近期综合性的评论,见 John Tomlinson, *Cultural Imperialism: A Critical Introduction*(Baltimore, MD:Johns Hopkins University Press, 1991);Ryan Dunch, "Beyond Cultural Imperialism: Cultural Theory, Christian Missions, and Global Modernity", *History and Theory* 40(Oct. 2002):301-325。

33 Edward W. Said, *Orientalism*(New York:Pantheon, 1978)。

34 Dunch, "Beyond Cultural Imperialism", *History and Theory* 40:303。

35　E. Richard Brown, "Rockefeller Medicine in China: Professionalism and Imperialism", in *Philanthropy and Cultural Imperialism: The Foundations at Home and Abroad*, ed. Robert Arnove (Boston: G. K. Hall, 1980); Paul W. Harris, "Cultural Imperialism and American Protestant Missionaries: Collaboration and Dependency in Mid-Nineteenth-Century China", *Pacific Historical Review* 60.3 (Aug. 1991): 309-338; Judith B. Farquhar and James Hevia, "Culture and Postwar American Historiography of China", *Positions* 1.2 (Fall 1993); Tani Barlow, "Colonialism's Career in Postwar China Studies", *Positions*, 1.1 (Spring 1993); Carol C. Chin, "Beneficent Imperialists: American Women Missionaries in China at the Turn of the Twentieth Century", *Diplomatic History* 27.3 (Jun. 2003): 327-352. 另见 Jessica C. E. Gienow-Hecht, "Shame on US? Academics, Cultural Transfer, and the Cold War-A Critical Review", *Diplomatic History* 24.3 (Summer 2000): 465-494.

36　自1980年代开始,很少有中国大陆学者对美国在近代中国的文化和教育活动持批判性态度。王立诚和王立新是少数同时讨论美国在近代中国活动的贡献和负面影响的中国学者。见王立诚:《美国文化渗透与近代中国教育:沪江大学的历史》,上海:复旦大学出版社,2001年;王立新:《美国传教士与晚清中国现代化——近代基督教传教士在华社会文化和教育活动研究》,天津:天津人民出版社,1996年。

37　持"现代化"理论的中国学者代表包括张寄谦、章开沅、顾学稼及其弟子们:张寄谦:《哈佛燕京学社》,《近代史研究》1990年第5期,第149—173页;章开沅编:《中西文化与教会大学》,武汉:湖北教育出版社,1991年,《文化传播与教会大学》,武汉:湖北教育出版社,1996年,以及《社会转型与教会大学》,武汉:湖北教育出版社,1998年;顾学稼等编:《中国教会大学史论丛》,成都:成都科技大学出版社,1994年;陶飞亚、吴梓明:《基督教大学与国学研究》,福州:福建教育出版社,1998年;谭双泉:《教会大学在近现代中国》,长沙:湖南教育出版社,1995年;黄新宪:《基督教教育与中国社会变迁》,福州:福建教育出版社,1996年。关于详细的史学综述,见马敏:《近年来大陆中国教会大学史研究综述》,载章开沅编《文化传播与教会大学》,第401—428页;Peter Tze Ming Ng, *Changing Paradigm of Christian Higher Education in China* (Lewiston: Edwin Mellen Press, 2002), 9-21。

38　代表学者及著作包括 Daniel H. Bays and Ellen Widmer, eds., *China's Christian Colleges: Cross-Cultural Connections, 1900-1950* (Stanford: Stanford University Press, 2009); Yung-chen Chiang, *Social Engineering and the Social Sciences in China, 1919-1949* (New York: Cambridge University Press, 2001); Hongshan Li, *U. S. -China Educational Exchange: State, Society, and Intercultural Relations, 1905-1950* (New Brunswick: Rutgers University Press, 2007); Lian, *Conversion of Missionaries*; Rosenbaum, ed., *New Perspectives*; Dong Wang, *Managing God's Higher Learning: U. S. -China Cultural Encounter and Canton Christian College (Lingnan University),1888-1952* (Lanham, MD: Rowman & Littlefield, 2007); Norton Wheeler, *The Role of American NGOs in China's Modernization: Invited Influence* (New York: Routledge, 2013).

39 哈佛燕京学社第一任华人社长杜维明(1996—2008年在任)认为,传统与现代的二分法并不合理,因为现代性在传承文化传统的同时,传统也拥有了现代意义。见杜维明:《本土知识的普世意义》,载刘海平主编:《文明对话:本土知识的全球意义——中国哈佛燕京学者第三届学术研讨会论文选编》,上海:上海外语教育出版社,2002年,第7—8页。

40 笔者的研究建立在有关美国尤其是美国传教士致力将西方科学、技术、基督教和社会科学引进中国的活动的丰富学生成果基础之上。在美国差会与教会教育家研究方面比较有影响的著作包括 Fairbank, *The Missionary Enterprise*; Liu, *American Missionaries in China*; Suzanne Barnett and Fairbank, eds., *Christianity in China: Early Protestant Missionary Writings* (Cambridge: Harvard University Press, 1985); Lian, *Conversion of Missionaries*; Jun Xing, *Baptized in the Fire of Revolution: The American Social Gospel and the YMCA in China,1919-1937* (Bethlehem, PA: Lehigh University Press, 1996). 关于美国向中国输出科学的研究,见 Peter Buck, *American Science and Modern China, 1874-1936* (New York: Cambridge University Press, 1980); James Reardon-Anderson, *The Study of Change: Chemistry in China,1840-1949* (New York: Cambridge University Press, 1991); Mary Brown Bullock, *An American Transplant: The Rockefeller Foundation and Peking Union Medical College* (Berkeley, CA: University of California Press, 1980). 关于中国教会大学的经典著作,见 Lutz, *China and the Christian Colleges*; Philip West, *Yenching University and Sino-Western Relations, 1916-1952* (Cambridge: Harvard University Press, 1976). 关于美国将社会科学引进中国的论著,见 Yung-chen Chiang, *Social Engineering*. 关于西方/美国在中国的重要人文科学项目研究,见 Lydia Liu, *Translingual Practice: Literature, National Culture, and Trans-*

lated Modernity-China, *1900-1937*（Stanford: Stanford University Press, 1995）; Ng, *Changing Paradigms*; 陶飞亚、吴梓明:《基督教大学与国学研究》。

41　江勇振先生的学术贡献在于,他注意到中国社会科学家与美国慈善活动家的相互作用与影响。见 Yung-chen Chiang, *Social Engineering*。

42　Dorothy Ross, *The Origins of American Social Science*（New York: Cambridge University Press, 1991）; Chiang, *Social Engineering*; John McClymer, *War and Welfare: Social Engineering in America*, *1890-1925*（Westport, CT: Greenwood Press, 1980）; Guy Alchon, *The Invisible Hand of Planning: Capitalism, Social Science, and the State in the 1920s*（Princeton, NJ: Princeton University Press, 1985）.

43　Ali A. Mazrui, *Cultural Engineering and Nation-Building in East Africa*（Evanston: Northwestern University Press, 1972）; Lloyd A. Fallers, "Ideology and Culture in Uganda Nationalism", *African Anthropologist* 63（1961）: 677-678; Amita Shastri et al., eds., *The Post-Colonial States of South Asia: Democracy, Development, and Identity*（New York: Palgrave, 2001）.

44　Ng, *Changing Paradigms*, 150-152.

第一章 建立一个跨国性机构(1924—1928)

福音传教士的时代正在过去,现在正是哈佛新项目强调中国文化精华的最佳时候。

——1925年1月29日,兰登·华尔纳(Langdon Warner)从北京致函哈佛福格博物馆馆长保罗·萨克斯(Paul Sachs)

民族主义浪潮横扫这个国家……中华民族也明显地参与其中。

——兰登·华尔纳,1925年2月26日[1]

半个世纪前,现代化席卷了日本,使她丢失了传统文化中很多有价值的东西。

——詹姆斯·伍兹(James Woods),1929年11月2日[2]

1928年1月4日,通过创立者们在中国与美国协商数年后,哈佛燕京学社(哈燕社)作为一个独立的非营利教育机构成立了。该机构的宗旨是将美国人文学术移植到中国,推进对亚洲尤其是对中国文化的教学、科研和出版。哈燕社总部位于美国麻省剑桥的哈佛大学,同时在北京的燕京大学设立分社。[3]两国的创立者都认为,对中国文化的现代科学研究有助于中国解决其社会问题,并帮助她避免由于失控的工业化所带来的毁灭性影响以及激进/混乱的民族主义动荡所带来的不稳定。哈佛方面的创建者还表示:"在全世界所有人当中,我们或许拥有最佳机遇,将新思想融入我们的文明,并收获他人的成果。"[4]在电解铝工艺发明者查尔斯·马丁·霍尔(Charles Martin Hall)遗产基金的资助下,哈燕社成为两次世界大战之间太平洋两岸致力于促进亚洲/中国人文学科的最大基金会。

哈燕社的创立是威尔逊国际主义思潮盛行的产物。[5]第一次世界大战后,美国进步主义教育家和慈善家发起了研究外国尤其是亚洲的语言、历史、文化和社会的新动议。[6]而最显著和广泛的成果集中于东亚研究。除了学术机构外,博物馆、公共图书馆和致力于向公众介绍亚洲事务的机构也开展中国和日本研究。[7]

本章依据有关美国在华文教活动和中国民族主义的现有研究成果以及驳斥两次世界大战期间美国"孤立主义"论的修正主义学术成果,突出强调美中文化关系的双向交流,解读在哈燕社成立过程中,美国知识界的思潮、中国民族主义及中方参与者的影响和作用。

哈佛的"大计划"

查尔斯·马丁·霍尔教育基金有一部分专门用于资助"东方"的高等教育,而哈佛的"大计划"正是哈佛希望获得该部分基金而产生的意外成果。哈佛如何获得这部分霍尔教育基金的资助而得以成立东方研究机构是一个非常有趣的故事。1914年11月,也就是在哈佛开始申请该资金之前十年,霍尔就拟定完了遗嘱。霍尔早年利用他父母在俄亥俄州欧柏林市(Oberlin, Ohio)的木棚做实验室,发明了从铝土岩中分离铝的技术。他从拥有赴华传教传统的欧柏林学院毕业后,成立了美国铝业公司(ALCOA),并积累了一大笔财富。他在遗嘱中指定,自己庞大遗产的绝大部分将用于成立霍尔教育基金。

霍尔明确指出,三分之二的遗产将用于资助美国的教育机构,而另外的三分之一将用于"发展外国包括日本、亚洲大陆、土耳其和欧洲巴尔干国家的教育"。后来一大笔基金被拨付给欧柏林—山西纪念协会。该协会是为了纪念早前在义和团运动中被杀害的欧柏林传教士而成立的,主要派送欧柏林的毕业生,而不是传教士,到惨剧发生的地方从事教学,而不是传教。[8]

霍尔后来又规定,这些受资助的外国教育机构"须由英美成员组成的理事会管理或掌控"(后来一份法庭文件允许霍尔基金理事会灵活掌控)。霍尔还规定,尽管其基金可以投给开设有宗教课程的教育机构使用,但是"不得用于神学教育"。他更愿意将捐赠用于发展其他学科,因为他认为西方人对亚洲的神学已给了足够的投入。[9]为了确保他的基金得到合理使用,他选择了早期的合伙人、铝业公司时任董事长阿瑟·戴维斯(Arthur V. Davis)和他的同学、哈佛法学院毕业的律师荷马·约翰逊(Homer H. Johnson)担任基金会理事。[10]

在1920年代早期,正当霍尔遗产理事会分配基金时,哈佛发起了一次筹款活动,以解决第一次世界大战所带来的财政赤字。哈佛为争取本大学社区以外的潜在捐款人,专门成立了全国服务推广委员会,筹集目标为1千万美元,以弥补战时亏空。[11]1924年春,哈佛商学院院长、筹款委员会常务主席华莱士·董纳姆(Wallace B. Donham)偶然听说一个总部位于匹兹堡的基金会拥有大量用于教育的资金。他派了一名职员去拜会霍尔基金会理事阿瑟·戴维斯,结果发现霍尔教育基金中指定用于发展美国国内教育的三分之二已经分配完毕,但另外用于东方学教育的三分之一还没有分发。戴维斯认为这笔指定用于东方高等教育的资金不可能用于资助哈佛的艺术博物馆或化学实验室,但是这名职员以"哈佛非常有兴趣在亚洲提供教育服务"为由说服了他。[12]

为了显示对东方的兴趣,哈佛筹款委员会的几位主要成员以及东方研究领域的专家迅速起草了一份非正式备忘录,名为《东方教育与研究学社计划书》。受霍尔先生遗嘱的限定,他们将"东方研究"定为拟定成立的学社的重点,并将主要兴趣定位于中国。他们还进一步缩小了研究范围,强调课题不涉及医学、自然科学或社会科学,而是聚焦于人文学科,主要包括历史、考古、宗教、文学、人种学、艺术、语言学和哲学。他们从一开始就强调中西方学者从广义上研究中国文化以及运用西方科学方法研究、保存和理解亚洲/中国文明的必要性。他们满腔热情地把新项目称为"大计划"或"大工作"。1924年5月,他们把最初的备忘录提交给霍尔基金会的理事们,作为讨论和协商的基础。此后他们一直在征询大波士顿地区尤其是哈佛大学的东方研究专家及在华的美国教育家的建议。1924年秋,他们将修改后的备忘录提交哈佛大学校长劳伦斯·罗威尔博士(Dr. Lawrence Lowell),申请校方批准。[13]

尽管"大计划"的准备很仓促,但是该计划及对中国人文学科的关注却反映了第一次世界大战后美国的文化国际主义的影响。哈佛的新计划是美国民间向海外输出进步主义改革和传播美国梦活动的一部分,也是西方模式的现代人文学科全球化过程的一部分,旨在应对太平洋两岸不断变化的社会、政治、经济和学术情形。[14]

哈佛备忘录部分地反映了哈佛-波士顿知识分子群体长久以来对于亚洲尤其是对于中国的关注。即使早在19世纪初,波士顿地区"博雅教育的提倡者",比如哈佛监事约翰·皮克林(John Pickering),就曾尝试在哈佛大学设立一个东方语言教授职位,并在波士顿建立一所中文学校,不过他们没有成功。后来,通过皮克林的努力,全美首个主要关注人文学科的学术学会——美国东方学会——于1842年成立。[15]哈佛对亚洲/中国的兴趣,随着19世纪末汉学教职的设立而结出硕果。在华美国商人、外交官和传教士的倡议和资助下,哈佛邀请了中国诗人戈鲲化于1879年到剑桥教授汉语。不过此次最初的试水只持续了不到三年,不得不因为戈鲲化的突然逝世而终止,但它留下了永久的影响。哈佛于20世纪初期恢复了有关亚洲科目的教学,当时阿奇柏德·柯立芝(Archibald Cary Coolidge)开设了一门题为"19世纪的远东"的课程[16]。戈鲲化带来的书籍以及为他的中文班而购置的其它参考书和中文经典,成为了哈佛拟议的研究所的第一批图书收藏。[17]

　　哈佛的亚洲人文传统也对"大计划"产生了影响。柯立芝是哈佛课程国际化以及唤起美国教育界国际意识的先驱。他的文化与专业眼光和经验对于哈佛的"大计划"有着重要影响。他不仅帮助哈佛拓宽了视野,使其成为一所现代化的大学,还强调了理解其他社会的语言、文化和历史的重要性。[18]他积极参与了"大计划"的实施,并在后来成立的新学社里担任理事。

　　除了拓展亚洲历史和文化方面的教学与科研项目之外,1920年代的哈佛还以欧文·白璧德(Irving Babbitt)的新人文主义而闻名遐迩。白璧德教授提倡结合了西方的完美的希腊背景和东方的古典儒家背景的人文国际主义。尽管他是法文教授,但是他高度赞扬中国文化,尤其是儒学,并且毕生保持着对亚洲哲学、宗教以及东西方关系领域的兴趣。他强调用西方方法研究中国文化的必要性,认为这样才能保全其精华。他还敦促他的学生,尤其是中国学生,学习西方艺术、文学和哲学,作为在中国推广新儒学运动的前期准备。[19]白璧德并没有直接参与哈佛的"大计划"。然而,鉴于他在哈佛的受欢迎程度和在世界上的知名度,他对中国文化的欣赏以及他的思想极有可能影响了哈佛团队。

在将亚洲/中国人文学科界定为"大计划"的核心的过程中,当时已经成为哈佛艺(美)术中心的福格博物馆起了关键作用。其中关键人物是自1915年起就担任博物馆助理馆长的保罗·萨克斯和馆员兰登·华尔纳。萨克斯时任哈佛筹款委员会执行副主席,有机会推动福格博物馆扩展对东方艺术和文化珍品的收藏。1922年,他和福格博物馆馆长爱德华·福布斯(Edward Forbes)就共同策划了一系列世界考古考察。他们派华尔纳到中国西部进行考古考察,调查敦煌和西部贸易路线。华尔纳盗取了价值连城的中国佛造像、画作、照片和拓片,并成功将它们带回了哈佛。[20]萨克斯相信,霍尔东方教育基金为艺(美)术系提供了在亚洲/中国拓展考古工作的宝贵机会,也是该系加强对亚洲艺术的研究的一个宝贵机会。因此,萨克斯提议,新成立的学社应致力于研究东方艺术和考古。

哈佛备忘录的主要起草者兰登·华尔纳对于确定拟建学社的研究方向起了关键作用。华尔纳于1903年毕业于哈佛,专攻佛教艺术和考古,旋即从事博物馆工作,几次赴亚洲进行田野考察。1912—1913年间,他开设了哈佛的第一门日本和中国艺术课程。应华盛顿哥伦比亚特区史密森尼博物院(Smithsonian Institution)的请求,他于1913年赴亚洲考察在北京新建一所考古学校的可能性。1914年秋,他根据自己历时一年半对中国、蒙古和越南的考察以及几次对欧洲不同大学和博物馆的调查,撰写了一份报告。但是他的翔实报告并没有产生任何结果。[21]第一次世界大战的爆发和愿意出资的赞助者的去世,终止了史密森尼博物院实施其计划的努力。1922年,华尔纳被任命为"哈佛福格博物馆亚洲研究员",并很快领导了福格博馆的首次中国西部调查。[22]现在，霍尔基金近在眼前，华尔纳有机会重振其在史密森尼报告中设定的目标。华尔纳1914年的史密森尼报告对于(哈佛)的"现行计划有特别的影响"。[23]

当时在亚洲开展的西方教育的弱点也是备忘录起草者考虑的一个因素。哈佛的创立者迅速评估了洛克菲勒基金会、雅礼协会和其他教会大学在亚洲的经历，并指出，直到1920年代初期，在亚洲的西方教育家主要致力于"试图将西方理想和理念强加给东方，而没有理解或尊重他们一直试图施以援手的文明"。[24]西方教育家和慈善家们的确是将资金和庚子赔款主要致力于在亚洲，特别是中国，推广西方科学和其他科学领域，而相比之下，人文学科和社会科学的众多领域却只获得很少的支持。[25]

在这种情况下，在亚洲的教会大学中，对亚洲尤其是对中国人文学的研究要么十分薄弱，要么完全空白。哈佛团队觉得，西方人并没有完全理解亚洲文明(广义上他们所说的"亚洲文明"可能是指在东方的文明，用他们自己的术语就是指"东方"——the Orient，但是这个术语主要是指"远东文明"，即东亚文明)，而且年轻一代的亚洲人也缺少人文学科方面的教育。这样的推定有其合理性，因为新文化运动沉重打击了中国的传统，许多受过教育的中国年轻人并"不一定是中国文化传统的专家"，因为他们要么是在国外接受教育，要么是在都市里的新型国立大学或教会大学接受现代教育。[26]哈佛"大计划"的策划者希望，作为美国现代人文学科崛起的组成部分，并受到将文明视为整体进行研究的美国教育思潮的影响的"大计划"，能够帮助矫正在亚洲现存的西方教育事业的弱点，并有助于更好地去理解他们一直想要援助的社会与文化"。[27]

更重要的是，哈佛的"大计划"反映了第一次世界大战后在美国兴盛的主要思潮,其本身也是这个思潮的一部分。因威尔逊国际主义而兴起的国际主义文化大气候以及美国进步主义教育思潮,激发了美国的教育家和慈善家们发起新项目,开展对外国尤其是对亚洲地区的语言、历史、文化和社会的研究。[28]哈佛的"大计划"代表了文化国际主义和教育国际主义精神,显示了1920年代许多相似协会和基金会成立的背后动因。辛亥革命使得王朝统治终结,并创建了新的共和国,把中国带到了一个十字路口。中国会走哪条路并不明确。美国教育家和慈善家们担心中国会变成一个技术主导而无灵魂的或激进的国家,他们认为有必要将西方/美国教育模式移植到中国,引导太平洋彼岸的发展。在他们看来,将进步主义教育模式由美国本土拓展到中国以"重建"中国社会和文化,将有助于满足当地的社会需求,并帮助像中国这样的后来者避免西方和日本在工业化/现代化进程中所犯的错误。[29]他们不想看着中国像美国和日本一样迅速现代化,但却失去灵魂,拒绝传统价值观。哈佛对更好地理解亚洲/中国社会和文化的明确愿望,可以看做是西方人/美国人指导中国进入现代的一种途径,这也是旨在避免在中国发生革命的美国改革活动的一部分。

就其"大计划"而言,哈佛团队认为,对中国文化的科学研究和对中国社会的更好理解,能够帮助中国解决社会问题,尤其是避免盲目/失控的工业化和非健康的现代化进程所带来的破坏性后果,以及混乱/激进的民族主义动乱所引发的不稳定。虽然在关注点、目标和方法上存在细微分歧,但是美国兴致勃勃地将西方科学方式和人文知识植到中国以研究、发展或"提升"中国文化,也正是中国国内许多接受过西方教育的中国知识分子所追求的目标。[30](第二章将详细阐述中国知识分子通过科学方法研究中国遗产以重塑中国文化的运动。)

哈佛的创立者们确信,他们对于人文学科的关注能够帮助中国保持其传统中的"精华",并抢先一步阻止失控的工业化和非健康的现代化。[31]华莱士·董纳姆一直坚持认为,"亚洲人不应该抛弃他们自己的文化,不应该盲目效仿西方文明"。董纳姆作为哈佛商学院院长,对人伦关系抱有浓厚的兴趣。他相信,"现代化应该建立在亚洲文化价值观得以保留的社会基础之上"。另一方面,董纳姆坚信,"西方学者应该帮助亚洲避免西方在过去100年科技化进程中所犯的各种错误,在此过程中许多人伦关系的问题都被忽视或被误解"。[32]虽然不能否认其良好意愿,董纳姆自以为是的设想,清楚地显示了许多西方/美国人对于亚洲/中国人所持的优越感和家长式态度。[33]

其他创立者也持有类似的观点。哈佛哲学教授、哈燕社三位最初的理事之一詹姆斯·伍兹在1929年回忆到,这个哈佛新项目旨在帮助中国避免日本"半个世纪前被现代化热潮席卷时"所犯的错误。在接受美国在上海出版的报纸《中国每周评论》(China Weekly Review)采访时,伍兹表示,在过去几十年里,日本陷入了不分青红皂白地摒弃所有传统的危险之中;当日本学者觉醒意识到问题时,许多价值观或完全丧失,或难以恢复。伍兹解释道,哈佛"大计划"着眼于中国人文学科,是为了通过鼓励中国人在本国古代文化的"所有价值观"消失之前,去保存并欣赏它们,以帮助中国避免日本的错误,从而保持中国文化的灵魂和精髓。[34]白璧德对中国保持传统文化价值的关注与伍兹的看法不谋而合。伍兹的评论也显示出,在某种程度上,哈佛的"大计划"试图打破传统与现代的两分法,并试图在传统与现代之间加以协调,因为哈佛团队看到了两者之间的联系。[35]

兰登·华尔纳1923—1924年和1925年初赴华之旅中所体验到的中国民族主义强大浪潮,让哈佛团队更加确信他们强调中国文化研究的"大计划"的价值。华尔纳相信,此时正是哈佛的"大计划"强调"什么是中国文化的精华"(华尔纳自己并未给出定义)的最合适时机,这也是能够赢取中国学者好感的一个关键点。[36]哈佛的创立者敏锐地察觉到了中国强烈的民族主义情感,强调了将教育工作中国化的重要性,这项工作其实早在1920年代早期当在华传教士为了应对日益高涨的非基督抗议而将更多权力交给中国基督徒和教育家时就已经开始了。[37]他们设想培养年轻的亚洲学者,这些年轻学者可以留在拟建的新学社和在亚洲的其他西方教育研究机构任职,从而逐渐取代他们的外国教师。这样一来,哈佛的"大计划"不仅能够帮助塑造亚洲未来数代人的价值观,而且还能有助于亚洲新的教育体系的形成。[38]

哈佛备忘录的起草者们意识到中国的强烈民族主义觉醒,这也使得他们敦促拟议学社的学者们不应该直接参与政治,"任何时候都不能以任何借口参与远东或美国的政治问题"。他们强调,这些学者应该是以"对亚洲的问题非常感兴趣的"老师和学生的身份,而非以商人或外国政府代表的身份去亚洲。他们这样做是抗议旧派传教士过去插手政治和外交,因为对政治和外交的干预引起了当地人对西方/美国教士和教育家的反感。[39]然而,起草者们也意识到,有必要在亚洲保持西方的特权,以此确保学术自由。他们表示,欧美派驻在北京、东京和其他亚洲国家首都的外交官,对拟建的学社的任何学生或教授都会提供巨大的便利。[40]

另一方面,哈佛的"大计划"也反映了新英格兰精英阶层的信心和大都市心态。这些精英认为,研究亚洲人文学有助于丰富美国的文明。备忘录的起草者们意识到,亚洲的绘画、雕塑、音乐和戏剧已经达到了与西方接近的水平,而"美国的现代文明,为了自身目的,热切期盼与此有关的知识"。对于研究"东方"文化的需求,不仅仅来自于"东方",也是"确切地来自西方"。在起草者们看来,"让受过西方教育的学者研究东方人文学的教育模式,能够让两个半球都受益匪浅"。此外,"在亚洲没有其他教育模式能够让施教者和受教者都受益"。起草者们认为,美国人"或许有最好的机会将新理念融入自己的文明和收获其他文明的成就"。[41]

考虑到这些方面,哈佛备忘录的起草者们提出了几个设想。首先,西方科学研究方法在培养人文学科领域的亚洲学者方面是有用的,以此让这些学者"更好地意识到自身文明中的重要元素"。有了西方的科研方法武装自己,亚洲学者还可以为亚洲的现代教育体系的形成做出贡献,塑造未来数代人的价值观,并"对东西方国家之间的学术关系产生强有力的、长久的影响"[42]。因此,以对亚洲人文学的系统研究为基础的教学,对于亚洲来说"是非常有必要的"。董纳姆强调指出,拟议学社的工作是让"亚洲本土学者"接触到西方考察发现和研究成果的唯一办法,也使"本土学者接受西方学术方法的教育"成为可能,这样他们就可以教授自己所学的知识,并且知道如何不断地积累自身知识。[43]

其次,拟议学社的主要任务,一部分就是要创造和积累有关亚洲的科学知识,旨在提高美国教育家对亚洲社会和文化的理解。备忘录中写道,拟议学社的主要目的是"代表本地学者收藏、选择和保存书籍、碑文、原创艺术品和其他有价值的古物",而不是"将西方的理念和思想强加给东方"。如果这些亚洲收藏品在亚洲不能得到妥善保管,或者可以用于哈佛的亚洲学生的教育,那么哈佛有权将其带回美国。[44]

另外一个雄心勃勃的目标是将新学社打造成一个由哈佛引领的

世界中心。欧洲在第一次世界大战期间受到的破坏以及欧洲汉学家的遭遇让备忘录的起草者们相信,哈佛能够吸引那些有成就但极度穷困的欧洲东方学家和世界其他地区的杰出学者。起草者们还确信,他们有足够的资源来寻求著名东方研究机构的合作,比如皇家亚洲协会(Royal Asiatic Society)和位于越南河内的法国东方研究所(French Institute for Oriental Studies)。他们也同时意识到,来自外国学者和机构的帮助对于拟议学社的成功是不可或缺的。他们解释道,"没有任何一个美国机构因为承认需要外国人的援助而感到难为情"[45]。

备忘录的起草者们还想要保护西方的声誉。尽管第一次世界大战没有给他们带来像欧洲那样的文化危机以及丧失对西方科学技术的信心,但他们意识到,战争让亚洲知识分子对西方有了负面的印象。事实上,不仅像伯特兰·罗素(Bertrand Russell)这样的欧洲知识分子对西方科学、技术和物质主义失去了信心,而且一些杰出的亚洲知识分子,诸如中国的梁启超、丁文江、辜鸿铭和印度的泰戈尔都不再相信西方的资本主义和民主代表更好、更先进的文明。[46]备忘录的起草者们相信,"如果有什么方法可以修复战争对西方声誉在亚洲所遭受的损害,那么这个学社或者类似的研究所就应该是最佳选择"[47]。

为了完成这些雄伟的目标,哈佛方面的创立者们强调了西方科研方法的必要性。在20世纪早期,许多美国教育家都相信,客观地利用科学原则可以解决社会问题。[48]在自然科学方法凌驾于社会科学和人文学科之上的科学主义时代,哈佛的创立者们自信西方科研方法就是最成功的研究方法。[49]他们将西方科研方法理解为实证主义的、分析性的、批判的和阐释性的,相信这些方法比经验主义的、不加鉴别的和描述性的方法更有效和更强有力,而他们认为正是后者统治着亚洲(原文用词是"东方")的学术界。在他们看来,大部分亚洲/中国学者和学生通常遵循中国儒学教育的旧模式,通过死记硬背来学习,而不能对新观点进行原创的或批判性的分析。更重要的是,他们意识到,亚洲尤其是中国学者本身也崇拜西方科研方法,希望用这些方法研究本国的人文学。[50]

创立者们提出这些设想是有原因的。在五四新文化运动中以及随后的五四时代,许多中国学者,尤其是接受过西方教育的中国学者,极力推崇运用西方的科学方法研究中国文化。[51] 不过,创立者认为西方科学方法更好,以及他们为解决中国潜在的社会问题提出的设想,显然反映了他们的文化优越感以及对亚洲/中国文明的家长式傲慢态度。[52]

寻找在中国的合作伙伴

1924年5月,哈佛团队向霍尔基金理事会提交了备忘录,创办学社进入了协商阶段。协商最初主要是在哈佛团队和霍尔基金理事会之间进行,随后是在哈佛和中国的教育机构之间进行。受在华教会大学代表的影响,霍尔基金理事会对中国有强烈的兴趣。理事们通过与在华教会大学的联系,了解了大洋彼岸的大体发展情形。华南的岭南大学和华北的燕京大学早在1916年就开始与霍尔基金会接触,并且时刻向理事会汇报中国的政治形势以及中国觉醒的迹象。[53]

霍尔基金理事会对哈佛"大计划"的反应非常积极,但因为受霍尔遗嘱的限制,以及鉴于几所亚洲教会大学,尤其是燕京大学,一直在寻求获得用于资助亚洲的那部分霍尔教育基金的微妙处境,基金理事有所犹豫。他们建议哈佛与亚洲现有的西方教育机构合作,以使"大计划"既符合霍尔的遗愿又对哈佛有利。他们从一开始就相信,只有通过这种合作模式,哈佛拟议的计划才能"完全发挥作用",霍尔希望在亚洲拓展西方教育的愿望才得以完全实现。根据美国公理会海外干事、燕京大学理事会理事詹姆斯·巴顿(James L. Barton)的建议,他们倾向于认为燕京大学"可能是这一合作开始的最佳地点"。霍尔基金理事会的建议在一定程度上促成了兰登·华尔纳赴华为哈佛寻找合作伙伴的旅程。[54]

1925年华尔纳奔赴不久前刚在甘肃西部发现的敦煌石窟,也是出于哈佛大学希望收藏这些稀世珍宝的欲望,这些珍宝包括佛教造像、壁画、刺绣和公元4—10世纪生活于此的和尚留下的抄本。[55]华尔纳早在1923年和1924年间第一次为福格博物馆赴敦煌调查后就清楚地意识到,敦煌石窟是"已知最伟大的东方艺术宝库",并且一直在筹划第二次行程。鉴于敦煌资料的价值以及拟建学社的最初关注点是中国考古和艺术,哈佛团队决定支持华尔纳的计划。他们相信,第二次敦煌之旅可以推动拟建的学社在中国的工作,而这些敦煌的材料,尤其是壁画,可以作为学社在北京的图书馆的收藏基础,给学社带来"无法比拟的声望"。[56]

哈佛还希望与欧洲机构进行竞争。在华尔纳正筹划第二次行程时,哈佛团队了解到大英博物馆也在计划敦煌之行。华尔纳知道,过去的十年中,欧洲和日本考古学家已经将许多敦煌文物运到伦敦、巴黎和东京,而美国在"保护"这些文物方面却已经远远落后。1907年,斯坦因(Aurel Stein)窃走了大约9000卷敦煌卷宗并将之捐赠给了大英博物馆。1913—1915年之行又窃走了13000卷抄本和绘画作品。法国著名的汉学家伯希和(Paul Pelliot)于1908年带领法国考察团将7000多卷卷宗运至法国国家图书馆。俄罗斯考古学家也在1906—1915年之间进行了两次探险,将12000卷官方抄本运至圣彼得堡大学亚洲系,将350幅绘画作品运至冬宫博物馆。连日本考古学家也在1902—1914年间三次赴敦煌,窃走了几百卷经文。[57]这些学者里没有任何人向中国当局申请过批准,甚至连知会都没有。

霍尔理事会反应非常积极。他们出资30000美元资助福格的赴华考察,将其作为一箭双雕的"第一步"——寻找在华的合作伙伴,并同时为拟建学社收集中国的艺术品。[58]华尔纳于1925年1月初抵达北京,哈佛的创立者们和霍尔基金会理事当时都希望他把与现有的教育机构进行协商作为首要任务,将敦煌之行放在第二位。[59]因此,1925年2月中上旬,华尔纳派遣团队先赴敦煌,自己则留在北京与多所教育机构协商。华尔纳可能3月下旬离开北京,西行与考察团队会合。他5月份到达甘肃,8月中旬回到北京,但是并未能成功进入敦煌石窟。[60]

当华尔纳和团队到达中国时,中国的民族主义情绪正达高潮。从1919年的五四运动,到1920—1922年的非基督教运动,再到1924年的收复教育权运动和1925年的五卅运动,强烈的现代民族主义运动浪潮席卷全国。[61]民族主义运动的领袖们要求废除不平等条约和收回教育权,这就意味着由西方主办的学校将失去特权,比如治外法权、宗教课程的主导地位,甚至非华人的行政管理权。到1924年夏,反对教会学校的运动达到高潮。学生坚持教育应为中华民族服务,以基督教信仰为基础、以福音传教为目的的教会学校是对中国的威胁。[62]更严重的是,列宁的帝国主义论逐渐影响到了都市青年,并在1920年代催生了一种新的民族主义论,即好战的/激进的民族主义,这被许多西方人看作是对他们在华利益的威胁。[63]

强烈的中国民族主义浪潮给华尔纳1925年的寻找教育伙伴之旅带来了压力。一些中国师生希望中国政府收回教育权，并攻击所有外国人；另一些师生因为权利不平等的现状，或者仅仅是因为不想"玷污"自己在其他中国人眼中的形象，拒绝与西方人合作；还有更多人担心激进民族主义者攻击西方学校所带来的暴力威胁——因为他们清楚地知道在1920—1922年间的非基督教运动中发生了什么。[64]

华尔纳的考古之行也受到了民族主义思潮的挑战。民族主义者强烈抵抗外国人盗取中国的艺术珍宝，他们认为这是中国的财产。在华尔纳团队西行之前，国立北京大学（北大）和燕京大学的知识分子就极力阻止华尔纳的团队获取任何敦煌的资料。在1925年初为华尔纳举行的欢迎晚宴上，燕京大学文理学院院长洪业欢迎了前来帮助中国研究自身考古文物的外国朋友，但同时也强调，中国的知识分子认为这些艺术品应该留在中国，当时中国也有专家能承担研究工作。北大坚持派出陈万里作为代表，与华尔纳一起西行，名义上是帮助哈佛团队，但实际上是防止他们掠夺。华尔纳一开始很高兴，直到后来才发现陈的双重角色。[65]

在考察队到达北京后，洪业有天半夜接到了燕京大学学生王近仁的电话。王是华尔纳第一次敦煌之行的翻译。王近仁当时坦白："洪院长，我是卖国贼，你得救救我。"他哭诉着说，他发现在前一年的考察中，华尔纳曾经在一个石窟中试验新方法，用浸过甘油的粗棉布从墙壁上移取壁画。华尔纳曾警告王近仁不要告诉任何人。但是现在华尔纳将进行第二次考察，王近仁看到他带了许多甘油和几十卷粗棉布。得知这个消息后，洪业努力说服北洋政府阻止哈佛考察团的任何文物收藏行为。他紧急拜会了教育部副部长兼北大数学系教授秦汾（号景阳）。随后，秦汾向北京至敦煌沿途的每一位省长、县长和警察长官发了电报，指示当地官员为哈佛考察团提供足够的保护和礼遇，但是决不允许他们染指任何文物。[66]

华尔纳的考古团队到达敦煌地区时遭到了当地人民的抗议。当地农民，更多的是出于佛教信仰而非民族主义情感，对1923—1924年华尔纳窃取敦煌壁画的行为异常愤怒，指责当局未能阻止他。现在看到华尔纳团队再次前来，他们强烈地反对其团队有任何进一步的窃取行为，甚至不允许团队靠近石窟。[67]面对当地人民和北京知识分子的压力，在教育部的指令下，敦煌地方当局给哈佛考古团队参观敦煌石窟设定了严格的限制。即使是华尔纳的一位老朋友，甘肃的一位军政长官，也告诉他不能带走任何东西。哈佛团队抱怨说，除非承诺不会移走任何东西，否则他们连拍照和参观石窟都成问题。哈佛考古团队成员因为处处都有安保监视——每一名成员有两名军人跟随——而感到不悦。他们无法在遗址停留，每天需要好几个小时的行程往返于石窟和宿地，而每次都有愤怒的人群在旅馆门口聚集。[68]他们向北大致电寻求帮助，遭到了北大的拒绝。华尔纳将北大的回复描述为"无耻逃避的杰作"[69]。1925年8月中旬，哈佛团队空手而归，十分气馁。用华尔纳自己的话说，福格博物馆的第二次敦煌之行是"一场惨败"[70]。

这些民族主义情感也影响到了哈佛对拟建学社合作伙伴的选择。华尔纳在到达北京后访问了燕京大学、华北协和华语学校（North China Union Language School）、北京大学和国立北京图书馆，随后向福格博物馆和霍尔基金理事会汇报，称最初与燕京大学的合作计划已经过时了。他强调，"福音传教士的时代正在过去，现在正是哈佛新项目强调中国文化精华的最佳时候"。——尽管他没有明确表明他所说的"精华"是指什么。[71]华尔纳相信,燕京大学已经不再是理想的合作伙伴,选择燕京大学作为合作伙伴对于哈佛的"大计划"不利甚至有致命的威胁,这是因为燕京大学的成立是为了"在东方进行外国文化的教育",其大多数教员都是以传播福音作为终极目标的传教士教育家,"从未想过将对中国文化的研究或教学作为他们的职责"[72]。他担心研究中国文化的研究院在面对来自中国民族主义者的可能攻击时会"日渐凋零,最终消亡。"[73]

华尔纳推荐了华北协和华语学校代替原来的燕京大学。华语学校于1913年成立于北京,它是由美国和英国的教会、外交使节、基督教男青年会和在东亚的大型外企管理的非教会学校,主要目的是向外国人,包括传教士、领事官员、军官和西方公司的年轻员工教授中文。学校还开设了有关中国历史、宗教、文学、艺术和考古的基础课程。[74]华尔纳相信,华语学校正是哈佛寻求的"最合适的伙伴",这是因为该校关注中国语言和文化,有培训中文教师的特别方法,以及校长裴德士(William B. Pettus)关于提高中国文化研究的计划。此外,华语学校在北京城拥有现代化的校舍,还有华尔纳最喜欢的大型图书馆。该校已经与包括国家图书馆和北大在内的中国机构建立了良好的关系。这些已经建立起来的关系帮助减轻了华尔纳的顾虑——他担心民族主义情感会使哈佛拟建的学社无法吸引到最有声望的中国学者。[75]

华尔纳对燕大的态度或许反映出了他个人的偏见,以及美国大学知识分子对福音基督教的整体态度。燕大成立于1910年代末,由华北的几所教会学校合并而成,其中包括北京汇文大学。[76]虽然燕京大学具有教会背景,但它的许多中西方管理人员和教员并非如华尔纳所断言的老派传教士,而实际上是接受过现代西方教育的职业学者。[77]此外,华尔纳还从霍尔基金会理事那里了解到,燕大已经先于哈佛联系了霍尔基金会,并已得到了资助。华尔纳还在前几次访问司徒雷登(John Leighton Stuart)校长时得知,燕大已经有计划加强对中国文化研究,以应对中国民族主义者的挑战,并同时满足霍尔理事会的要求,而且燕大已经开始实施其中的许多计划。[78]

华尔纳对燕大的印象明显带有主观性并且是片面的。司徒雷登校长远不是老派传教士;相反,用邵玉明的话说,他是"基督教、西方和美国文明最真实和杰出的代表"[79]。司徒雷登生于中国杭州,父亲是传教士。他十分反对父亲保守的传教方式。尽管当时他并不愿意回到中国,但是后来还是出任了燕京大学的第一任校长,并且对燕大的本土化和世俗化起了关键作用。他将燕大建设成为菲利普·韦斯特(Phillip West)所说的"中西"合营事业,集结了中西方教学和管理人员,追求"世界主义的理念"[80]。到1930年代,中国人已成为燕大教师群体的主力。[81]例如,代表了中国教授和管理人员的文理学院院长洪业(任期为1924—1927),曾先后就读于家乡福州的英华书院和俄亥俄州德拉华市的卫斯理安学院(Wesleyan College),并在纽约市的哥伦比亚大学和协和神学院进行研究生学习。[82]

华尔纳有关华语学校和裴德士的报告,同样在某种程度上有夸张之嫌。华尔纳是裴德士的老朋友,并且在前几次旅行中都与裴德士有联系。但来自其他渠道的资料却表明,华语学校并不是理想的合作伙伴,因为它致力于教授外国学生而非中国学生。有些人甚至认为华语学校是一个纯粹商业性的机构,毫无任何文化因素可言。[83]

华尔纳还敦促哈佛和霍尔基金理事会与中国国立机构合作,尤其是北京大学和国立北京图书馆。不过这一设想并不新颖。哈佛筹款委员会主席华莱士·董纳姆曾采纳洛克菲勒基金会驻北京代表、哈佛团队顾问顾临(Roger Greene)的建议:拟议中的学社应该与燕大和北大都建立永久性的合作关系。[84]董纳姆早在1924年8月就曾写信给霍尔基金理事会,提出现行的项目可以在北京建设一个哈佛和美国学术的中心,与燕大和北大尽可能紧密的合作。[85]像董纳姆一样,华尔纳也相信,与著名的中国学者建立联系是必要的,这样可以吸引优秀的学生和其他学者,让他们在西方科学方法的帮助下研究自己的文化,并且避免民族主义者的攻击。[86]

华尔纳有理由相信,北大教授代表了"学者们一直以来的顾虑",他们与哈佛有相同的兴趣,但是由于缺少资金而且不熟悉西方科学方法,所以无法追求自己的这些兴趣。[87]在清政府垮台,儒学崩溃以及新共和国建立后,中国知识分子自1920年代起一直在寻求西方的知识和方法来建立新的文化和民族认同。哲学教授胡适和与他志同道合的同事,早就强调运用西方科学方法研究中国古典文化的必要性,从而"再造中华文明",由此发起了一场全国性的整理国故运动(national learning movement)。他们设想通过摒除中国传统文化中的糟粕(他们定义中的"负面元素"),保留有价值的元素,并融入适用的西方价值观,来创造一种新的文化。[88]北大其他进步的和具有全球性视野的教授,尤其是那些直接或间接受到白璧德影响的教授,早已采用新人文主义方法来研究中国文化,并强调中国文化在中国寻求现代性和中国历史的延续中具有永久性价值,从而形成了国粹学派。[89]作为这些关注点的体现,北大和清华大学分别于1922和1923年创建了研究所,而蒋介石的国民政府也于1928年成立了中央研究院,作为人文学科和社会科学的最高研究机构。[90]

华尔纳期望哈佛拟议中的学社可以提供经费和方法,帮助北大和其他国立机构对其丰富的藏品进行编目、保护和研究,从而"在研究和高等教育领域对中国提供真正有意义的服务",并"为中国乃至全世界带来真正的益处"。[91]华尔纳很高兴地汇报,在他首次访问后,北大派出了一批教授,代表校长和理事会拜访了他;他们进行了长达4小时的长谈。[92]

然而,这种期待合作的热忱仅仅是事情的一个方面。一些教授或许会欢迎与哈佛合作,而其他教授却强烈反对,尤其是在20年代初民族主义运动高潮期间。[93]陶孟和的信件就是一个很好的例子。陶于1913年获得伦敦大学经济学学士学位后入职北大,教经济和社会学。陶怀疑中西合作的可能性,因为软弱的中国无法期望获得西方公平和平等的对待,后者西方人在中国却享受着不平等条约、领事裁判权、租界以及外国贷款方面的特权。所以即使有"良好愿望"的西方人希望看到中国接受陶孟和所说的"老大哥"的指导,中国人还是更愿意自行前进,而不是被带领、强迫或制约。陶孟和总结道,不管哈佛的新项目有多么无私,中国的民族主义者都肯定会将西方的良好意愿解释为邪恶的计划。[94]

华尔纳曾将希望寄托在华语学校[95],但是新一轮的学生示威浪潮和苏维埃激进意识形态的传入,让华尔纳在2月中旬有了新发现:燕大对民族主义运动的成功应对以及燕大的日益"中国化"。华尔纳于二月底给美国方面发回电报,表明"只有让北大加盟,成为合作伙伴,并且同时与燕大合作",哈佛的项目才能幸存。[96]

华尔纳明白,"波澜壮阔的民族主义浪潮"并不是"暂时的热情",而是有着广泛的民众基础,因为"整个中华民族都很明显地参与其中"。除了燕大,所有西方教育机构都经历了严重的学生罢课以及对愿意灌输西方文化而不是中国学识的教员的抗议。华尔纳感到,北京的知识分子领袖是全中国最理性的,因为当时在其他地方,教堂被封、西人的华人佣人遇刺,学生尤其是教会学校的学生罢课也受到鼓励。华尔纳还注意到更严重的情形:苏维埃布尔什维克使欧美在越来越多的中国人中失去了信誉。华尔纳总结道,在当前的情况下,"宣布成立一所由外国人控制、对中国人有益的新的外国机构,从一开始就会寸步难行";如果不与现有的中国教育机构合作,任何新的文化事业都不可能获得成功。[97]

此外,华尔纳很欣赏燕大的西方管理者,他们"反应迅速,显然已吸纳了中国人进入教工队伍和管理层,所以洋化的污名已经基本被除去",同时燕大是唯一一所没有遭遇民族主义抗议的外国大学。更重要的是,华尔纳注意到,司徒雷登校长通过招募杰出的中国教授,而后者又能吸引到最优秀的学生,很快就建立起了强大的国学研究部门。[98]事实上,司徒雷登很早之前就开始了使燕大中国化的努力,只不过是在了解到华尔纳对燕大持保留意见之后,他试图加快速度。[99]他在1925年1月与华尔纳的首次会面中表示,燕大会很高兴与哈佛建立学术关系,并且也承诺将加速燕大的中国化进程。[100]他的努力最终取得成效,给华尔纳留下了深刻印象。华尔纳强调,正是燕大最近的异军突起,让他改变了印象,并且注意到它的重要性。[101]

然而有关哈佛新项目的消息不知如何被泄露了出去,并遭到令人吃惊的激烈反对。华尔纳注意到,那些最希望与哈佛合作的北大教授们,正是极力阻止哈佛考古之旅和"大计划"的那些人。华尔纳认为,这些教授不仅担心被美国教育家利用剥削,也担心哈佛的项目会对他们自身的地位及其所在大学带来挑战。[102]然而,华尔纳并未感到失望,而是高兴地意识到,"中国人正意识到自己拥有的传统文化",因为新近的发展"对真正的学术绝不是坏事"。[103]

华尔纳的新建议是将燕大和北大纳入计划,与哈佛一起将拟建的学社打造成一个合作性的研究生系,名为"燕京华文学校"(Yenching Research School of Chinese Studies),以华语学校校园作为主要基地。理事会成员将包括华语学校的理事以及哈佛的新成员;霍尔基金理事会将资金拨付给哈佛掌管;燕京和北大的职责是提供优秀学生和杰出教员,而哈佛则负责分配资金,派遣研究人员或临时教授。[104]华尔纳的信函显示,燕大、华语学校和北大已经接受了他的建议。[105]

华尔纳为"在最微妙情形下"说服不同利益方进行合作表示满意,并非常感谢司徒雷登的热情合作。[106]现在轮到哈佛和霍尔基金会决定是否接受他的提议了。[107]完成了寻找潜在合作伙伴的任务,华尔纳于1925年3月下旬离开北京,启程去中国西部,以加入福格博物馆的敦煌考古队。[108]

然而,令华尔纳非常吃惊的是,面对民族主义的巨大压力,北大大约在3月末决定退出合作。西奥多·鲍依(Theodore Bowie)写道,"一股含有暴力抵抗外国成分的民族主义新风开始吹起,"即使是"极力赞同与哈佛大学合作"的胡适,也只能指出,他的学校可能"不论是在学术方面还是或财政方面,都无法承受被认为蒙受外国的恩惠"。[109]

司徒雷登校长和裴德士校长将华尔纳从敦煌之行中召回,研究新方案。[110]在华尔纳、司徒雷登和裴德士三人进行进一步协商后,最终的计划是燕京大学和华语学校合并,让他们的中外教职员以及校舍都可以为哈佛的"大计划"所用。在合并后,华语学校将成为燕大的一个半独立院系,名为"燕京华文学校",该校将被拓展为拟议中的学社,由裴德士担任社长。燕大将派出哲学教授博晨光(Lucius Porter),而华语学校将派出中国史专家恒慕义(Arthur Hummel)在所内供职。拥有两所学校资源的燕京华文学校肩负着吸引中外杰出专家和最优秀学生的重任。[111]

考虑到强烈的中国民族主义情绪,燕大、华语学校和华尔纳对最后的安排都感到满意。司徒雷登和裴德士都很高兴让哈佛的名字出现在拟议学社的名称中,而华尔纳也相信这是在当时的情形下能达成的最好安排。[112]华尔纳敦促霍尔基金理事会和哈佛与司徒雷登、裴德士一起商讨有关拟议合作的进一步细节,包括管理方法、学术标准、人事招聘、招生、住宿和图书馆建设等。现在华尔纳确信,"至少在太平洋这一边,已经没有难以克服的问题"阻挠"大计划"的实现了。他于3月30日再次赴敦煌。[113]在此任务完成后,华尔纳未再直接参与"大计划"的实施,而是回到哈佛继续执教和从事科研,并出版了关于东亚艺术和佛教的书籍。[114]

华尔纳的使命为后续协商和拟议学社的最终成立铺平了道路。尽管哈佛考古队未能收集到中国的艺术珍品,但是此次失败之旅以及华尔纳谈判中的一波三折也证实了"大计划"的价值。在完成了寻找合作伙伴的工作后,在霍尔理事会的协调下,哈佛、燕大和华语学校将展开进一步的协商。

民族主义发挥作用:哈燕社的悄然成立

哈佛的创立者在向霍尔基金理事会递交备忘录和派遣华尔纳赴华后,依然积极进行筹备工作。他们向哈佛的"东方学家"们征询建议,以进一步完善备忘录。这些"东方学家"包括哈佛几个对亚洲感兴趣部门的行政管理人员:爱德华·福布斯(福格博物馆馆长)、约翰·洛维思（John L. Lowes，文理学院研究生院前任院长）、托马斯·巴伯（Thomas Barber，哈佛博物馆馆长）、阿奇柏德·柯立芝（哈佛图书馆馆长）、大卫·埃兹尔（David L. Edsall，哈佛医学院院长）和威尔逊教授（E. B. Wilson，哈佛公共卫生学院教授）。哈佛团队还于1924年秋成立了一个非正式的教授委员会，代表文理学院的教职员工提供学术指导，并进一步研究与燕大合作的可能性。教授委员会包括董纳姆、福格博物馆的保罗·萨克斯、柯立芝、洛维思、兰登·华尔纳、詹姆斯·伍兹（哲学教授）和肯尼迪（W. D. Kennedy，哈佛商学院院长助理）。哈佛文理学院研究生院院长、古典考古学教授乔治·蔡斯（George H. Chase）也参与了准备工作。这些成员有几位和其他"东方学家"后来担任哈燕社的第一届理事，并在哈燕社的其他几个委员会任职，指导新成立的学社的工作。[115]

在早期，哈佛团队构想了几项具体任务。第一项任务是扩展福格博物馆的考古工作，并在北京建立美国学术的核心圈，与燕大或北大或该两所大学尽可能建立紧密或永久的关系。另一项任务是在北京建立有关中国的综合性图书收藏，同时也开始在位于剑桥的哈佛建立馆藏，为美国学术打造坚实的基础。还有一项任务就是设立访问教授项目，使美国学者和欧洲汉学家有机会前往北京做研究，并对中国本土学生给予高级指导。为此，哈佛团队拟定了一份三年的临时预算，在用于东方的那部分霍尔教育基金拨付之前，每年需要5万美元款项。[116]

华尔纳仍在北京时，哈佛团队和燕大在美的理事曾有非正式的接触，讨论合作的细节问题。在华尔纳1925年赴华之前，燕大代表就从霍尔基金会了解到了哈佛的"大计划"，并且热切期待与哈佛合作建立拟议的学社。事实上，燕大早在哈佛之前就曾联系过霍尔基金会。甚至在1914年霍尔撰写遗嘱之前,燕大理事詹姆斯·巴顿(James Barton)就曾试图说服霍尔有必要支持亚洲/中国的教会教育工作。[117]燕大为建设新校园曾在美国发起了几次筹款活动,均以霍尔教育基金作为首要争取目标。燕大不仅在1921年收到了霍尔基金会的52500美元捐赠以及后来用于新校园建设的款项,而且还得到基金会承诺捐赠100万美元基金以及另外50万美元用于建立研究生院。现在哈佛"半路杀出",让燕大管理层担心霍尔基金理事会改变主意,所以他们尽最大努力赢取哈佛团队的信任。[118]

华尔纳在北京的商谈后,合作关系正式建立。6月5日,在霍尔基金理事会的协调下,哈佛、燕大和华语学校的代表在剑桥会面。代表哈佛的有乔治·蔡斯、詹姆斯·伍兹、保罗·萨克斯和肯尼迪。燕大的代表是两位理事詹姆斯·巴顿和埃里克·诺斯(Eric North)。与会者重申了他们的共识,即用西方科研方法提升亚洲尤其是中国人文学科的重要性以及合作共建国学研究所。他们还一致认为,研究所的大部分工作应该在北京进行,不过研究所可以依托哈佛中心提供"西方研究方法和历史批判方法(历史鉴别法)"[119]。

燕大司徒雷登校长和华语学校裴德士校长也从中国飞往剑桥哈佛。1925年9月10日,他们与哈佛团队会面确定了新学社的总目标:通过哈佛、燕大及其他中国机构的合作,经新学社理事会批准,新学社将提供"在中国文化领域和中国研究的其他领域的科研、教学和出版方面的资助"。与会者还达成了以下共识:拟议学社应该着眼于"中国文学、艺术、历史、语言学、哲学和宗教史等学科",并将西方科学方法运用于这些项目的开展;哈佛中心应该由一位"接受过严格西方学术训练"的知名汉学家领导,而燕京中心则应该"与西方教育理念紧密联系";共同的任务是"在美国利益和现代批判性方法

第一章　建立一个跨国性机构(1924—1928)

的指导下,鼓励中国的东方研究……以协助中国文化的传播和保存"[120]。此次会议成立了由九名成员组成的理事会,负责管理学社的资金以及行政和学术项目的运行。在这九位理事中,哈佛、燕大和霍尔基金理事会各出三位。[121]

1925年9月的会议是学社创建过程中最重要的一次会议。当新学社于1928年初正式注册成立时,其理事会成员在学社的首次理事会上审核并通过了1925年9月会议的备忘录;该备忘录成为新成立的哈佛燕京学社各项活动的指导原则。[122]

然而在1925年9月会议之后,中国民族主义运动和社会动荡仍对拟议学社的正式成立造成了很大影响。如前所述,在1920—1922年的非基督教运动和1924年的收回教育主权运动之后,中国民族主义情绪日益高涨,到1925年的五卅运动时达到顶峰,并一直持续到1926—1927年的北伐战争。北伐战争以及1927年3月激进的北伐军人对金陵大学的洗劫和对传教士的杀戮,迫使大量西方人暂时逃离中国;到1927年7月,8000名新教传教士中只有500名仍留在中国内地。[123]

燕大和华语学校因对资金使用和项目质量观点不同而分道扬镳,导致后者退出了拟议中的合作。燕大团队相信,高标准的学术工作对于提高拟建学社的声誉以及满足中国学生的需求是不可或缺的。在他们看来,裴德士只是想尽可能拿到更多的钱以拓展学术工作并不优秀的华语学校。[124]华语学校在1927年初中断了与燕京大学的所有正式关系,两校之间的合作也由此告终。在此情形下,司徒雷登校长建议燕大承担起中国文化研究方面的所有四年级本科生/研究生工作,并且在燕京大学的主持下完成所有这些工作。[125]

中国的民族主义也让哈佛和燕大继续寻求知名中国学者尤其是

胡适的合作。太平洋两岸的美国创立者都清楚地意识到,著名中国学者的参与能够帮助新学社获取声誉并赢得中国学者和学生的好感。1926年,哈佛医学院的大卫·埃兹尔院长从北京发回报告,说他咨询过的所有中西教育家都支持由一位杰出的中国学者,而非美国或欧洲汉学家,出任新学社的社长。在华的中西方教育家的首选都是胡适。[126]

他们选择胡适作为理想人选是可以理解的。胡适曾接受过传统中式教育和现代西方教育。他于1910—1917年间在美国学习,获得哥伦比亚大学哲学博士学位,师从杜威(John Deway)。之后他很快成为中国最著名大学北京大学的哲学教授兼英文系主任。胡适因支持西方实用主义和反对马克思主义而在学生和中国自由知识分子中大受欢迎。他对于马克思主义的态度也使他对美国人具有吸引力。[127]

胡适于1927年2月末前往哈佛,为新学社的创建提出建议,而这些建议在一定程度上影响了新学社的定位。根据埃兹尔院长的建议,董纳姆作为哈佛团队的领导,曾给在英国做访问的胡适发去电报,邀请他前往哈佛会谈。[128]在霍尔基金会的资助下,胡适赴美国剑桥,在哈佛做讲座,并为哈佛团队提供咨询。[129]哈佛团队与胡适于1927年2月末召开了一次会议,与会者有哈佛的几位创立者,包括董纳姆、蔡斯院长、埃兹尔院长和詹姆斯·伍兹以及燕大的埃里克·诺斯。诺斯后来回忆到,胡适积极参与了讨论,并就新学社的形式以及与其他教育机构的未来关系提出了极有价值的建议。胡适看上去对燕大很友好,但他审慎地表示自己对宗教没有兴趣,因为他认为教育与宗教不能共存。[130]胡适的建议或许对新学社最终被定位为一个既不依附于哈佛,也不附属于燕大的独立机构而有所贡献。

中国的不稳定局势也影响了关于拟建学社的形式、项目范围、运营和管理的讨论。大洋两岸的创立者们都希望学社能够满足中国的真正需求,尤其是中国高等教育的需求。董纳姆和诺都斯强调,如果新学社旨在影响中国的高等教育,那么它就应该既是科研机构又是教学机构。[131]司徒雷登强烈建议,只要中国学生有需要,新学社就应该至少在最初几年里提供本科和研究生课程,并同时开始招聘最好的学者进行创造性的研究和出版工作。他解释道,五四运动等最新情形已削弱了中国学生对中国相关科目的基础教育,因为许多国立大学已经忽略了有关中国语言和文学的教学,而教会学校则一直以中国文化课程薄弱而出名。[132]通过慢长的讨论,创立者们一致认为,在开展高级科研项目的同时,新学社有必要加强中国文化的本科教育。[133]

这样,到1927年春夏,创立者们已趋向于采纳一个比哈佛团队和燕京最初的设计更为综合和全面的计划。他们接受了霍尔理事会的建议:拟建学社应该作为一个独立的团体存在,因为这既是对霍尔先生应有的致敬和纪念,也能为中国的高等教育服务。[134]董纳姆、诺斯和胡适也认为,这样一个研究生项目应该与燕大以及其他一所或更多教会大学合作。[135]司徒雷登校长强调,新学社应该以北京作为研究生教育和科研的中心,并同时选择性地资助其他机构(也许包括国立大学)有关中国科目的本科教育。在司徒雷登看来,明智地让新学社与中国民族主义者特别是关注教育的"精英"(他并未提供定义)建立联系,是以一种独特的方式纪念霍尔,也是中美良好关系和文化交流的一个重要因素,而且还能能极大地推动中国的高等教育尤其是人文学科的发展。[136]这些讨论对哈燕社的形式和项目范围有明确的影响。

中国的不稳定局势促成了新学社的尽早成立,但是却延缓了公开宣布的日期。霍尔基金理事会承诺资金于1926年初起就到位,创立者们在1925年9月会议后,很快就开始开展在北京的项目。为了不失去黄金时机,司徒雷登校长在1926年4月致诺斯的信中写道,及时开始工作会提供更为有效的服务,也能获得中国知识分子的积极反应:中国当时的情形——薄弱混乱的公立教育,中国艺术珍品、历史档案和其他财富的流失,以及在苏维埃布尔什维克影响下激进分子反西方资本主义国家的宣传——让启动学社的工作变得迫在眉睫。司徒雷登相信,新项目的启动能为文化进步和更好的国际理解作出独特的贡献,而无所作为则可能会失去中国,按他的定义,这可能就意味着中国可能会落入激进分子手中,而美国也可能会失去影响中国以使她追随美国的机会。[137]

然而,创立者们将新学社的正式成立一事推迟了两年才宣布。军阀混战和强烈民族主义思潮使得1920年代中期以后的中国局势动荡,变化莫测。波澜壮阔的民族主义运动和骚乱接踵而来,一波接着一波。甚至在1927年初,激进的北伐军还屠杀西方传教士,迫使他们中的许多人撤离中国。[138]司徒雷登不断地向哈佛团队报告中国的严峻局势,尤其是来自激进煽动者和苏维埃布尔什维克的威胁。他指出,西方教育家和教会学校被迫卷入了仇恨、暴力、误解和无法无天的暴风骤雨之中,所以现在宣布成立学社是不明智的。[139]美方的创立者们也认为,当时并不是宣布成立学社的合适时机。

霍尔基金理事会已同意于1926年初开始就资助拟建学社的活动,创立者们着手开始工作,只不过是以秘密的方式开展的。基金会理事们曾建议哈佛在剑桥开展基础性工作,1925年预算为50000美元,1926和1927年预算分别为60000美元。[140]为了避免公开宣布学社消息可能带来的负面影响,哈佛和燕大的创立者们决定以麻省基金会的形式秘密运行学社,暂定名哈佛燕京托管会(Harvard-Yenching Trust),由先前决定的三位理事管理,待中国局势好转后再正式注册。[141]在这段过渡时期内,他们谋划着未来。首先,他们着眼于组织学社在哈佛这边的工作,包括囊括尽可能多的学者,之后再派往中国。其次,在政治情形允许的情况下,他们会在燕大和也许其他教会大学开展准备工作。他们还希望收购市场上出售的私人藏书。[142]诺斯认为,在等待合适时机公布新学社消息的过程中,应该低调而稳定地开展工作。[143]新学社本应成为推动中国人文学科领域开放性学术合作和交流的工具,却是以一种"秘密行动"的形式开始的。

1928年初,拟议中的学社终于宣布正式成立。由于蒋介石的国民党通过北伐控制了中国本土的大部分地区,中国的局势逐渐稳定,前景明朗。董纳姆于1927年末写道:"我相信,如果我们现在开始,将会比两年前开始的条件更加令人满意。"他还引用了胡适的观点:中国人现在应该会完全欢迎哈佛的新项目,所以学社的存在应该不会遇到任何真正的困难。[144]备受鼓舞的创立者们决定公开宣布新学社的消息。1928年1月4日,他们举行了首次学社会议和首次理事会。第二天,他们在麻省将拟议中的学社正式注册为一个非营利的独立教育机构;尽管"哈佛燕京学社"的名字取自创建过程中合作过的两所大学,但是学社既不隶属于哈佛,也不隶属于燕京;学社总部设在哈佛大学,在燕大校园设有分社,以管理在亚洲/中国的工作。[145]

经过4年筹备,哈佛的"大计划"终于得以实现。现在这个跨国教育机构已经成功地建立起来了,创立者们热切期盼组建一个跨国行政班子和制定官方政策来运行和管理太平洋两岸的中国人文学科项目。

小结

十五或二十年前,哈燕社的创立或许根本不可能——甚至都不能想象。20世纪的前二三十年对中国来说是一个不断变化、充满活力的时代,当时新共和国刚成立不久,中国知识分子试图引进西学以进行现代民族国家建设和文化再造。在美国,威尔逊国际主义造就了崇高而宏大的"提升"中国的目标,帮助中国避免盲目而失控的工业化和快速现代化的危险以及好战的/激进的民族主义;而慈善基金会的支持让这一崇高梦想得以实现。哈燕社的建立可以被视为自由家长主义的展示以及在中美转型时期追求变革的推动力。

一方面,尽管创立者们有良好的初衷,但是他们自以为是地认为,学者们应该运用更好的西方科学方法而非中国方法进行学术研究,以重建中国文化和解决中国的潜在社会问题;这反映出美国人对亚洲/中国文明的那种根深蒂固的文化优越感和居高临下的家长式态度。[146]

另一方面,哈燕社和两次世界大战之间的其他类似项目也显示出几个新特点。首先,尽管哈佛的"大计划"是美国改革者在海外传播美国梦活动的一部分,同时也是美国向亚洲/中国西进文化扩张活动的一部分,但是哈燕社的创立者们并不想彻底改变中国文化,而是将西方科学理念/价值观融入中国文化,并同时保存中国文化的"精华",以创造出一种富有生命力的中国文化,追求一种类似于中西之间的融合。如唐日安所强调,在20世纪的前二十年里,"有关中国未来的各种设想,以各种复杂而又引人入胜的方式被设想着和讨论着"。哈佛的"大计划"和哈燕社项目可以被视为这些有关新中国的设想之一,即一种运用文化途径应对中国民族国家建设的需求,以保留指导中国现代化的机会,尤其是在教育领域。[147]

其次,尽管哈燕社的创立者们仍具有明显的文化优越感和家长式态度,但是他们给予中国方面巨大关注。[148]与19世纪的前辈相比,创立者们尊重中国学者,尤其是那些接受过西方教育并且接受西方科研方法的中国学者,敦促他们欣赏他们自己的文化,保持他们自己的身份认同,并保存他们自己文化的"精华"。然而,创立者们并未清晰定义他们所说的中国文化"精华"或"最优元素"。事实上,在19世纪和20世纪初的中西/中美互动中,只有西方人,而不是亚洲人/中国人,才有权利定义传统的价值和弃与留以及亚洲/中国文明里的文化价值观、社会准则和宗教。此外,创立者们坚持让亚洲人/中国人忠于他们自身的文化而不要盲目跟从西方,这本身也是一种西方的处方。

最后,尽管许多成立于1920年代的基金会是传播美国梦和累积有关亚洲知识的民间文化与教育活动的组成部分,但是在两次世界大战之间,这些美国文教育事业/教育家在很多场合都是相对独立地开展工作,并没有像太平洋战争和冷战早期的后来者那样得到美国政府的大力支持。[149]

注 释

1 Langdon Warner to Paul Sachs, Jan. 29, 1925; Warner to Davis, Feb. 25, 1925; Warner to Edward Forbes, Feb. 26, 1925,以上档案均藏于位于麻省剑桥的哈佛燕京学社档案室(HYIOA)。
2 关于James Woods访谈录,见"Interview with Professor James H. Woods", *China Weekly Review* (Nov. 2, 1929): 1-2。可参考查询:"The File of the United Board for Christian Higher Education in Asia" (UBCHEA File), 173-335-5125, Yale Divinity School Library, New Haven, Connecticut。

3 在本书中,除国立北京大学、国立北京图书馆和哈佛燕京学社北平办事处以及其他引文里的专业术语外,笔者倾向于使用"Beijing"而不是"Peking"或"Peiping"来代表"北京"。

4 Wallace B. Donham, "A Proposed Institute of Oriental Education and Research", HYIOA.

5 Akira Iriye, *The Globalizing of America*, *1913-1945* (New York: Cambridge University Press, 1993); Charles W. Hayford, "The Open Door Raj: Chinese-American Cultural Relations, 1900-1945", in *Pacific Passage: The Study of American-East Asian Relations on The Eve of The Twenty-First Century*, ed. Warren I. Cohen (New York: Columbia University Press, 1996), 139-162.

6 Dorothy Ross, *The Origins of American Social Science* (New York: Cambridge University Press, 1991), 163-171; Carol Gruber, *Mars and Minerva: World War I and the Uses of the Higher Learning in America* (Baton Rouge: Louisiana State University Press, 1975); Leon Fink, *Progressive Intellectuals and the Dilemmas of Democratic Commitment* (Cambridge: Harvard University Press, 1997).

7 Stephen M. Arum, "Early Stages of Foreign Language and Area Studies in the U. S., 1915-1941" (Ph. D. diss., Columbia University, 1975), 151-152, 575.

8 Ellsworth C. Carlson, *Oberlin in Asia: The First Hundred Years*, *1882-1892* (Oberlin, OH: Oberlin Shanxi Memorial Association, 1982).

9 George Hall, "Biographical Sketch", *The Oberlin Alumni Magazine* 11.5 (Feb. 1915): 170-172; Charles Martin Hall, "Last Will and Testament of Charles Martin Hall, 1 Nov. 1914", 1-23, 均藏于位于俄亥俄州欧柏林市的欧柏林大学档案馆(Oberlin College Archives, OCA)。关于霍尔先生支持亚洲教育的讨论,见樊书华,"Charles Martin Hall and the Origins of the Harvard-Yenching Institute",未刊英文论文,见 OCA 及 HYIOA。

10 与一些学者所描述的情形不同,霍尔在遗嘱中并没有明确规定其基金将用于开展中国文化研究,或只能或主要用于发展中国国内的教育。关于霍尔对中国文化的兴趣,参见聂崇岐:《简述哈佛燕京学社》,载《文史资料选辑》第 25 辑,北京:文史资料出版社,1986 年重印版,第 70—80 页;史复洋:《〈燕京学报〉前四十期述评》,载《燕京学报》1995 年新一期,第 465—492 页;腾茂椿:《燕京大学与哈佛燕京学社》,载燕京大学校友史编写委员会编《燕京大学史稿 1919—1952》,北京:人民中国出版社,1999 年,第 389—

414页。有关霍尔对中国文化的兴趣的不同观点,参见樊书华:《美国铝业大王查尔斯·马丁·霍尔与哈佛燕京学社的缘起》,载《世界历史》1999年第2期,第77—81页。该文更详细的版本,参见刘海平主编:《世纪之交的中国与美国》,上海:上海外语教育出版社,2000年,第217—246页。

11 John T. Bethell, *Harvard Observed: An Illustrated History of the University in the Twentieth Century*(Cambridge: Harvard University Press, 1998), 91-99; Samuel E. Morison, *The Development of Harvard University since the Inauguration of President Eliot, 1869-1929*(Cambridge: Harvard University Press, 1930), 536.

12 司徒雷登在他的回忆录里简要提到霍尔基金会理事想筹建一个中国文化研究机构。事实上,这一想法首先由哈佛大学提出。参见 John L. Stuart, *Fifty Years in China: The Memoir of John Leighton Stuart, Missionary and Ambassador*(New York: Random House, 1954), 62-64。关于哈佛大学同霍尔基金会的首次联系,参见 Wallace B. Donham, "Memorandum on the Origins of the Harvard-Yenching Institute with Particular Reference to the Period before Incorporation, Apr. 29, 1952", HYIOA。

13 第一份提交给霍尔基金会理事的备忘录起草于1924年春,题名为"一个东方教育和研究机构"。提交给哈佛校长的那一份题名为"拟议中的东方教育和研究机构"。参见 Donham, "Memorandum on the Origins of the Harvard-Yenching Institute"; Donham, "A Proposed Institute of Oriental Education and Research"; "Recapitulation of the Activities Which Led to the Establishment, Ultimately, of the Harvard-Yenching Institute"; Dana N. Trimble to Arthur V. Davis, May 25, 1924 and Donham to Homer H. Johnson, May 28, 1924, all in HYIOA。

14 David Ekbladh, *The Great American Mission: Modernization and the Construction of an American World Order*(Princeton, NJ: Princeton University Press, 2010), 23-24.

15 Robert A. McCaughey, *International Studies and Academic Enterprise: A Chapter in the Enclosure of American Learning*(New York: Columbia University Press, 1984), 7-22.

16 McCaughey, *International Studies*, 75-76.

17 关于哈佛汉学讲席的设立及影响,参见樊书华:《鼐德方案与哈佛大学的汉学起源》,载刘海平主编:《文明对话:本土知识的全球意义》,上海:上海外语教育出版社,2002年,第480—506页。

18 Robert F. Byrnes, *Awakening American Education to the World: The Role of Archibald Cary Coolidge, 1866-1928* (Notre Dame: University of Notre Dame Press, 1982), chaps. 1, 5-8; McCaughey, *International Studies and Academic Enterprise*, 73-82.

19 Morison, *The Development of Harvard*, 92; George A. Panichas, *The Critical Legacy of Irving Babbitt* (Wilmington, DE: Intercollegiate Studies Institute, 1999), 202-203; Thomas Nevin, *Irving Babbitt: An Intellectual Practice* (Chapel Hill, NC: University of North Carolina Press, 1984); Lydia Liu, *Translingual Practice: Literature, National Culture, and Translated Modernity-China, 1900-1937* (Stanford, CA: Stanford University Press, 1995), 248-249; and Irving Babbitt, "Humanistic Education in China and the West", *Chinese Students' Monthly* 17.2 (1921): 85-91.

20 Theodore Bowie, *Langdon Warner through His Letters* (Bloomington, IN: Indiana University Press, 1966), 121-122; Morison, *Harvard University*, 137-138, 142; Kathryn Brush, *Vastly More Than Brick and Mortar: Reinventing the Fogg Art Museum in the 1920s* (New Haven, CT: Yale University Press, 2004), chaps. 1-3.

21 华尔纳为史密森尼学会所撰写的报告题为"Report on the Advisability of Founding an American School of Archaeology in Peking, 1914," Harvard Houghton Library。

22 关于华尔纳的在华考古探险,参见 Bowie, *Langdon Warner*; Morison, *Harvard University*, 137-138, 142。更多细节,参见 Peter Hopkirk, *Foreign Devils on the Silk Road: The Search for the Lost Cities and Treasures of Chinese Central Asia*, reprint(London: J. Murray, 1980);陈万里,《西行日记》,北京:朴社,1926 年;Warren I. Cohen, *East Asian Art and American Culture: A Study in International Relations* (New York: Columbia University, 1992); and Langdon Warner, *The Long Old Road in China* (Garden City, NY.: Doubleday, Page & Co, 1926)。

23 Donham, "A Proposed Institute"; Trimble to Davis, May 25, 1924, HYIOA.

24 Donham, "A Proposed Institute".

25 Peter Buck, *American Science and Modern China, 1874-1936* (New York: Cambridge University Press, 1980); James Reardon-Anderson, *The Study of Change: Chemistry in China, 1840-1949* (New York: Cambridge University

Press, 1991); and Mary Brown Bullock, *An American Transplant: The Rockefeller Foundation and Peking Union Medical College* (Berkeley, CA: University of California Press, 1980); Laurence Schneider, *Biology and Revolution in Twentieth Century China* (Lanham, MD: Rowman & Littlefield, 2003); Ka-che Yip, *Health and National Reconstruction in Nationalist China: The Development of Modern Health Services, 1928-1937* (Ann Arbor, MI: Association of Asian Studies, 1995).

26 Jessie G. Lutz, *China and the Christian College, 1850-1950* (Ithaca, NY: Cornell University Press, 1975), 173, 272-273.

27 关于将一种文明看做一个整体进行综合研究的新趋势,参见 Byrnes, *Awakening American Education to the World*, chaps. 5 & 8; Arum, "Early Stages of Foreign Language and Area Studies"。

28 Iriye, *The Globalizing of America and Cultural Internationalism and World Order* (Baltimore, MD: Johns Hopkins University, 1997); Tomoko Akami, *Internationalizing the Pacific: The United States, Japan, and the Institute of Pacific Relations in War and Peace, 1919-1945* (New York: Routledge, 2002); Harold Josephson, *James T. Shotwell and the Rise of Internationalism in America* (Rutherford, NJ: Fairleigh Dickinson University Press, 1975).

29 Ekbladh, *American Mission*, 23-29; Ross, *Origins of American Social Science*, 163-171; Gruber, Mars and Minerva; Fink, Progressive Intellectuals.

30 Weili Ye, *Seeking Modernity in China's Name: Chinese Students in the United States, 1900-1927* (Stanford, CA: Stanford University Press, 2001), 51-80.

31 哈佛方面的创建者们并未对"精华"(The good elements)给予明确定义。但是他们或许是指中国传统的一些主要特征,如道德价值以及家庭/集体利益的重要性。

32 Serge Elisseeff, "Wallace Brett Donham, 1877-1954", *Harvard Journal of Asiatic Studies* 18.1/2 (Jun. 1995): ix.

33 Michael H. Hunt, *The Making of a Special Relationship: The United States and China to 1914* (New York: Columbia University Press, 1983).

34 "Interview with Professor James H. Woods", *The China Weekly Review*, (Nov. 2, 1929): 1-2, UBCHEA File 173-335-5125.

35 杜维明:《本土知识的普世意义》,载刘海平主编:《文明对话:本土知识的全球意义》,第 7—10 页。

36 Warner to Paul Sachs, Jan. 29, 1925, HYIOA.

37 关于中国化的著作,参见 Xu Xiaoqun, "The Dilemma of Accommodation: Reconciling Christianity and Chinese Culture in the 1920s", *Historian* 60:1 (Fall 1997): 21-38; Jessie G. Lutz, *China and the Christian Colleges*, chap. 7; Philip West, *Yenching University and Sino-Western Relations, 1916-1952* (Cambridge, MA: Harvard University Press, 1976), chap. 4; William P. Fenn, *Christian Higher Education in Changing China, 1880-1950* (New York: William B. Eerdmans Publishing Company, 1976), chapter 11; Janet E. Heininger, "Private Positions Versus Public Policy: Chinese Devolution and the American Experience in East Asia", *Diplomatic History* 6:3 (Summer 1982): 287-302。

38 Donham, "A Proposed Institute".

39 鲁珍晞提到,在中国只有极少数传教士为不平等条约所提供的保护感到不悦。参见 Lutz, China and the Christian Colleges, 229-230。关于美国传教士对中国政治和外交的干预,参见 James Reed, *The Missionary Mind and American East Asia Policy, 1911-1915* (Cambridge: Harvard University Press, 1983); Paul A. Varg, *Missionaries, Chinese, and Diplomats: the American Protestant Missionary Movement in China, 1890-1952* (Princeton, NJ: Princeton University Press, 1958)。

40 Donham, "A Proposed Institute".

41 Donham, "A Proposed Institute".

42 Donham, "A Proposed Institute".

43 Donham to Homer H. Johnson, May 28, 1924, HYIOA.

44 Donham, "A Proposed Institute".

45 Donham, "A Proposed Institute".

46 Modris Ekstein, *Rites of Spring: The Great War and the Birth of the Modern Age* (Boston, MA: Houghton Mifflin, 1989); Jerome B. Grieder, *Hu Shih and the Chinese Renaissance: Liberalism in the Chinese Revolution, 1917-1937* (Cambridge, MA: Harvard University Press, 1970), 129-169.

47 Donham, "A Proposed Institute".

48 Emily S. Rosenberg, *Spreading the American Dream: American Economic and Cultural Expansion, 1890-1945* (New York: Hill and Wang, 1982), 84, 86.

49 关于唯科学主义对社会科学及人文科学的影响,参见 D. W. Y. Kwork,

Scientism in Chinese Thought, *1900-1950*（New Haven, CT：Yale University Press, 1965）；郭颖颐著、雷颐译：《中国现代思想中的唯科学主义（1900—1950）》，南京：江苏人民出版社，2010 年。

50　Donham, "A Proposed Institute".

51　胡适：《新思潮的意义》，载《新青年》1919 年 12 月第七卷第一号；胡适：《〈国学季刊〉发刊宣言》，载张若英编：《中国新文学运动史资料》，上海：光明书局，1934 年，第 189—206 页；Hu Shi, "Literature", in *Symposium on Chinese Culture*, ed. Sophia H. Chen Zen（Shanghai：China Institute of Pacific Relations, 1931）, 129-141。

52　Hunt, *Special Relationship*.

53　关于燕京大学争取霍尔基金的努力，参见 Susan C. Egan, *A Latterday Confucian：Reminiscences of William Hung, 1893-1980*（Cambridge：Council on East Asian Studies, Harvard University, 1987）, 111-112；West, *Yenching University*, 189-190；Eric M. North, "Memorandum on the Purposes and Limitations of the Harvard-Yenching Institute, Jan. 1955", HYIOA。关于岭南大学为获得霍尔资金进行的尝试，参见 Olin D. Wannamaker, "Lingnan University and the Harvard-Yenching Institute, Oct. 1, 1940", "Records of Lingnan University's Board of Trustees, 1820-1952"（LUTR）, the Harvard-Yenching Library；Charles H. Corbett, Lingnan University.（New York：Trustees of Lingnan University, 1963）。

54　Donham, "Memorandum on the Origins of the Harvard-Yenching Institute".

55　宁可、郝春文：《敦煌的历史和文化》，北京：新华出版社，1993 年，第 143—145,154 页。

56　Donham to Arthur V. Davis and Homer H. Johnson, Aug. 12, 1924, HYIOA；Bowie, *Langdon Warner through His Letters*. 关于哈佛福格博物馆的起源与发展的概括性论述，参见 Brush, *Vastly More than Brick and Mortar*。

57　宁可等：《敦煌的历史和文化》，第 145—155 页；胡颂平编：《胡适之先生年谱长编初稿》卷 2，台北：联经出版有限公司，1984 年，第 667—668 页。Justin Jacobs, "Confronting Indiana Jones：Chinese Nationalism, Historical Imperialism, and the Criminalization of Aurel Stein and the Raiders of Dunhuang, 1899-1944", in *China on the Margins*, eds. Sherman Cochran and Paul G. Pickowicz（Ithaca：East Asia Program, Cornell University, 2010）, 65-90.

58　Donham, "Memorandum on the Origins of the Harvard-Yenching Institute"；

Warner to Sachs, Jan. 29, 1925, HYIOA

59　Donham, "Memorandum on the Origins of the Harvard-Yenching Institute"; Bowie, *Langdon Warner*, 122-124.

60　Bowie, *Langdon Warner*, 125-133; Egan, *A Latterday Confucian*, 116.

61　Philip West 将1920年代中期的非基督教运动分为四个阶段,收复教育权运动为第二阶段,五卅运动为第三阶段,北伐为第四阶段。参见West, *Yenching University*, 92-94。

62　Lutz, *The Christian Colleges*, 204-270 and *Chinese Politics and Christian Missions: The Anti-Christian Movements of 1920-1928* (Notre Dame: Cross Cultural Publications, Cross Roads Books, 1988); John Israel, *Student Nationalism in China, 1927-1937*, imprint (Stanford: Stanford University Press, 1966), 3-4; Ka-che Yip, *Religion, Nationalism and Chinese Students: The Anti-Christian Movement of 1922-1927* (Bellingham, WA: Center for East Asian Studies, Western Washington University, 1980).

63　*Ryan Dunch*, Fuzhou Protestants and the Making of a Modern China, *1857-1927* (New Haven, CT: Yale University Press, 2001), xix.

64　Lutz, *The Christian Colleges*, 232-270.

65　Egan, *A Latterday Confucian*, 114-116.

66　Egan, *A Latterday Confucian*, 112-114.

67　宁可等:《敦煌的历史与文化》,第149—150页。

68　Bowie, *Langdon Warner through His Letters*, 127-128; Egan, *A Latterday Confucian*, 114-115.

69　Bowie, *Langdon Warner through His Letters*, 126-129.

70　Bowie, *Langdon Warner through His Letters*, 130; Warner to W. D. Kennedy, Feb. 22, 1925(因二者一同发出,故整理时将此信附于2月8日信后); Warner to Davis, Feb. 25, 1925; Warner to Edward Forbes, Feb. 26 and Mar. 4, 1925(附于2月26日信后); Warner to Homer Johnson, 27 Mar. 1925, all in HYIOA。

71　笔者没有找到华尔纳关于"中国文化精华"定义的任何资料。尚不清楚华尔纳是否与白璧德(Irving Babbitt)对中国文化有类似的看法。Warner to Paul Sachs, 29 Jan. 1925, HYIOA。

72　Warner to Homer Johnson, Jan. 17 and Feb. 12, 1925; Warner to Paul Sachs, Jan. 20, 1925; Warner to Edward Forbes, Feb. 6, 1925; Warner to W. D.

Kennedy, Feb. 8, 1925, HYIOA.

73 Warner to Homer Johnson, Jan. 17, 1925; Warner to Paul Sachs, Jan. 20, 1925, HYIOA; Bowie, Langdon Warner, 125.

74 截至到1925年,华语学校一共培养了来自24个国家的1621名学生。参见郭卫东等编:《近代外国在华文化机构》,上海:上海人民出版社,1993年,第96页。

75 Warner to Johnson, Jan. 17, 1925; Warner to Sachs, Jan. 20 & 29, 1925; Warner to Pettus, Jan. 29, 1925; Warner to Sachs, Jan. 29, 1925, Warner to Davis, Feb. 4, 1925; Warner to Forbes, Feb. 6, 1925; Warner to W. D. Kennedy, Feb. 8, 1925, HYIOA.

76 后来成立的燕京大学的核心部分是1889年在纽约州立案创办的大学,其英文名称为Peking University,中文名称为汇文大学。汇文大学于1916—1921年间与其他教会大学合并。之后其中文名称更名为燕京大学,以别于国立北京大学(北大)。"燕京"是战国七雄之一燕国的首都"北京"的别称(古称)。1927年12月,汇文大学的法定英文名称正式改为Yenching University。本文为方便读者,涉及到不同历史时期的燕大/汇文大学时,一律使用"Yenching University"而不是"Peking University"这一称呼。参见B. A. Garside, secretary of Trustees of Yenching, to C. A. Coolidge, Jr., secretary of the HYI Executive Committee, 1 Nov. 1928, attached to t 和HYI's Executive Committee meeting minutes, Dec. 21, 1928, HYIOA。

77 West, *Yenching University*.

78 Warner to Johnson, 17 Jan. 1925, HYIOA.

79 Shaw Yuming, *An American Missionary*, 311.

80 Shaw Yuming, *An American Missionary*; West, *Yenching University*.

81 Arthur Rosenbaum, "Yenching University and Sino-American Interactions, 1919-1952", *The Journal of American-East Asian Relations* (JAEAR) 14 (2007):49; Rosenbaum, "Christianity, Academics, and National Salvation in China, Yenching University, 1924-1949", JAEAR 13(2004-2006):53-54.

82 Egan, *A Latterday Confucian*, 3-125.

83 Leighton Stuart to Franklin Warner, President of Yenching's Trustees of Board, Jan. 15, 1925; F. Warner to Homer Johnson, Feb. 17, 1925; Max Shoop of Sullivan & Cromwell to Homer Johnson, Feb. 7, 1925, HYIOA.

84 Warren I. Cohen, *The Chinese Connection: Roger S. Greene, Thomas W. Lam-*

ont, *George E. Sokolsky and American-East Asian Relations*(New York: Columbia University Press, 1978).

85　Donham to the Hall Estate trustees, Aug. 12, 1924, HYIOA.

86　L. Warner to Sachs, Jan. 19, 1925; Warner to Davis, Feb. 4, 1925; Warner to Kennedy, Feb. 8, 1925, HYIOA.

87　L. Warner to Sachs, Jan. 29, 1925, HYIOA.

88　胡适:《〈国学季刊〉发刊宣言》,1923 年,第 189—206 页;罗志田:《再造文明之梦——胡适传》,成都:四川人民出版社,1995 年;Hon Tze-Ki, "National Essence, National Learning, and Culture: Historical Writings in Guocui xuebao, Xueheng, and Guoxue jikan", *Historiography East and West* 1.2 (Sept. 2003): 242-286;雷颐, Hu Shi and the Movement to "Reexamine the National Heritage", *Chinese Studies in History* 42.2 (Winter 2008-2009): 22-35。

89　Xiaoqing Diana Lin, *Peking University: Chinese Scholarship and Intellectuals, 1898-1937*(Albany, NY: State University of New York Press, 2005); Tze-Ki Hon, "National Essence, National Learning, and Culture", 242-286; Liu, Translingual Practice, 239-256; Tze-ki Hon, "From Babbitt to 'Bai Bide': Interpretations of New Humanism in Xueheng", *Beyond the May Fourth Paradigm: In Search of Chinese Modernity*, Kai-wing Chow, Tze-ki Hon, Hung-yok Ip, and Don C. Price (Lanham, MD: Lexington Books, 2008), 253-263;金以林:《近代中国大学研究》,北京:中央文献出版社,2000 年,第 44—50 页;郑师渠:《在欧化与国粹之间:学衡派文化思想研究》,北京:北京师范大学出版社,2001 年。

90　关于 1920 年代新兴的中国文化研究项目的论著,参见 Peter Tze Ming Ng, *Changing Paradigms of Christian Higher Education in China, 1888-1950* (Lewiston: The Edwin Mellen Press, 2002), chapter 4;陶飞亚、吴梓明:《基督教大学与国学研究》,福州:福建教育出版社,1998 年,第 69—237 页; Edward Wang, *Inventing China through History: The May Fourth Approach to Historiography*(Albany: SUNY Press, 2001), 121-30; Lin, Peking University; Shiwei Chen, "Government and Academy in Republican China: History of Academia Sinica, 1927-1949" (Ph. D. diss., Harvard University, 1998)。

91　L. Warner to Johnson,没有日期(可能写于 Jan. 15 和 Jan. 20, 1925 之间); L. Warner to Sachs, Jan. 29, 1925; Warner to Kennedy, Feb. 8, 1925, HYIOA。

92 L. Warner to Sachs, Jan. 29, 1925; L. Warner to Kennedy, Feb. 8, 1925, HYIOA. 笔者没有找到任何其他有关华尔纳同北京大学代表四个小时会谈的中文或英文资料，亦或任何有关华尔纳同胡适的联系以及胡适对哈佛项目态度的资料。

93 笔者没有找到任何表明北京大学教授对哈佛项目真实态度的史料，亦或任何有关那些代表学校同华尔纳会面的教授的史料。

94 Tao Menghe(陶孟和)to Tayler, Jan. 15, 1925, HYIOA。

95 L. Warner to Johnson, Feb. 12, 1925, HYIOA.

96 L. Warner to Edward Forbes, Feb. 26, 1925, HYIOA.

97 L. Warner to Davis, Feb. 25, 1925; L. Warner to Edward Forbes, Feb. 26, 1925, HYIOA.

98 L. Warner to Davis, Feb. 25, 1925. 华尔纳在3月末的两封信中提到其态度的转变。参见 L. Warner to Forbes, Mar. 27, 1925; L. Warner to Johnson, Mar. 27, 1925, HYIOA。

99 Egan, A Latterday Confucian, 115.

100 Leighton Stuart to Franklin Warner, trustee of Yenching, Jan. 15, 1925; L. Warner to Johnson, Jan. 17 & 20, 1925; L. Warner to Davis, Feb. 4, 1925; L. Warner to Kennedy, Feb. 8, 1925, HYIOA.

101 Warner to Johnson, Mar. 27, 1925, HYIOA. 关于燕京大学中国化/本土化的成功，参见 Jessie G. Lutz, China and the Christian Colleges, 176-177, 270；金以林:《近代中国大学研究》，第119—122页。

102 L. Warner to Forbes, Feb. 26, 1925; L. Warner to Davis, Feb. 25, 1925, HYIOA.

103 L. Warner to Davis, Feb. 25, 1925; L. Warner to Forbes, Feb. 25, 1925, HYIOA.

104 L. Warner to Kennedy, Feb. 8, 1925（大约在20号前后，Warner 在8号所写的书信中增加这些内容，最后此信于22号发出），HYIOA。

105 笔者没有找到任何有关北大对华尔纳的新提议的态度的直接史料。然而，华尔纳对协商结果的满意态度，表明了参与协商的所有机构都接受了他的提议。

106 L. Warner to Kennedy, Feb. 22, 1925（附于8号所写的信函件后）；L. Warner to Davis, Feb. 25, 1925；L. Warner to Forbes, Feb. 26, 1925, HYIOA。

107　L. Warner to Forbes, Feb. 26, 1925, HYIOA.

108　L. Warner to Forbes, Mar. 27, 1925, HYIOA.

109　关于北大的退出,笔者没有找到任何中文或英文史料。唯一的信息来源是 Theodore Bowie 的著作:*Langdon Warner through His Letters*, 126。

110　L. Warner to Forbes, Mar. 27, 1925, HYIOA.

111　L. Warner to Forbes, Mar. 27, 1925; L. Warner to Johnson, Mar. 27, 1925, HYIOA.

112　L. Warner to Johnson, Mar. 27, 1925; L. Warner to Forbes, Mar. 27, 1925, HYIOA.

113　L. Warner to Forbes, Mar. 27, 1925; Warner to Johnson, Mar. 27, 1925, HYIOA.

114　有报告指出,华尔纳在1925年赴华之旅后遭到抛弃。然而事实并非如此。霍尔基金理事会曾询问华尔纳是否有意领导北京分社的工作。华尔纳当时从北京回复说,他自己不是一个教育工作者,也无意长期在中国生活;而且自己的主要兴趣是田野调查而不是行政管理。他反复强调说,因为要留在北京为哈佛的"大计划"寻找教育界的合作伙伴而没能与团队一同奔赴敦煌,这已经是最后悔的事了。参见 L. Warner to Sachs, Jan. 29, 1925; L. Warner to Forbes, Feb. 6, 1925; L. Warner to Kennedy, Feb. 8, 1925; L. Warner to Johnson, Mar. 27, 1925, HYIOA. Warner 关于东亚艺术与宗教的主要著作包括:*The Craft of the Japanese Sculptor* (New York: McFarlane, 1936); *Buddhist Wall-Paintings: A Study of a Nineteenth-Century Grotto at Wan Fo Hsia* (Cambridge, MA: Harvard University Press, 1938); *Japanese Sculpture of the Tempyo Period: Masterpieces of the Eighth Century*, ed. and arr. James M. Plumber (Cambridge, MA: Harvard University Press, 1964)。

115　Donham, "Memorandums on the Origins of the Harvard-Yenching Institute".

116　Donham to Arthur V. Davis and Homer H. Johnson, Aug. 12, 1924; Donham, "Memorandum on Oriental Research, Feb. 4, 1925", HYIOA.

117　Eric M. North 在1955年为哈燕社准备的备忘录中回忆提到了燕大的筹款努力,并在致 Derk Bodde 的信函中再次提到这一点。参见 North, "Memorandum on the Purposes and Limitations of the Harvard-Yenching Institute, Jan. 1955" and North to Derk Bodde, Jun. 30, 1961, HYIOA。

118　Leighton Stuart to Franklin Warner, Jan. 15, 1925, HYIOA; West, *Yenching*

University; Egan, *A Latterday Confucian*, 111.

119 North, "Memorandum of a Conference Concerning the Relation of the Hall Estate, Harvard University, and Peking (Yenching) University, Jun. 5, 1925", HYIOA.

120 "Memorandum with Reference to a Suggested Oriental Institute-Harvard-Peking Institute for Chinese Studies: Memorandum of Conference of Sept. 10, 1925", as revised and approved by Harvard and Peking (Yenching) University, HYIOA.

121 "Memorandum with Reference to a Suggested Oriental Institute"; the HYI's first corporation meeting minutes, Jan. 4, 1928; Donham, "Statement Regarding the Overall Policy of Harvard-Yenching Institute", recorded as a part of the HYI trustees' meeting minutes, Apr. 9, 1945, HYIOA.

122 HYI's first corporation meeting minutes, Jan. 4, 1928, HYIOA; Donham, "Statement Regarding the Overall Policy of Harvard-Yenching Institute".

123 Lutz, *China and the Christian Colleges*, 246-270; John Hersey, *The Call*(New York: Knopf, 1985).

124 Leighton Stuart to Eric M. North, Apr. 10, 1926, UBCHEA File, 172-334-5114.

125 虽然燕京大学和华语学校的合作于1927年初终止,为拟建学社所做的预算一直到1927年末仍然包括给华语学校的资助。North引用了司徒雷登撰写于1927年2月14日和3月31日的信函,参见:Eric M. North to W. B. Donham, Apr. 25 and May 2, 1927 respectively, UBCHEA File, 172-334-5116。

126 D. L. Edsall to W. B. Donham, Sept. 22, Nov. 10 and Dec. 11, 1926, HYIOA.

127 D. L. Edsall to W. B. Donham, Sept. 22 and Nov. 10, 1926; 欧阳哲生:《胡适与北京大学》,英文版载 *Chinese Studies in History* 42.2 (Winter 2008-2009):36-55(中文版,原载《北京大学学报》1997年第3期)。

128 D. L. Edsall to W. B. Donham, Sept. 22, 1926; W. B. Donham to Eric M. North, Nov. 3, 1926, and cable from W. B. Donham to Eric M. North, Feb. 21, 1927, UBCHEA File, 173-334-5115/5116.

129 笔者没有找到任何其他有关胡适同哈佛团队会晤的资料。胡适在1927年2月初写给家人的信件中提到他将于两周后赴哈佛,但是并没有说明此行的目的。尚不清楚是胡适没有记录其与哈佛团队的会晤,或胡适私人文集的选编人员没有将这些材料编入其中。耿云志和胡颂平整理的资料都没有给出线索。参见胡颂平编著:《胡适之先生年谱长编初稿》;胡适著、曹伯言整理:《胡适日记全编》,合肥:安徽教育出版社,2001年。关于胡适哈佛之旅的简要描述,见耿云志、欧阳哲生编:《胡适书信集》,北京:北京大学出版社,1995年。

130 Eric M. North to Stuart, May 24, 1927 and "Harvard-Yenching Institute", a statement prepared by Dean Donham, Dec. 15, 1927, UBCHEA File, 173-334-5116/5117. 关于创建者们是否曾向胡适发去正式邀请,请他担任拟建学社的社长,以及为何在1928年哈燕社创立后胡适拒绝更多地参与学社的项目,笔者没有找到任何相关的史料。

131 Eric M. North to Stuart, Jun. 2, 1927, UBCHEA File, 173-334-5117.

132 Leighton Stuart to E. M. North, Jul. 1, 1927, UBCHEA File, 187-335-5470.

133 "Harvard-Yenching Institute", a statement prepared by Dean Donham, Dec. 15, 1927.

134 Eric North 在致司徒雷登先生的信件中提到了来自霍尔基金理事会的建议。参见 Eric M. North to Stuart, May 24, 1927, UBCHEA File, 173-334-5116。

135 "Harvard-Yenching Institute", a statement prepared by Dean Donham; Eric M. North to Stuart, Jun. 2, 1927, UBCHEA File.

136 Leighton Stuart to E. M. North, Jul. 1, 1927, UBCHEA File, 187-335-5470.

137 Leighton Stuart to Eric M. North, Apr. 10, 1926, UBCHEA File, 172-334-5114.

138 Lutz, The Christian Colleges, 255-270; Hersey, The Call.

139 Leighton Stuart to Eric M. North, Apr. 14 and Jul. 1, 1927, UBCHEA File, 187-335-5470.

140 霍尔基金理事会早在1924年8月就开始提供资金,并自1925年起资助数额逐年增加。参见 W. B. Donham: "Memorandums on the Origins of the Harvard-Yenching Institute"; and Edsall to W. B. Donham, Sept. 22, 1926; North, "Yenching University: The Harvard-Orient Institute Agency Account, Oct. 19, 1926- May 23, 1927" (附于 Eric M. North to W. B. Donham, May 23, 1927), and North to Stuart, Jun. 2, 1927, UBCHEA File, 173-334-5116。

141 Donham to H. Johnson, Jun. 17 and 25, 1926, HYIOA; James L. Barton to

North, Jun. 3, 1926; By-Laws of Harvard-Yenching Trust, Jun. 19, 1926, UBCHEA File, 172-334-5114.

142　"The Harvard-Yenching Institute", statement prepared by Donham, Dec. 15, 1927.

143　North to Stuart, Jun. 2, 1927, UBCHEA File, 173-334-5117.

144　Donham to A. C. Coolidge, Nov. 30, 1927, HYIOA. 董纳姆在报告中提到了胡适的看法。参见"Harvard-Yenching Institute", a statement prepared by Donham, Dec. 15, 1927。

145　The HYI's "Certificate of Incorporation" and "Agreement of Association", Jan. 5, 1928, HYIOA.

146　Hunt, *Special Relationship*.

147　Dunch, *Fuzhou Protestants*, xx-xxi.

148　Hunt, *Special Relationship*.

149　Ekbladh, *American Mission*, 6-7.

第二章　哈燕社成功启动(1928—1937)

该机构名为哈佛燕京学社,旨在通过建立、发展、支持、维持和/或运行一所或多所教育机构,以及通过提供全部或部分支持,与其他现有和即将成立的机构合作、参与或联合,以进行和提供关于中国及/或亚洲大陆其他地方和日本,以及/或土耳其和欧洲巴尔干地区文化的研究、教学和出版;促进而不是仅限于上述活动;聘请训练有素的中西方学者从事相当于文理学院研究生院水平的科研或教学工作,必要时为学社培养未来的学者;发展中国其他高校的本科教育;探索、发掘、收集和保存文化及文物古迹,或协助博物馆或类似机构从事此类工作。

——马萨诸塞州哈佛燕京学社法人证书,1928年1月5日

在哈佛燕京学社经过多年的筹备正式注册成立后,创建者们热切地投身学社机构的建设,并在跨国背景下启动新的项目。他们组建了一个包括中美教育者的管理层,并在中美两国都成立了办公室。他们选择燕京大学和其他五所教会大学(简称合作大学)作为学社在中国的项目基地,并将哈佛选作学社的总部,以培训即将赴华进行学习的美国人和即将赴美进行学习和研究的中国高年级学生和学者。为了发展一个协同有序的项目,他们将合作大学和哈佛组成一个学术体系,并制定了官方政策来管理哈燕社的基金以及中国人文学科的教学、研究和出版。跨太平洋管理层的形成以及以燕大作为

在华唯一研究中心的多级别的学术体系的形成,无意间催生了学术等级体系,造成了哈燕社与合作大学以及合作学校之间的紧张关系。哈燕社理事根据太平洋两岸不断变化的局势调整政策,努力缓解紧张局面。

由于中国局势的相对稳定,中国知识分子因重塑中国文化而急切需要资金,加之跨太平洋管理层和学术体系的形成与改进,哈燕社在成立后拥有文化工程成功所需的大部分有利因素。它在中国的第一个十年非常成功,为中国文化研究黄金时期的出现做出了贡献。因为有哈燕社及时慷慨的资助,合作教会大学得以加强其已有的中国人文学项目,甚至开展新的项目。这些合作大学的中国教员,是哈燕社资助的项目的主要执行者,对哈燕社的成功起到了特殊的作用。[1]

打造一个跨国管理层

哈燕社的理事们相信,学社成立后最迫切的任务就是组成一个有效的管理层,能够指导和监管哈燕社的跨国文化工程项目。基于早期创立过程中的协商以及哈燕社的"学社协定",理事们在1928年1月4日召开的第一次学社团体会议上,成立了一个九人理事会;该理事会是学社的最高决策机构,制定有关哈燕社的日常运营和管理,特别是对学术项目的管理方面的政策。该理事会后来每年分别于4月和11月召开两次例会。在九位理事中,三位由哈佛提名,三位由燕大提名(代表亚洲高等教育的利益),而另外三位则由霍尔遗产基金会提名。后来霍尔基金会解散时,其三位代表由哈燕社的另外六名理事重新提名。[2]

当天,哈燕社理事会召开了第一次会议,建立了三个委员会,负责哈燕社在中国和哈佛的项目运行;由三方代表组成的五人执行委员会,负责在会议之间行使理事会的权力;由哈佛教授组成的五人教育委员会,为理事们就学社在哈佛的项目和政策提供咨询,并制定学社在哈佛的工作预算;另在北京设立一个行政委员会,由司徒雷登校长担任主席,负责学社在中国的工作。³

表2.1 哈佛燕京学社理事会、执行委员会和教育委员会

姓 名	理事会	执行委员会	教育委员会	代表机构	专业归属和背景
乔治·蔡斯(George H. Chase)	是	是	是(主席)	哈佛大学	1896年毕业于哈佛大学;文理研究院院长
柯立芝(Archibald C. Coolidge)	是		是	哈佛大学	1887年毕业于哈佛大学;哈佛大学图书馆馆员
詹姆斯·伍兹(James H. Woods)	是		是	哈佛大学	哈佛大学印度哲学教授
乔治·巴伯(George G. Barber)	是	是		燕京大学	哥伦比亚烘培公司(Columbia Baking Co.);燕京大学董事
詹姆斯·巴顿(James L. Barton),1934年被胡美(Edward H. Hume)取代	是	是		燕京大学	美公理会教育传教士(Missionary educator of the ABCFM);燕京大学董事
埃里克·诺斯(Eric M. North)	是			燕京大学	美国圣经公会总秘书;燕京大学董事
华莱士·布雷特·董纳姆(Wallace B. Donham)	是(主席)	是	是	霍尔遗产基金会	1898年毕业哈佛大学;哈佛商学院院长

续表

姓　名	理事会	执行委员会	教育委员会	代表机构	专业归属和背景
顾临（Roger S. Greene）	是			霍尔遗产基金会	1901年哈佛大学毕业；洛克菲勒基金会东亚地区主任
罗兰·博伊登（Roland W. Boyden）	是	是（主席）		霍尔遗产基金会	1885年哈佛大学毕业；波士顿律师
保罗·萨克斯（Paul J. Sachs）（1932年被兰登·华尔纳取代）			是		哈佛大学福格博物馆副馆长

资料来源：TM, Jan. 4, 1928; the HYI's first corporation meeting minutes, Jan. 4, 1928, HYIOA。

由表2.1可见，哈佛主导了新成立的管理层。四个委员会中，最终决定权在理事会手中，而最初的理事会成员或来自哈佛，或与哈佛有紧密联系，因为霍尔基金会的三位理事都是哈佛校友。由于同样的原因，哈佛也掌控了执行委员会（五席中占三席），因为代表霍尔基金会的成员同样也与哈佛有紧密联系。所以哈燕社的新管理层并未将权力三等分，尤其是在哈佛与燕大之间并不均衡。

由于学社的绝大部分项目都是在中国进行，理事们在北京成立了行政委员会，负责管理太平洋另一边的工作，包括在燕大的研究生项目。他们希望该委员会的绝大部分成员应该来自燕大理事会或在华的其他合作院校，并授权司徒雷登校长成立此委员会。[4]按照理事会的计划，司徒雷登于1928年任命了该委员会的首批成员，由他本人担任主席，由燕大哲学系教授博晨光担任执行秘书。大多数成员要么是燕大教师或管理人员，要么是来自校外的美中文化教育交流领域的杰出教育家(见表2.2)。⁵在哈燕社成立之后的最初几年里,理事会非常倚重行政管理委员会来监管学社在中国的项目,尤其是在燕大的国学研究所的项目。

表2.2 哈佛燕京学社北京行政委员会

委员姓名	关　系
司徒雷登(John Leighton Stuart,主席)	燕京大学校务长
顾临(Roger S. Greene)	洛克菲勒基金会代表和北京联合医学院校长(1928—1935)
洪业(William Hung)	文理学院前院长和燕京大学教授
纳尔逊·詹森(Nelson T. Johnson)	美国国务院远东司司长(Chief of the division of far eastern affairs, U.S. State Department)(1926—1929)、驻华公使(1929—1935)
孔祥熙(H. H. Kung)	国民政府实业部部长,燕京大学董事会成员
吴德施(Rev. Logan H. Roots)	美国传教士和在华圣公会主教(1904—1938)
丁文江(V. K. Ting)	北京大学地质系教授,中国地质调查创始人,中国地质学会会长
周诒春(Y. T. Tsur)	清华大学前校长,华洋义赈会主任,中华文化教育基金会委员会总干事(1924—1928)
颜惠庆(W. W. Yen)	中华民国国务总理和中美文化教育基金会董事长
吴雷川(无投票权成员)	燕京大学校长
陈垣(无投票权成员)	燕京大学国学研究所所长
博晨光(Lucius C. Porter)(无投票权成员)行政秘书	燕京大学哲学系教授
刘廷芳(Timothy T. Lew)(无投票权成员,1931年加入)	燕京大学宗教学院院长

资料来源:TM, Dec. 8, 1930, HYIOA。

燕大实际上主导了行政委员会。根据该委员会的章程，燕大的校务长（Chancellor）和校长（President）分别担任该委员会的主席和副主席，并共同任命成员，而其绝大部分成员都来自燕大董事会。该委员会有权任命燕大教授担任在燕大的哈燕社社长；并有权成立燕大教师委员会，代表其开展哈燕社的事务，由燕大的哈燕社社长担任主席，由燕大校务长和校长担任委员会成员。此外，哈燕社在燕大的教师任命须首先获得燕大当局的批准。[6]

中国教育家在行政委员会中占据了主要地位。在九位具有投票权的正式委员中，有五位是中国人，包括洪业、孔祥熙、丁文江、周诒春和颜惠庆。在四位无投票权的成员中，有三位是中国人：吴雷川、陈垣和刘廷芳（1931年加入）。如表2.2所示，这些成员是一群杰出且多元化的中国教育家。其中有几位，尤其是洪业，后来对哈燕社在中国和哈佛的项目定位和发展起了关键作用。

尽管燕大在行政委员会中占据主导地位，但司徒雷登校长意识到哈佛在哈燕社新成立的管理层中的支配地位，并对燕大与哈佛在哈燕社事务上的不平等地位感到不满。哈燕社是1920年代哈佛大学和燕大合作成立的，而且燕大早在哈佛行动之前就曾联系过霍尔基金会。甚至早在1921年，燕大就获得过霍尔基金会的资助，并得到该基金会的承诺，以后会获得一大笔捐赠。燕大当局和华人教师觉得，哈佛是突然杀出的程咬金，意外地抢走了燕大的风头。

鉴于之前与霍尔基金会的关系，燕大团队并不想承认哈佛的控制权。在他们眼中，有两个哈燕社存在，一个在哈佛，另一个在燕大。根据《燕京大学史稿》，燕大在通知在北京的美国驻华大使馆后，于1928年2月10日正式在校园成立了一个哈燕社。[7]燕大团队是否将燕大的国学研究所视为他们自己的哈燕社，我们不得而知。

司徒雷登校长努力提高燕大在哈燕社政策中的影响力。他敦促燕大文理学院前任院长、燕大图书馆负责人洪业(任期为1924—1927)和哲学系教授博晨光接受哈燕社理事会的邀请,赴哈佛做访问教授,这样他们能够参与规划新成立的学社的具体政策。[8]哈燕社理事会邀请了五位杰出的人文学领域的学者于1928—1929年在哈佛做访问,并帮助学社制定合理的项目计划。除了洪业和博晨光之外,另外三位分别为杰出的法国汉学家伯希和(Paul Pelliot)、位于北京但附属于哈燕社的中印研究所所长钢和泰(Baron von Staël-Holstein)和北大哲学教授胡适。[9]司徒雷登认为,洪业和博晨光的哈佛之行,是燕大帮助中国知识分子参与哈燕社项目正式启动的宝贵机会。所以当1928年初洪业想推迟哈佛之行时,他写信给洪业:"好的开端是成功的一半,这对哈佛燕京学社来说非常重要。我强烈地认为,你能对燕大做的最有用的事情就是下一学年待在剑桥/哈佛。"他相信洪业和博晨光能够帮助哈燕社制定一个将燕大的理念纳入其政策的项目计划。[10]为了就燕大在之后的剑桥讨论中所期望的利益达成共识,他在洪业和博晨光启程之前,与他们专门进行了一次特殊会谈。[11]

洪业和博晨光确实在哈燕社的政策制定以及在华项目的启动中起了关键作用。[12]在哈佛为期一年(1928—1929)的访学期间(洪业将访问期限延长到下一年),他们以五年实验期为基础,制定了一个详细的项目方案。根据此方案,哈燕社应该着重在以下七个学科领域开展项目——历史和宗教史、哲学和宗教哲学、语言、文学、艺术、考古学和人类学,并且将工作集中在剑桥(哈佛)中心和北京/燕大中心。[13]哈燕社理事会采纳了洪业和博晨光计划中的大部分建议。

后来燕大对行政委员会进行了重组,旨在加强其作用,因为他们认为哈燕社理事会对该委员会的工作信心不足。在重组过程中,行政委员会努力保证燕大的特殊地位和控制权。有些燕大成员担心哈燕社的理事仅仅将学社的项目局限于汉学领域的活动,从而会使燕大失去机会。不过,司徒雷登很高兴地发现,哈燕社理事会非常赞同在合作院校开展教育项目,并且愿意自1930年代初开始,为更多的合格的中国学生提供奖学金。[14]

哈燕社的行政机构/制度建设在理事会开始寻找社长时达到一个顶峰。理事会一开始就想任命一位社长来指导哈燕社的工作。1929年,他们采纳了洛克菲勒驻华代表、哈燕社理事之一顾临(Roger Greene)的意见,任命优秀的社会学家、芝加哥自然历史博物馆人类学研究员贝特霍尔德·劳费尔(Berthold Laufer)为哈燕社的终身社长。这项计划得到了洪业和博晨光的支持,然而劳费尔却因为来自博物馆的压力而未接受任命。燕大团队对于未能请来劳费尔任职感到非常失望。

在项目进行了几年后,哈燕社理事会更清楚地意识到有必要由一位社长来指导哈燕社的工作。他们相信,理想的人选必须是一位著名学者,同时又是一位既能够规划哈佛的东亚课程和监管哈燕社在华活动的创造性领导人,且能享有中国学者的尊敬。他们邀请法国汉学家伯希和担任此职位,但被谢绝。伯希和推荐了他的学生、出生于俄罗斯的法国公民叶理绥(Serge Elisseeff)。叶理绥是首位在日本接受教育的西方日本学家。另外一位人选,由燕大的博晨光推荐,是美国国会图书馆东方部图书管理员、华文学校前任教师恒慕义。[15]

燕大团队强烈反对任命叶理绥。博晨光准备了一份备忘录,质疑叶理绥的资质。博晨光认为,尽管叶理绥是一名杰出的日本学家,但是叶理绥在中国研究领域却没有很大的名气。博晨光担心,叶理绥的提名会造成中国文化研究被弱化的印象,这可能会引起中国学者的反感。他还很担心叶理绥的法国老师,包括伯希和、马伯乐(Henri Maspero)和葛兰言(Marcel Granet),并不真正欣赏中国学者的学术研究,这或许会影响到叶理绥的态度以及哈燕社未来的决策。[16]

博晨光的立场是可以理解的。正如一位日本学者后来回忆的,叶理绥的日语水平远超普通日本青年。叶理绥在东京帝国大学学习时,与教授和同学的关系极好,甚至与日本著名的小说家夏目漱石关系密切。他在大学附近租了一座有7间屋子的府邸,雇佣了三名家教,每周七天,每天从早上8点到晚上8点学日语。[17]但是,叶理绥在中国领域并没有如此强的背景,与中国的杰出学者之间也没有如此密切的关系。

博晨光倾向于找一位能够欣赏中国学者研究工作的真正汉学家。他认为,发展中国文化研究唯一有效的方法就是通过中美两国学者之间的真诚合作,所以他推荐了恒慕义而不是叶理绥。在1925—1926年哈燕社的成立过程中,他与恒慕义曾合作为燕京华文学校制定了计划,并对恒慕义和中国学者之间的相互尊重印象深刻。在他看来,没有其他学者像恒慕义一样能够胜任哈佛中心的哈燕社社长一职,并同时在中国发展汉学。[18]

司徒雷登校长和埃里克·诺斯也质疑叶理绥的资格。司徒雷登敦促燕大理事、哈燕社创始人和理事之一诺斯将燕大的立场告知哈燕社理事会。诺斯在1933年的哈燕社理事会上陈述了燕大的顾虑。他强调,既然哈燕社的首要目标是在中国的一些院校加强中国项目,那么重点就应该放在中国,而不是哈佛。鉴于叶理绥的日本教育背景和作为日本学家的知识兴趣,诺斯怀疑叶是否有能力和意向,通过拓展在华教育影响来完成学社的主要目标。[19]

在剑桥的哈燕社理事不顾燕大团队的反对,征求了顾临的意见。顾临认为,作为一位"精通日本文学"的学者和接触了"大量有关中国的宝贵材料"的学者,叶理绥拥有"远远超越只了解中文和欧洲语言的学者们的优势"。顾临相信,尽管他对恒慕义的印象也很好,但是理事会"应该寻找一位学术成就高于恒慕义的人选"。他建议理事会任命恒慕义为哈燕社的干事,之后再任命其为社长;并建议理事会先临时聘任两位候选人,派他们前往中国,看看北京的中外学者们对他们的态度如何。[20]

在剑桥的哈燕社理事与顾临的想法一致,认为以恒慕义的学术地位还无法胜任此职。所以他们将主要精力放在叶理绥身上,邀请他于1932—1933年间到哈佛做访问教授。他们希望更进一步地了解他的方法,并且让他更熟悉中国人文学领域的学者。随后,他们让叶理绥到中国进行短期访问。[21]

虽然燕大团队反对叶理绥,但是他给哈燕社的大多数理事和在华的教育家留下了良好印象。哈燕社的理事,尤其是那些与哈佛有关系的理事,对叶理绥于1932—1933年在哈佛时制定的宏大计划印象深刻。叶理绥计划的核心是大力拓展哈燕社在哈佛的工作。首先,应该将东亚语言和文学的教学组建成哈佛的一个独立系,旨在为学生提供有关亚洲的科学知识。其次,哈燕社理事应该鼓励学者和学生开展对亚洲文明进行科学的研究,并且培养未来的数代学者继续这项工作。此外,学社有必要开始出版亚洲研究方面的刊物,让研究成果能够给为他人所知/所用,并且创建一个强大的图书馆,以供教学和研究之用。[22]在1933年返回法国途中叶理绥对中国进行了访问,他不仅给与哈佛有关系的哈燕社理事留下了深刻印象,而且也获得了杰出教育家,比如中央研究院的傅斯年和北大的蒋梦麟校长的良好印象。[23]

基于他们与叶理绥的接触以及中国教育家的好评,哈燕社理事会于1933年11月任命叶理绥为哈燕社的终身社长(他担任此职一直到1956年),从1934年秋季学期开始任哈佛远东语言学终身教授,后来他从1936年开始担任该系系主任。叶理绥作为社长与哈燕社的主要决策机构理事会合作,共同制定有关哈燕社的总体运营和管理的政策。他的主要职责包括指导学社在华中国人文学的教学,研究和出版在哈佛的亚洲研究。他出席理事会会议,在奖学金的授予、预算、合作的教会大学和哈佛的年度报告以及研究课题等方面提供建议。[24]在叶理绥搬到哈佛后,顾临向理事会递交了一份备忘录,提出了一系列建议来帮助这位欧洲学者出身的新社长适应美国大学的校园文化。这些建议包括让大学社区尤其是校长办公室知道新社长的到来;通过与学校中各种机构和辅导教师建立联系,向学生宣传哈燕社的项目;并利用《红色哈佛》(*The Crimson*)和《哈佛校友通讯》等刊物、博物馆展览和社长的公开演讲等方式开展合适的宣传活动。[25]

对叶理绥的任命以及他后来的政策,验证了燕大的顾虑和担心。正如燕大团队所担心的那样,叶理绥非常迅速地在哈佛中心扩大哈燕社的项目。这或许是美国尤其是哈佛亚洲研究新时期的开始,却是以忽略在华项目为代价的。[26]此外,正如博晨光之前所担忧的,叶理绥对在华项目尤其是对中国学者开展的项目态度强硬。从这个角度来说,哈燕社社长既不是一位美国汉学家,也不是一位杰出的中国学者,这是很不幸的一件事。如果胡适、恒慕义或者美国的中国专家获得了任命,那么哈燕社或许会为其在华项目提供更多资源。

创建和运营跨太平洋的学术体系

在组建有效管理层时,哈燕社理事着手将中国和美国的教育机构融合为一个学术体系,以作为他们的项目基地。根据与霍尔基金会商议的条款,他们选择燕大和五所其他教会大学以及北京的中印研究所,作为哈燕社的合作机构。每一个机构在学术体系中都有不同的分工,以建立一个综合且均衡的项目。然而,这一学术体系的形成,无意间形成了学术等级,造成了合作机构之间的紧张局面,而哈燕社理事不得不调整政策,协调他们的关系。

1928年初,理事会选择哈佛和燕大作为哈燕社项目的两个主要启动地点,在哈佛资助开展一个远东研究的小型项目,同时在燕大资助有关中国文化的高级研究。[27] 1928年4月,他们与哈佛和燕大签署了协议,与两校正式建立了关系。根据协议,哈佛和燕大都同意理事会将他们的校名用在"哈佛燕京学社"一名中,并同意提供办公室,允许各自学校的三位教授担任哈燕社的学社成员和理事。虽然最终的任命和财务责任取决于哈燕社理事会的决定,两校都同意提名教师候选人。然而,协议并未明确规定两校的具体责任。[28]

哈燕社理事会选择中印研究所作为哈燕社的在华高等研究中心,但她并不附属于燕大,而是享受哈燕社全资支持的独立机构,因此其地位与燕大和其他合作大学不同。中印研究所最初是由蔡元培和胡适在北大成立的印度和中亚语言学系。其学术工作由1918年应胡适之邀加入北大的钢和泰主持。钢和泰很快就成为著名的梵文学家,不仅教授梵语、藏语和印度宗教,还出版了梵语和藏语著作。但是钢和泰与中印研究所都遇到了财政问题,尤其是在失去了北大的支持以后,问题日趋严重。中印研究所正是因为得到燕大的一个小小资金的资助才撑过了1926—1927学年。[29]

鉴于此种情形,哈燕社的创立者采纳了兰登·华尔纳和博晨光的建议,于1927年决定接管中印研究所,将其作为哈佛筹建中的在华研究所(即后来的哈燕社)的一个研究宗教(特别是佛教)的附属机构。在哈燕社正式成立后,理事会邀请钢和泰于1928—1929学年间赴哈佛做访问学者,并于1929年任命他为哈佛中亚语言学系教授,允许他用请假的名义于1930年开始在北京的中印研究所担任所长。钢和泰在北京的中印研究所度过了后半生,直到1937年逝世。[30]

1928年末至1929年初,理事会将哈燕社的项目基地拓展到包括其他五所由西方运营的在华教会大学,包括山东济南的山东基督教共和大学/山大基督教大学(1915年后称齐鲁大学)、江苏南京的金陵大学、福建福州的福建协和大学、广东广州的岭南大学和四川成都的华西协合大学。[31]与燕大一起,这六所大学构成了哈燕社中国人文学项目尤其是本科项目的主要基地。这些学校被选为常设的合作大学,是因为霍尔基金会、哈燕社创立者和各大学之前达成的协议。这些教会大学或在哈佛之前,或在同一时期联了霍尔基金会,希望得到资助,而且他们代表了中国的六大区域。霍尔遗产基金会相信,这些大学在使用霍尔基金开展项目时,有必要与哈燕社保持直接的联系,因为他们能受益于与像哈佛这样的西方教育机构之间的学术关系和来自后者的学术指导。[32]

现在,哈佛和六所在华的合作大学已经可以开始合作了,哈燕社理事会决定将他们纳入一个跨太平洋的学术体系,以发展协调中国的人文学项目,避免重复。学术体系的形成,无意间催生了一个将哈佛置于顶端的学术等级。燕大作为在华的唯一一个研究生中心,承担高端研究和培训来自其他在华教育机构包括几所合作大学的师生,占据了一个核心位置。理事会想让北京以外的五所合作大学,至少在最初几年内专注于本科教学,注意培养学生具备在燕大读研的能力,而他们当中最优秀的人选再赴哈佛接受先进的西方教育。[33]中印研究所在哈燕社的学术体系中享有相对独立的地位,专注于佛学研究。

1928年末,霍尔教育基金的拨款进一步加强了哈燕社的跨国学术体系。1928年12月28日,霍尔遗产基金会发放了霍尔基金的最后三分之一,即用于亚洲高等教育的那一部分。当时,这笔用于亚洲高等教育的基金总额,包括现金、证券和股票,已升值到1400万美元。(这1400万美元的三分之一,用平均价格指数换算,在2012年相当于151906722.14美元;用居民消费价格指数换算,在2012年相当187923390.62美元)。在向位于亚洲大陆、日本、土耳其和巴尔干国家的21所教育机构(包括哈燕社的六所合作教会大学)分配了760万美元后,霍尔基金会将其余部分以两笔基金的形式交给了哈燕社理事会——通用基金或非限制基金(通用基金)和限制性/专项基金,包括现金、证券和股票。1928年底,通用基金的价值约为446万美元(用平均价格指数换算,在2012年相当于48393141.48美元;用居民消费价格指数换算,在2012年相当于59867023.01美元);专项基金作为捐赠,价值约为190万美元(用平均价格指数换算,在2012年相当于20615912.29美元;用居民消费价格指数换算,在2012年相当于25503888.73美元)。[34]

根据哈燕社理事会和霍尔基金会之间的协商,通用基金的投资收入用于支持哈燕社的日常工作,包括在哈佛的项目,而哈燕社理事会有权决定具体如何使用,只要他们遵照霍尔的遗嘱即可。专项基金是由哈燕社为六所在华的合作大学和印度的阿拉哈巴德农业研究所(Allahabad Agricultural Institute)代管理的信托基金,其年收入将按照霍尔遗产基金会设定的比例发放给各机构:燕大 5/19,岭南 3/19,华西 3/19,金陵 3/19,福建协大 2/19,齐鲁 2/19,阿拉哈巴德 1/19。哈燕社理事有权决定这些合作机构如何使用该专项基金的收入,而且他们将在合适的时候作出决定,除阿拉哈巴德外,该基金应该主要用于在华中国人文学的教学、研究和出版。[35]

哈燕社和六所在华的合作大学的关系,用一位霍尔遗产基金会理事的话来描述,就是"合作大学是凳子的腿,而哈燕社则是凳子的座位"。霍尔遗产基金会并没有按照之前的约定将专项基金直接发放给各合作学校,而是选择将它信托给哈燕社管理。这是因为他们将中国的许多方面视为"未知数",而且担心教会大学的未来,同时也希望这些大学的教育项目能与哈燕社和哈佛联系在一起。[36]

在收到这两笔基金后,哈燕社理事会开始制定政策,以确保财政资源能有效地保证学术体系的可持续发展。他们将通用基金的收入主要用于在哈佛和燕大的中国人文学的教学、高级研究和出版,同时负担维持哈佛中心的行政开支。[37]在哈燕社的早期,哈佛和燕大各分享了通用基金收入的三分之一,主要用于有关中国文化的教学、研究、出版、奖学金和图书馆建设。然而,事实上哈佛享用的额度大大超过了三分之一。燕大通常只能用这三分之一来承担其所出版的两份主要杂志、租房和办公室开支、教员工资和奖学金以及中印研究所的开支。然而,哈佛将其所享有的三分之一则用于教员工资、图书馆建设、奖学金和应急资金等,而同时也使用剩余三分之一基金收入的一部分来承担哈佛/剑桥中心的日常开支,包括出版费用、行政支出和社长的工资(自 1934 年起)。[38]

哈燕社理事确定将专项基金(除了阿拉哈巴德所享有的那部

分)主要用于六所合作大学的本科人文学教育,并为此制定了政策。[39] 1929年3月30日,在第一封致各合作学校的正式函件中,他们只是泛泛地声明,专项基金应该用于"加强中国语言、文学和历史等学科的教学,或用于合作学校理事会认为值得做的事情"。他们指出,当时要设定总体目标之外的具体目标还为时尚早,但是会及时提供具体的条规。他们还强调,合作大学应该在中国的高等教育领域与哈燕社进行合作。[40] 这封条款非常笼统的函件,给中国的教育家留下了一种印象——哈燕社理事会将会赋予合作学校最大可能的自由度,可以将基金使用在与哈燕社核心的人文学项目间接相关的项目上。[41]

专项基金在本科人文项目领域的使用政策随着时间推进而变化,从一开始的笼统和模糊转变为明确和具体。哈燕社理事会最初并不十分清楚是否在中国立即开展本科人文学教育。他们开始的愿景是将精力集中在哈佛和燕大的高级研究工作,所以行事非常谨慎。然而,在获得了合作大学的反馈后,他们意识到与各校的首次沟通造成了误解,因而有必要详解哈燕社的政策。在1929年7月2日第二次与合作学校的正式沟通中,他们强调,专项基金应"用于总体加强中国语言、文学和历史系",意在开始中国研究的新工作,包括购置书籍和其他设备,支付这些院系中国教师的薪资,而不是取代(支付)已有项目的支出。[42] 不管是最初模棱两可的政策,还是后来的具体政策,理事会都期待合作大学始终能够遵守他们在正式函件中列出的有关专项基金支配的条款。如果一所合作大学没有遵守这些规定,他们会冻结或吊销这所学校应得的专项基金份额。他们早在1929年的理事会上就讨论了这些要求,并且会在合作学校违反规定后,对此事予以更进一步关注。[43]

除去有关专项基金支配的规定,哈燕社理事会还在第一封正式函件中要求六所合作大学提交有关哈燕社基金开支和工作成果的年度报告,他们认为这是监管在华项目和保证对霍尔基金的合理使用的有效办法。[44]后来,他们逐渐细化要求,并且要求年报中包括完整详细的财务报告、所授课程、教师名单、图书馆发展情况等。然而,理事会常常无法按时收到年度报告,所以他们于1932年通过投票,授权燕大中心的博晨光帮助收取年报,然后在11月哈燕社理事会前转送至剑桥中心。如果任何合作大学迟交报告,那么理事会可能会在讨论预算的11月常规会议上作出决定,拒绝继续向该所合作大学拨款。

叶理绥在1934年担任社长后,接管了审阅中国合作大学和哈佛的年度报告的工作,并在11月的理事会上向理事们汇报年度报告情况以及他对项目的评价和改进工作的建议。在11月理事会之后,叶理绥会将理事会的反馈信息转达给合作大学。然而,直到抗日战争的爆发,即使叶理绥亲力亲为,理事会还是很难按时收到报告,而战争的爆发更是造成了更多的障碍。

为了鼓励本科中国人文学教学、研究和出版的持续发展,哈燕社理事会做出了巨大努力,以保证合作大学有稳定的收入。他们将专项基金每年约10万美元的收入,按照1928年霍尔遗产基金会规定的比例,每季度向六所合作学校分配一次。[45]即使在大萧条期间当股票和证券所带来的专项基金收入大幅度缩水时,他们仍尽最大努力来满足需求。他们认为,即使预算削减,也有必要保证本科工作的稳定进行。为了项目的持续进行,他们采取了所谓的"最保守的政策",大幅度减少哈佛和燕大中心的科研工作和研究生项目,终止所

第二章 哈燕社成功启动(1928—1937) 87

有外围项目,停止授予新的研究生奖学金,暂停或削减购书和出版的经费。这些措施使得理事会可以依靠通用基金的收入来资助本科项目,在1932—1934年间保证六所合作学校能够拿到原定的专项基金收入的70%,同时也答应设立一项应急款,包括提供第三学年(1934—1935)的专项基金收入。在大萧条后,经济情况有所好转,他们随之将各合作大学的专项基金收入恢复如初(表2.3)。[46]

表2.3 保证六所合作大学的专项基金收入(美元)

年份	1929—1930	1930—1931	1932—1933	1933—1934	1934—1935	1935—1936	1936—1937
担保金额	100000	100000	70000	70000	60000	80000	80000
2012年总值(换算成居民消费价格指数)	1342310	1374461	1172807	1235958	1027769	1340350	1321065
2012年总值(换算成平均价格指数)	1085048	1126218	995639	1023058	831231	1086225	1074695

资料来源:TM, 1928-1936, HYIOA。

哈燕社的资助对维持和加强合作大学中国人文学的教学、研究和出版起了关键的作用。如表2.3所示,用平均价格指数和居民消费价格指数换算,哈燕社提供的美金资助年年升值。此外,专项基金构成了每所合作大学,尤其是像福建协和岭南等规模较小的学校全年预算的一大部分。以华西协合为例,该校享有190万专项基金收入的3/19,包括现金、证券和股票。在1929年和1930年,华西协合每年收到了大约1万美元的专项基金收入,用于中国人文学的教学、研究和出版,这占整所大学年度预算的11%。[47]

以上的分析说明,哈燕社理事会通过经费拨发,与太平洋两岸各所合作大学(包括哈佛)建立起联系。然而,这些联系很特殊,很松散,因为各学校是独立的教育机构,由自己的理事会管理和资助,而不是哈燕社的一部分;这些学校只是哈燕社在中国和美国的项目基地。除了由哈燕社资助的人文学项目外,哈燕社理事会对于这些合作大学的整体运行没有任何发言权。这种特殊的关系影响哈燕社政策在中国的实施。

哈燕社理事会在学社学术体系建成后就开始将其完善和机制化。1931年,他们投票要求合作大学做出特殊努力,培养本科生赴燕大进一步学习,并选派合格学生赴哈佛研修。[48]他们很高兴地采纳了位于北京的行政委员会重组的建议,并将其更名为在华顾问委员会。[49]他们相信,有必要成立顾问委员会来研究合作大学的项目,以推动各大学之间的协调与合作。然而,他们担心燕大在不通知其他合作大学的情况下仓促重组,会造成关系紧张,所以他们建议行政委员会和燕大先争取京外学校的合作,然后由司徒雷登校长召集六所合作大学开会商议此事。[51]

后来,实际上成立了两个顾问委员会,分别管理哈燕社的中国人文学本科和研究生项目。由8名成员组成的研究生项目顾问委员会于1932年在燕大成立。其委员由司徒雷登校长提名,大多数是来自燕大的中国人。由顾临担任主席,博晨光担任常务秘书长。博晨光同时也担任哈燕社与六所在华合作大学协调人的角色。该顾问委员会取代行政委员会来负责燕大国学研究所研究生项目的财务和行政工作,而该所的学术工作仍然让燕大研究生部负责。[52]

本科项目顾问委员会的成立是为了协调六所合作大学本科中国

人文学项目以及燕大的研究生工作。每所合作学校任命两位委员会成员,一位来自财务管理领域,另一位来自中国人文学领域,二人在委员会享有同等权力和权利。此外,该顾问委员会还包括六位不代表具体某所合作大学利益的增选委员。博晨光顺理成章地担任该顾问委员会的秘书。哈燕社理事会建议,该顾问委员会每隔一年至少召开一次会议,并且每两年之内应该向哈燕社理事会汇报一次。他们希望合作大学能够有效地保证该顾问委员会的运转,为哈燕社人文学项目的成功运行做出巨大贡献。然而事实上,该顾问委员会并未有效地运转,也并没有发挥关键作用。[53] 由于燕大和其他合作大学之间的紧张关系,以及抗日战争造成的混乱局面,该委员会根本无法隔一年召开一次会议。

燕大作为哈燕社在中国唯一的研究生项目中心,并且同时享有通用基金和专项基金收入双项资助的特殊地位,从一开始就让其他五所合作大学非常嫉妒。岭南大学在1932年初提出抗议,本校的一些中国人文学领域的教授因为燕大提供更多的资源和更好的福利而转投燕大。哈燕社理事会资助燕大教授在学术休假期间赴哈佛研修,却拒绝提供类似的福利给金陵大学的教授,也让金陵大学非常恼火。[54]

甚至在1932—1933年两个顾问委员会成立之前,哈燕社理事会关于专项基金收入只能用于发展中国人文学的要求,就在各合作大学引起了不满情绪。福建协和大学和齐鲁大学等规模较小的学校抗议道,与大学内其他学科所收到的小额资助相比,主要用于中国人文学科的巨额专项基金收入,造成了校内各院系之间的不平衡发展。[55] 此外,巨额专项基金收入只能用于发展中国人文学,也让这些规模较小的大学无法执行中国教会大学校董联合会"通盘计划"规定的有效实施。校董联合会成立于1932年,旨在推广教会大学之间的协调与合作,他们延续了中国基督教教育协会(The Christian Education Associate of China)于1928年发起的"通盘计划"。[56] 尽管经历多年修改,但"通盘计划"目标不变,旨在通过各所教会大学的地理位置和资源,向其分配不同的任务,以避免项目的重复和竞争,从而统一和加强在华基督教高等教育工作。例如,金陵大学被选为农学教育中心,而齐鲁大学则被选为医学教育和农村领袖培训中心。[57] 由于六所合作大学大多数是教会大学校董联合会的成员,或者与校董联合会有紧密关系,哈燕社理事会不得不协调他们的人文学项目,或者至少希望他们的项目不会与校董联合会在华的总体项目产生冲突。

哈燕社理事会对于来自中国的反馈予以积极回复,并调整政策来适应合作大学的需求,与校董联合会"通盘计划"的总体目标相协调。例如,如果合作大学满足人文学科项目要求之后,哈燕社理事会会允许它们将专项基金收入的剩余部分用于其他院系的工作,希望这种灵活的办法能促进每一所合作大学更好地参与"通盘计划"。[58] 然而,他们保留了最初的前提:中国人文学项目具有最高优先权,需求应该最先得到满足。他们要求校董联合会将他们的意见/立场转达给合作大学,以消除他们的疑虑。[59]

这项灵活的政策确实有助于减少合作大学的顾虑,但是也造成了新的紧张局面。哈燕社理事会没有设立严格和科学的标准来测试人文学项目需求是否"得到足够的重视"。理事会和合作大学对多少专项基金收入可以分配给人文学之外的其他学科有不同的理解。此外,每一所合作学校的专项基金收入结余数目都不同,而且希望以不同方式使用这笔钱。理事会对于合作大学忽视人文学科而将大部分专项基金收入用于其他学科感到不悦。而他们的批评又激怒了合作学校,这些学校敦促教会大学校董联合会给哈燕社理事会施加压力,让理事会更加配合"通盘计划"。齐鲁大学在这方面最为积极。该校在美国的校董理事会通过决议,敦促在华的校领导将学校项目限制在"通盘计划"框架范围内,并且要求哈燕社理事会允许齐鲁将专项基金余额用于其农村领袖培训项目。[60]

来自合作大学的抗议和压力迫使哈燕社理事会与教会大学校董联合会更加紧密地合作,希望与"通盘计划"达成更有效的协调。1936年初,叶理绥赴纽约与校董联合会官员和司徒雷登校长会面,讨论如何与"通盘计划"共同使用专项基金收入,并且达成一致意见:从1937—1938学年开始,每所合作大学都应该提供年度预算计划,并提交给校董联合会和哈燕社。拟定的预算应包括专项基金收入和其他资金收入的开支预估,以及大学的年度总预算。哈燕社理事会同意在处理每所学校的具体申请之前,先考虑校董联合会的看法和建议。纽约会议的决议表明,合作大学对于专项基金收入的使用将拥有更多的权力。然而,1937年二战的开始使得这些决议无法成功地付诸实施。

为了获取跟项目相关的第一手资料,也为了推进哈燕社政策的实施,理事会派叶理绥社长赴华视察。叶理绥自己也很期待此次旅行,认为这是了解中国人文学项目优缺点的机会,并可以借此机会更进一步加强与中国学者和大学的联系。[62]他于1936年12月25日从美国启程前往中国,用几个月的时间视察了各所学校,现场向各校领导提出有关改进大学的项目,尤其是改善教学、研究和图书馆收藏方面的建议。在回到哈佛后,叶理绥撰写了一份报告,并在1937年11月的理事会上将自己的观察结果亲自向理事会做了汇报,总结分析了各合作大学取得的成就以及亟待解决的问题。[63]然而,抗日战争的爆发阻止了理事会成功地执行叶理绥关于加强在华项目管理和监管的建议。

在中国的黄金十年

1937年抗日战争全面爆发前,哈燕社在中国度过了其最初的黄金十年。哈燕社满足了一个成功的跨国文化工程的基本要求——一个有效的管理机制、一个优化的学术体系、慷慨的资金支持和各合作方的积极参与,以及太平洋两岸局势的相对稳定。在哈燕社的大力资助和学术指导下,合作大学得以加强中国文化学科的教学、研究和出版,为中国现代人文学科的建立打下了基础。另外,哈燕社的项目满足了中国的认同和民族国家建设的迫切需求,让中国知识分子自身的文化工程真正成为跨国性项目。

合作教会大学在1920年代正处于逐渐中国化的进程中,这为哈燕社的中国人文学跨国文化工程创造有利的环境。美国社会福音的兴起,美国自由神学的输入以及在华自由派传教士的崛起,催生甚至加速了20世纪初中国教会和教会大学的中国化。[64]此外,在1920年代,教会大学面临着中国非基督教运动和收回教育主权等民族主义运动所带来的日益剧增的压力。在此背景下,他们在学术地位和招生方面很难与国立大学抗衡。另外,这些大学需要达到中国政府的注册标准,因为忽略或没有达到标准,就会面临被强行关闭或者禁止招生的命运。为了应对这些压力,教会大学开始招收更多的中国管理人员和教师,将更多的权力移交给中国信徒和教育家,增加中国学科课程,将宗教课程改为选修,并不再硬性要求学生参加教堂礼拜。据估计,在1925—1926学年间,在13所由西方资助的在华新教大学和3所天主教大学中,有关中国的学科的总课时达到了852学时,与国立机构和华人运营的私立学校的课时持平。[65] 截至1930年代中期,除了圣约翰大学,所有在华新教大学都已向中国政府注册,成为中国教育系统的一部分。[66] 这些变化给在华中国文化研究带来了更为同情的态度,这是来自资金接受方的一个积极因素。

哈燕社资金为合作大学的中国人文学项目提供了及时的支持。尽管教会大学早已开始了这些项目,但是大多数大学的人文学科都比较薄弱。他们缺少必要的资金来建立一个像样的教师团队和图书馆收藏,也急需西方研究方法来推动对中国文化的科学研究。因此,他们将哈燕社的专项基金收入视为来自霍尔遗产基金会的额外资源;因为霍尔基金会在早前就已经允诺了给予他们直接资助,但同时将专项基金作为信托基金交由哈燕社托管。在六所合作学校中,有些学校,包括燕大,早在1920年代初就收到过霍尔基金会的资金支持,而且在1928年末哈燕社获得通用基金和专项基金的同时,每所合作学校也获得了一笔来自霍尔基金会的直接资助:燕大100万美元,岭南70万美元,金陵30万美元,华西协合20万美元,齐鲁15万美元,福建协和5万美元。[67] 他们也被霍尔遗产理事会指定为中国人文学科190万美元的专项基金的受益者。除了岭南大学,这些学校都希望使用来自专项基金的收入加强有关中国的科目。葛思德(B. A. Garside)评论到:"事实上,我们都很高兴现在有这样丰厚的资金用于加强许多教会机构一直以来忽视的研究领域。"[68]

于是,合作大学大部分都很快热情回复。在收到哈燕社理事会于1929年3月30日发出的首封正式函件后,在六所合作大学中,有四所学校的理事会于4月召开会议,讨论了理事会订立的条款,并且一致投票接受哈燕社有关专项基金收入使用方式的规定。华西协合大学拖延到秋天也接受了条款,只有岭南大学迟迟不肯接受,因为霍尔基金会早前曾经许诺过岭南一笔直接拨款,用于支付其美国教职员工的薪资。葛思德代表四所合作大学接受了哈燕社的条款,于1929年5月致信感谢哈燕社理事会,并通知他们各学校的决定。[69]

燕大作为通用基金和专项基金的受益者,迅速重组了有关中国学科的研究项目,并且优化了组织结构,以指导研究工作。作为被选出的唯一在华中国人文学领域的研究生中心,燕京大学早在1927年哈燕社成立过程中,就成立了燕京华文学校(Yenching Research School of Chinese Studies)(参见第一章)。在哈燕社正式成立后,燕大获得了大约三分之一的通用基金收入,支持其国学研究所(成立于1928年)相关中国学科的高等研究。司徒雷登校长在哈燕社授权下于1928年成立的行政委员会,负责国学研究所的研究生项目。该研究所在1930年被废除之前,一直由著名历史学家陈垣任所长。[70]

主要由燕大管理者和教授组成的行政委员会,于1929年重组了国学研究所。他们成立了一个事务委员会,监管研究所的行政工作、财务和教职员的任命。该委员会的成员包括司徒雷登校长、吴雷川校务长、陈垣所长和研究所的中方秘书刘廷芳、美方秘书博晨光。然而,委员会的建议需经燕大教师执行总委会的审批。此外,还成立了一个学术委员会,负责国学研究所的学术项目,包括监管师生的研究工作、选购书籍以及与学术研究有关的各项事务。委员会成员包括常规聘用的科研人员以及燕大中国人文学科相关院系的主任。通过两周一次的例会,学术委员会成功地将科研工作控制在了真正负责研究的专家手中。不过,行政委员会仍然有权力和义务审批事务委员会和学术委员会的重大政策,尤其是预算报告,并且呈报给哈燕社理事会。[71]

在事务委员会和学术委员会成立后,国学研究所一方面由吴雷川校务长和司徒雷登校长监管,一方面又要接受行政委员会的管理。理论上,重组旨在提高研究所的效率,协调研究生工作与燕大其他活动之间的关系。但是事实上,对国学研究所的重组加强了燕大对研究所的学术工作和预算的控制。

在1931—1932学年间,燕大采纳了吴雷川的建议,对国学研究所进行了进一步的重组。重组在由洪业、容庚和顾颉刚组成的委员会领导下进行,给燕大在其学术项目方面带来更多的掌控力。陈垣辞职后,研究所一直没有所长,重组委员会就作为过渡领导,负责所内事务。[72]重组之后,国学研究所的教学职能直接由燕大研究生部监管,而所有研究教授和研究生则分配到燕大各个与中国文化研究相关的院系中。研究教授的工作因此与燕大的其他工作协调得更好。博晨光作为行政委员会(即哈燕社北平办事处)的执行干事,接替了赴天主教辅仁大学任职的陈垣所长,负责研究所的行政工作,包括财务、图书馆和博物馆建设以及期刊和图书的出版。[73]与1932年成立的燕大研究生顾问委员会一起,这些新的改革和重组活动将国学研究所里由通用基金资助的项目更直接地置于燕大的监管之下。[74]

北京之外的其他五所合作大学也纷纷效仿,成立了研究机构/委员会,管理由专项基金资助的中国人文学项目。金陵大学于1930年创立了中国文化研究所,而且成立了中国文化研究委员会,为研究所制定总体政策。[75]陈裕光校长、历史系主任贝德士(Searle Bates)和研究所所长徐养秋都是委员会的成员。委员会制定了工作总则,强调研究所应该以加强中国文化学科的本科教育为目标,同时培养师生进行研究的兴趣和能力。[76]齐鲁大学也在1930年秋天成立了中国文化研究所,指导中国文化的教学和科研,尤其是山东省当地的历史和文化。[77]成立于1926年国学运动中的福建研究学会(Fukien Research Society)于1927年终止,而福建协和的师生们于1930年末成立了福建文化学会(Fukien Culture Society),继续福建研究学会的工作。大学还于1931年成立了福建文化研究学会,指导由专项基金资助的有关当地地方文化的教学与研究项目。[78]华西协合大学也成立了从事中国文化研究的研究所,并且成立了监管其科研活动的委员会。[79]尽管岭南大学计划将其专项基金份额主要用于其他项目而不是与中国相关的科目,但是还是在1934年成立了一个研究委员会,管理哈燕社资金资助的中国项目。虽然这些研究机构/委员会的成立与哈燕社关于重点支持中国人文学本科教学的政策相抵触,但是在哈燕社在中国的前十年中,它们在推动中国文化的教学和研究方面起到了重要的作用。

哈燕社的资金支持也加强了合作大学的师资力量。燕大因为享有大笔的通用基金和专项基金的支持,在招聘著名学者方面最为成功。如表2.4所示,稳定的高薪以及丰富的科研资源,帮助中文系、历史系和哲学系以及国学研究所吸引了大批杰出学者。比较有名的例子包括教育部前副部长、燕大国学研究所前任所长、元史研究专家和辅仁大学校长陈垣(1926—1952在任),杰出的古代青铜器和甲骨文专家容庚,著名梵文学家和佛教文学家许地山,中国哲学专家冯友兰,以及最著名的中国古史辨学派创始人顾颉刚。陈垣、容庚、许地山和冯友兰都是位于南京的史语所的成员。[80]到30年代初,燕大在中国人文学领域已经打造了能与北大和清华相媲美的强大教师队伍;而且如表2.4所示,越来越多的燕大教研人员是接受过西方教育的。

表2.4 燕京大学人文学科领域著名教授名录

教授姓名	教育背景	院系
陈垣	光华医学院	历史学系,燕京大学国学研究所所长
吴雷川	清代翰林院翰林	国文学系,宗教学院
容庚	北京大学硕士	国文学系
许地山	哥伦比亚大学硕士	国文学系,社会学系
马鉴	哥伦比亚大学硕士	国文学系
赵紫宸	范德堡大学硕士、神学学士,纽约协和神学院神学学士	国文学系,宗教学院
谢婉莹(冰心)	威尔斯利学院硕士	国文学系
陆志韦	芝加哥大学博士	国文学系,心理学系
顾颉刚	北京大学	历史学系
洪业	纽约协和神学院神学学士,哥伦比亚大学硕士	历史学系
邓之诚	成都外国语专门学校,云南两级师范学堂	历史学系
张尔田	受教于传统私塾,清代举人	历史学系

资料来源:Yenching University Annual Report, 1929—1937, HYIOA。

北京以外的五所合作大学也得以加强其教师队伍。齐鲁大学就是其中一例。在专项基金收入的支持下,齐鲁大学招收了不少新的教师。到30年代中期,齐鲁大学的中国文化研究所已经拥有19位由专项基金资助的教师,包括汉学研究所所长、《墨子》(战国早期著名哲学家墨子的思想)研究专家栾调甫、文学家马彦祥、甲骨文专家明义士(James M. Menzies)和中文系主任郝立权。[81]越来越多的齐鲁大学教授接受过西方教育,而且在30年代中期,中国教员的总体水平也较之前有所提高。[82]越来越强大的教师队伍,让合作大学能够加强中国文化方面的教学、研究和出版。

日益壮大的教师队伍和更好的资源,让合作大学能够招收到更优秀的学生。燕大因为能够提供慷慨的资助,同时又拥有能够在中国人文学领域提供传统的和西方式教育的教师队伍,在招收优秀研究学生方面占尽优势。燕大一开始是用其通用基金的一部分为学生提供传统式培训,尤其是在中国古籍方面,并同时派遣优秀的学生赴哈佛接受先进的西学培训。这种方法得益于燕大多元化教师队伍的建议。有些教授,尤其是像吴雷川、陈垣、顾颉刚和容庚这样在国内接受过传统教育的教授们,强调学生学习中国古籍的重要性。行政委员会的中方秘书刘廷芳接受的是美式教育,但他也认为中国人文学领域的学生有必要接受传统教育。其他人,特别是像洪业和博晨光那样在西方接受教育的教授,极力主张应该有更多机会让学生去哈佛接受高等教育。[83]

燕大的领导层采纳了双方的建议,将中国传统教育方法和西方教育理念融入了燕大中国人文学科的课程中。燕大这种结合东西方教育模式的策略,为中国培养了数代学者,包括后来中国人文学科领域的关键人物郑德坤、罗香林、张维华、翁独健和王钟翰等。[84]

在哈燕社资助下,北京以外的五所合作大学也得以为本科生提供更好的中国人文学教育。他们的毕业生有机会到燕大甚至哈佛接受进一步培训。在30年代末和40年代,许多毕业生在接受更为高级的教育后,回到母校任教,使得二战后在合作大学担任重要职位的华人教员增多。[85]

随着教师队伍的壮大和哈燕社慷慨的资助,所有的合作大学都能够增设中国学科的新课程,尤其是有关地方历史和文化的课程。

自 1920 年代初起,燕大就是教会大学中提倡中国文化研究的领军者,并且在 20 年代中期之前就要求学生的六十个必修学分中,应该包括历史课的四个学分和中国文学的十二个学分。在哈燕社资金的支持下,燕大增加了中国古代史、文学、语言学、考古、宗教和历史方法论等一系列新课程。齐鲁大学和福建协和大学主要开设了地方历史和文化的新课程,金陵大学则增设了中国文明和农业史课程。在华西协合,中文系与考古、艺术和民族学博物馆合作,开设了民族学和有关中国西部边陲部落的新课程。[86]

在 20 年代末和 30 年代,哈燕社在中国人文学科领域取得的最重要的成就,是合作大学开展的研究,这是因为哈燕社稳定且慷慨的资金支持,使得教师能够专注于教学和研究。在北京之外的合作大学和华中大学能够更多关注对地方历史/文化和某一专业领域的研究。金陵大学在中国农业史、古代史和考古学方面赢得了良好的声誉。[87]齐鲁大学、岭南大学、福建协大和华西协合都利用当地资源,专注于地方历史和文化的研究。其中齐鲁大学以山东省郡县和地区的历史与地理沿革研究而著名,福建协和大学研究福建省的民俗学、民间艺术和民歌/船歌,岭南大学研究广东省的历史和文化,而华西协合则专注于中国西部原住民的习俗和文化,以及四川省的古代历史和文化。[88]

作为在中国同时享有通用基金和专项基金资助的唯一研究中心,燕大在中国人文学的研究方面是所有合作大学中最为成功的。燕大的教师队伍,尤其是接受过西方教育的学者,是将现代科学方法融入传统调查方法的先驱,将燕大的中国文化研究推到了新的高度。到 30 年代初,燕大已成为教会大学中最著名的中国人文学中心,成为全中国在该领域里最好的机构之一,在中国文化研究方面享有与北大和清华齐名的声望。尽管大多数本科合作学校采取了传统的方法论，但是他们的研究项目成为国学运动中的一部分，并且对现代中国人文学科在两次世界大战之间在中国的发展做出了贡献。

顾颉刚的故事反映出哈燕社资金和燕大对中国人文学科的发展以及对中国文化重建/重塑所作出的贡献。从北大毕业后，顾颉刚于1920年开始在母校任教。在导师胡适的鼓励下，他于1923年发起了古史辨运动，提倡用西方的科学研究方法对传统典籍（古籍的传世版本等），尤其是对有关史前中国的资料进行考察分析。这很快在全中国的学术圈引起轰动。用韩子奇的话说，顾颉刚的倡议并不仅仅限于对文献和史实的辨伪，而是探寻20世纪中国是否能够继续生存以及应该如何发展这个紧迫问题的答案。[89]三年后，顾颉刚出版了《古史辨》第一册，收录了中国学者揭露古代文献中伪造和虚假内容的文章。这本书吸引了中国学者甚至西方汉学家的注意，使得顾颉刚成为中国学术界的前沿历史学家。[90]然而，低薪和工资拖欠让顾颉刚无法专注于研究。1926年，他离开了北大，在南方的厦门大学和中山大学暂时代课。后来应燕大文理学院前任院长洪业的邀请，顾颉刚于1929年以研究教授的身份加入了燕大历史系，以保证他的研究工作能继续进行下去。不久，他就担任该系主任。顾颉刚解释说，他选择去燕大教书，是因为燕大有稳定的财政支持和自由的气氛。这两个因素对他的研究非常重要。[91]

摆脱了经济压力，顾颉刚全身心地投入教学和研究，很快就主持了多个研究项目。他继续用西方科学（批判性）方法研究传说中的史前中国圣贤之王的名号以及古代儒学经典。例如，在哈燕社提供的一个为期三年的经费的支持下，顾颉刚于30年代初期开展了对《尚书》的历史研究。《尚书》是儒家五经之一，是史前时期到西周早期帝王和重臣的言论集。[92]顾颉刚最具影响力的工作大部分都完成于他在燕大任职的时期(1929—1937)。在燕大的头两年半中，他出版了《古史辨》的第二册和第三册。到1937年夏，他已完成第六册的编辑工作。[94]

在燕大，顾颉刚还担任了六期《燕京学报》的主编。在研究有关古代中国帝王重臣的神话的同时，他坚持收集民间/民俗传说和民谣。顾颉刚的工作不仅为燕大和哈燕社赢得了声望，而且对于现代中国历史学学科的形成和身份认同以及民族国家建设做出了重大贡献。[95]到30年代中期，顾颉刚已被认为是中国对古代史进行批判性研究的最具权威的学者。不幸的是，日本对北京郊外卢沟桥的进攻以及1937年7月的战争全面爆发，迫使顾颉刚离开了燕大，因为在华日本军队上层因为他的抗日宣传而威胁要逮捕他。[96]顾颉刚不久后加入了位于成都的齐鲁大学国学研究所。[97]

在燕大期间，顾颉刚还创立了禹贡学会（中国历史地理学会）。从1934年开始，他与其他学者合作编辑和出版《禹贡半月刊》，讨论有关中国古代的地理术语与地区的问题，旨在推进古代地理的研究。该期刊是对有关中国社会史的争议的回应，也是对对日本入侵中国东北的回应，同时也是顾颉刚坚持运用历史地理学对于深入研究历史的结果。早在1923年，他就开始了对中国历史地理的讨论，并且在燕大教授古代中国地理变迁的课程。到1937年夏，该期刊在出版了82期后（最后一期于1937年7月17日出版），遭日本军方强行停刊。顾颉刚的努力被公认为是中国学术史上的无价贡献，也为现代中国历史地理学科的建立打下了坚实基础。[98]

如顾颉刚的故事一样，钢和泰的经历也生动地反映了哈燕社的资助是如何帮助钢和泰和中印研究所在佛学研究方面取得巨大成就。在钢和泰赴北京研究西藏和蒙古文献后,1917年爆发在他家乡的布尔什维克革命永远改变了他的命运,因为革命剥夺了他所有的薪俸以及大部分个人财产。尽管他在北大找到了给一小组学生教授梵文学和佛学的职位,却无法按时得到报酬。但他坚信,中国需要他帮助培养优秀的梵文学家。只有中印研究所以相对其他合作大学来说更为独立的身份被哈燕社当作一个附属机构接管,以及钢和泰于1929年被聘为哈佛教授主要负责管理位于北京的中印研究所之后,他才得以专注于研究工作(参照本章前文)。被聘为哈佛教授并回京管理中印研究所后,钢和泰在北京结婚成家。叶理绥社长评论道:"这项新的任命和支持是他私人与学术生活中的一件大事。"[99]

在哈燕社资金对他本人和对中印研究所稳定且慷慨的支持下,钢和泰能够专注于佛学和梵文的研究,尤其是对梵文、藏文和汉文佛学经典的比较研究。他不仅收集和整理了许多珍贵的佛教文献,还留下了一些珍贵的手稿。到1937年初,他已经打造了一个拥有丰富西方佛学书籍收藏的图书馆,包括有关中亚语言和佛教的重要收藏。在他的领导下,中印研究所开展了大量有关西藏、佛教图像学、中国佛学尤其是大乘佛教传统的原创科研。[100]

更重要的是,钢和泰开设了梵语、藏语、满语和蒙古语等稀有语种的课程,培养了未来佛学研究界的学者,包括几位能够用西方科研方法研究中国佛教的中国印度学家。中国学者罗常培在评论钢和泰对中国学术界的影响时写道:

> 自从1923年钢和泰发表了那篇《音译梵书和中国古音》之后,国内学者第一个应用汉梵对音来考订中国古音的,要算是汪荣宝的《歌戈鱼虞模古读考》。因为这篇文章虽然引起了古音

学上空前的大辩论,可是对于拟测汉字的古音确实开辟了一条新途径。我在《知彻澄娘音读考》那篇论文里也曾经应用这种方法考订过中古声母的读音问题,我相信如果有人肯向这块广袤的荒田去耕植,一定还会有更满意的收获![101]

在钢和泰的领导下,中印研究所在佛学、梵文和藏语的研究方面做出了杰出贡献,让哈燕社名扬海内外。叶理绥高度评价了中印研究所的贡献:"中国没有任何一家其他研究机构对中国文化的这一重要阶段进行直接的研究。"法国政府授予钢和泰"荣誉军团"勋章以表彰他的学术成就;中国学者推选他为中央研究院院士以表彰他的贡献。钢和泰的研究被普遍认为对"东方"学术界不朽的贡献。中国和西方学者都相信钢和泰和他的中印研究所"提高了西方学术和对其进行资助的哈佛燕京学社的声望"。[102]

1937 年初,钢和泰不幸逝世。他的去世对于该领域是空前且过早的损失,因为世界损失了一位精通数种稀有语言(如梵文、藏语和蒙古语),以及俄语、德语、法语和英语等西方语言的天才学者。为了纪念钢和泰对于该领域的贡献,哈燕社资助出版的《哈佛亚洲研究杂志》1938 年 4 月用整刊纪念他,叶理绥也以哈燕社社长的身份特别撰文悼念。[103]

在钢和泰去世后,哈燕社理事决定维持中印研究所尤其是其图书馆的继续运营,主要由在北京的哈燕社奖金获得者监管,并且决定购买钢和泰的个人收藏,包括稀有的西藏甘珠尔 300 卷、一份西藏丹珠尔和一份蒙古甘珠尔。[104]在抗日战争结束后,哈燕社理事将中印研究所改名为美国亚洲研究所,任命叶理绥为社长,海陶玮(James Robert Hightower)作为社长助理,在北京负责研究所的日常运营。[105]

除了教学和研究,在哈燕社资助下,六所合作学校都在中国人文学科著作出版方面取得了成功。这些学校尤其是燕大相信,出版著述能够鼓励教师的科研和教学,推动思想交流,提高大学的名气。这些理念使他们不理会哈燕社理事会要求各大学专注于人文学科的本科教学而不是科研的立场。

就像在教学和研究方面一样,燕大在出版方面也遥遥领先。由于通用基金和专项基金收入的慷慨支持,燕大出版了几种在海内外都得到认可的期刊。一是《燕京学报》,这是国内领先的中国文化研究半年刊。在哈燕社创立者的鼓励下,燕大于1927年6月创办了此刊物,主要由本校教师供稿。刊物最初由霍尔基金会的资金支持,后来转由哈燕社的通用基金支持。在第一个十年中,杰出的学者容庚和顾颉刚轮流担任主编,由其他的优秀燕大教授担任编辑。到1937年夏战争全面爆发时,该杂志一共出版了21期。[106]除每年固定出版两期杂志外,燕大于1932—1933年还出版了《燕京学报专刊系列》。到1936—1937学年,一共出版了12期专刊。《燕京学报》及其专刊所刊论文涵盖了各种领域和议题,以对古代历史的考证为着眼点,包括中国历史、考古、哲学、宗教、语言学和语音学、历史地理、民族学、边疆问题和中外关系等。[107]

《燕京学报》在推动中国文化研究方面起到了重要作用,为燕大的教师提供了一个与海内外其他学者分享研究成果的重要平台。到1937年夏,《燕京学报》已经取得了"在汉学领域主要出版物中的一席之地"[108]。胡适和伯希和等该领域的知名中外学者都将该杂志视为最珍贵的期刊之一。它与其他三个著名刊物——北大的《国学季刊》、清华的《清华大学学报》和中央研究院的《国立中央研究院历史语言研究所集刊》享有同样的国际声誉。它们一起构成了两次世界大战之间中国汉学界最具影响力的四种杂志。[109]

《哈佛燕京学社汉学引得》是燕大的另一份宝贵的出版物,开创了对古典中国著作进行索引编目的新方法。《引得》作为汉学研究的科学工具,始于 1930 年秋天,后来成为了通用基金在燕大资助的常规项目。洪业在启动这项雄心勃勃的新尝试中扮演了重要角色。洪业于 1928—1930 年间在哈佛做访问教授时,发现文献编目和索引的不足是汉学研究的一个主要障碍。基于这项观察,他试图用西方科学方法给重要的中文古典著作归类,并研究出一套系统,以类型和笔画为基础,赋予每个汉字一个数值。洪业相信,他设计的新系统比传统的四角号码汉字分类系统更加便于使用。[110]洪业还经常为《引得》中出版的重要索引撰写前言或者评介。[111]到 1937 年,一共出版了 27 种正刊索引和 11 种特刊索引。《引得》被证实为 20 世纪二三十年代世界上有关中国人文学科的最宏大的出版项目之一。洪业建立的标准和体系,对于 1930 年代初期以后中国所有的索引工作都有显著影响,而且越来越多的书籍都开始将索引包括在内。[112]

洪业的工作获得了中西方共同的赞誉。[113]伯希和 1931 年 9 月在莱顿举办的东方学大会演讲中,盛赞了洪业的索引系统。[114]国会图书馆的恒慕义也高度评价《引得》,并且敦促将这套体系扩展到其他领域。[115]法兰西学术院在 1937 年授予洪业儒莲奖(由 Prix Stamilas Julien 设立于 1872 年,旨在表彰重要的汉学著述),认可他对汉学的巨大贡献。[116]叶理绥在 1937 年访问中国之后,热情地向哈燕社理事会汇报说,燕大的出版物,包括《引得》,"都有极高的学术标准,对中国历史研究做出了宝贵贡献"[117]。

其他五所合作大学也各自出版了一种或多种杂志,以发表本校教师撰写的有关当地历史和文化的文章。岭南大学于 1929 年创办了文科季刊《岭南学报》,以发表有关广东历史、习俗、宗教、地理和考古的论文。福建协大资助了杂志《协大学术》《福建文化》和《协大艺文》,以出版有关福建当地习俗和文化的研究成果。华西协合的《华西学报》年刊专注于中国西部的边陲部落,而金陵大学的《金陵学报》则突出刊载当地文化和农业史的研究成果。齐鲁大学不仅出版有关山东当地历史地理和文化的《齐大月刊》,还出版教材,尤其是教师的讲义,以提高教学质量和学生中文水平。[118]尽管哈燕社理事会希望专项基金用于本科教育而不鼓励这些刊物的出版,但是不能否认的是,这些刊物对于中国历史和文化的研究,尤其是对当地历史和文化的研究,做出了极其重要的贡献,而且也是20世纪二三十年代国学运动的重要组成部分。

哈燕社资助的各合作学校图书馆的发展是另一项成就,对中国高等教育的现代化和现代人文学科的建立带来了深远影响。与科研和出版项目不同的是,建立图书馆馆藏是哈燕社创始人、理事会和合作大学教育家的共识。哈燕社创始人从一开始就将图书馆的发展视为首要任务,而各合作学校也对此表示同意。因此,各学校都从专项基金中拿出一部分专门用于图书馆发展。除了增加有关中国文化的基本科目的藏书外,大多数学校还注重对地方史尤其是地方志的收藏。

与教学、科研和出版一样,燕大的图书馆建设在合作大学中也处于领先地位。在通用基金和专项基金的双项资金支持下,燕大打造的中国人文学科研究型图书馆,是国内最好的图书馆之一。洪业在此过程中起到了关键作用。他一开始就强调图书馆建设的重要性,并且早在1924年就开启了加强燕大图书馆的项目。受洪业的影响,燕大领导层特别注重图书馆的建设,并在1928年春任命了一个小组委员会，负责购置中文书籍。得益于霍尔基金会和之后哈燕社的资助，燕大图书馆馆藏增幅巨大。[119] 书籍购置在1929—1930学年间成为燕大国学研究所的最重要任务之一。[120] 从1930年开始，燕大的中文图书馆在收藏珍本和孤本方面和增加中国艺术、考古和宗教的收藏方面做出了特殊的努力。这些努力使得燕大图书馆馆藏在20年代中期至30年代中期大幅增长，从1924年的几百册增加到1930年初的14万册。到1937年，馆藏更大，涵盖了有关中国历史、文学、哲学、语言学、艺术、考古和宗教研究的所有关键性著作。[121]

洪业不仅努力拓展图书馆收藏，还采用了西方的科学方法分类和管理藏书。在他看来，图书馆和图书馆系统的现代化将更好地为中国文化的教学、研究和出版服务。为此，洪业派遣燕大图书馆员赴哈燕社的汉和图书馆学习第一手经验，也邀请汉和图书馆员裘开明到燕大提供建议和指导。洪业希望两个图书馆可以采用同一个图书分类体系，彼此协调。[122] 此外，他还于1929年发起了一项雄心勃勃的项目，名为"哈燕社中文文献与研究系列"，出版燕大图书馆中文藏书中从未出版的珍贵手稿。在1929—1930学年，该系列一共出版了7种著作。到1940年，该系列一共出版了26种著作，大部分是清代手稿，也有一些是明代手稿。这个极受重视的系列为中国学术界作出了极其重要的贡献，也为全世界中国人文学领域的学者提供了分享难得的珍本的宝贵机会。[123]

除了图书馆建设，合作学校还利用一部分专项基金发展和提升博物馆的藏品。他们采取的方式，与华尔纳、斯坦因等人掠夺中国艺术品并送至西方的方式截然不同。华西协合大学在这方面最为成功。该校于1914年成立的考古、艺术和人类学博物馆，到1930年代已在全国甚至在西方都获得了极高的声誉。华西协合的领导早已意

识到了学校的独特地理优势,因为西部是民族学家、考古学家和人类学家的天堂:

> 中国西部或许是地球上各种生命种类——植物和动物——以及尚未被发现的有关社会人类学资源的最丰富的地方,……在各种族互相影响和寻求生存的斗争中,许多完全不同的、难以用社会人类学归类的社会类型,在不同山谷地区,成功地保存下来了。[124]

因此,他们将博物馆建设视为一个"伟大的研究项目"以及大学总体战略计划的必要部分。他们希望哈燕社的资金能够让博物馆购置并保存"记录并揭示了汉族、藏族和中国西部原住民历史、艺术文化和民俗等的收藏",并将其拓展为一个研究汉文化和中国西部边陲部落的中心。[125]

因此,华西将专项基金的一部分用于建设博物馆的"硬件"和"软件",拓展由第一位馆长、科学学院的丹尼尔·代(Daniel S. Dye)博士于1914年开始的收藏。他们建设了一所专用建筑供博物馆使用。1932年,华西邀请葛维汉(David C. Graham)博士担任该博物馆新馆长。葛维汉是一位在华传教士教育家,曾在芝加哥大学和哈佛接受过教育,也是中国西部宗教专家。他的加盟给华西协合带来了西方的田野调查和博物馆收藏管理的方法。在到达成都后,葛维汉尽全力加强有关中国西部尤其是该区域的边陲部落的藏品。他本人开展了大量的田野工作,收集四川部落的民俗材料,也领导了几次田野发掘,为博物馆的社会人类学收藏增加了数千件重要藏品。[126]

在葛维汉的领导下,华西的博物馆发展迅速,为学者和公众提供了极好的服务。博物馆很快"就成为保存那些迅速消失的有关该区域周边地区文化的材料的重要场所。它成为许多西方学者聚集在一起研究鲜为人知的部落的中心"。1933年,博物馆有中国西部最大的石器收藏。[127]到1936年,其考古和社会人类学藏品已达到18000件,以极出色的汉族、藏族和苗族藏品而著名。[128]

葛维汉不仅努力拓展博物馆收藏,还使用西方科学方法分类、编目和研究这些大量馆藏,供教学、科研和公开展览之用。[129]在1932—1942年间,他在西方的前沿杂志上发表了数十篇文章。他对四川原住民的研究使其跻身于全世界近代人类学杰出学者的前列。在他的带领下,博物馆的员工利用有关当地地方史的庞大收藏,开设了有关中国艺术、考古和社会人类学的课程。此外,博物馆还出版了考古发掘报告,将丰富藏品向中西方学者开放,并且定期举办公开展览。博物馆每年都接待几千名来自中国甚至国外的各界游客,包括于1935—1936学年来访的蒋介石夫妇。[130]其丰富的藏品以及对学者与公众的慷慨服务,获得了中国各主要报纸的好评,以及全世界的认可。[131]

哈燕社在华理事顾临致函董纳姆说,著名中国学者胡适曾称赞哈燕社在中国的本科和研究生工作。胡适的评价表明,自从1928年成立以来,虽然没有职业汉学家的领导,但哈燕社的工作"给国内的中国研究留下了深刻印记,其影响力大大超出了六所合作机构的工作影响的一般范围"。顾临在写给蔡斯院长的信中表示,中国朋友有关哈燕社在华工作的评论,使他"深信在提高中美合作院校的中国研究水准方面已经取得了重要成果,而且我认为,你有充分的理由对此感到高兴"[132]。的确,哈燕社在中国度过了黄金十年。海福德(Charles Hayford)评论道,截至1930年代,"大多数学科都建立了全国性的学会,出版了学术期刊,建立起了本科项目,也出现了学派之争和个人恩怨,这些证明专业发展日趋成熟"[133]。哈燕社的项目为人文学科的发展和成熟做出了贡献。他们是旨在进行文化重建/重塑和民族国家建设的国学运动的一个重要部分,为两次世界大战之间中国文化研究黄金时期的到来做出了贡献。

小结

哈燕社在华第一个十年的使命和主要活动,享有了文化工程成功的几乎所有条件。首先,哈燕社的机构/体制建设对于成功很有帮助。跨太平洋管理层和学术系统的及时组建是新学社启动的最重要步骤之一。哈燕社理事会消除哈燕社系统内部紧张关系的努力,促进了对哈燕社在华资助项目的管理。

其次,哈燕社对中国知识分子文化重塑和民族国家建设运动的回应、中国稳定的环境以及合作院校的积极回应,对于哈燕社的成功起到了关键作用。在评论燕大留给哈燕社的遗产时,菲利普·韦斯特(Phillip West)突出燕大对于现代之前中国学术的尊重和燕大的信念——"教育,以及作为高等教育一部分的研究,是民族国家救亡的一部分。"[134]燕大的理念被哈燕社继承和发扬,这体现在中国人文学科的教学、研究和出版项目中。哈燕社参与并资助了20年代由教会大学的中国知识分子发起的文化重建与重塑的运动,而这些运动/项目正是中国民族救亡运动的一部分。教会学校的中国知识分子是哈燕社资助的人文学项目的主要执行者。他们利用西方科学方法研究中国历史和文化,旨在服务于王朝统治结束、共和国成立之后身份认同建设和民族国家建设的迫切需求。顾颉刚是该领域中国知识分子的最著名代表。如韩子奇所言,顾颉刚的历史研究,尤其是对中国古代史的研究,不是纯学术研究,而是受到爱国情感的激发,与他对一个新中国的愿景密不可分。与其他一些中国历史学家相似,顾颉刚"对于过去的描述相当于就是对现时的批判,以及给未来的对策"[135]。

所有这些有利因素的共同作用,为哈燕社在华人文学科项目带来了黄金十年。然而,这些成果丰富、富有成效的岁月于1937年7月戛然而止。抗日战争的全面爆发迅速干扰了哈燕社在各合作大学项目的正常运作。更糟的是,混乱局面持续了八年,大大削弱了哈燕社在中国的工作。另一方面,战争带来的混乱给了叶理绥社长一个很好的借口和机会,加强对哈燕社在华工作的监管和控制,同时拓展哈燕社在哈佛的项目,因此加深了哈燕社与合作大学之间以及哈燕社学术系统的内部矛盾。

注 释

1 "Corporation Certificate of the Harvard-Yenching Institute, Jan. 5, 1928", in "The Harvard-Yenching Institute Office Archives" (HYIOA), Cambridge, Massachusetts.

2 The HYI's "Agreement of Association", Jan. 4, 1928, "By-Laws", and "Special Act Conferring Certain Additional Powers" by the Commonwealth of Massachusetts, 1928, HYIOA.

3 The HYI's "By-Laws"; HYI's first incorporation meeting minutes, Jan. 4, 1928; Harvard-Yenching Institute Board of Trustees' meeting minutes (简写为 TM), Jan. 4, 1928 and Dec. 8, 1930, and HYI Executive Committee meeting minutes, Apr. 25, 1928, HYIOA; Wallace B. Donham, "Memorandum on the Origins of the Harvard-Yenching Institute with Particular Reference to the Period before Incorporation, Apr. 29, 1952", HYIOA; Eric M. North, "Draft Memorandum Concerning the Organization of the Harvard-Orient Institute, Nov. 23, 1927", in "The File of the United Board for Christian Higher Education in Asia" (UBCHEA File), 173-334-5117, Yale Divinity School Library, New Haven,

Connecticut。

4 The HYI's "By-Laws"; "Extract from a Statement to the Trustees of Yenching University from the Secretary of the Trustees of the Harvard-Yenching Institute, Apr. 9, 1928", in "Yenching University Archives" (YUA), YJ31009, no. 1-1931, Peking University Archives (PUA), Beijing China; The HYI's first incorporation meeting minutes, Jan. 4, 1928; TM, Jan. 4, 1928.

5 North, "Draft Memorandum Concerning the Organization of the Harvard-Orient Institute"; Donham, "Memorandum on the Origins of the Harvard-Yenching Institute"; TM, Apr. 22, 1931, all in HYIOA.

6 "By-Laws of the Administrative Committee in Peking", YUA, YJ31009, no. 1-1931, PUA.

7 关于在燕京大学成立另一个哈燕社的论点,见陈观胜:《哈佛燕京学社与燕京大学之关系》,载李素等著《私立燕京大学》,台北:南京出版社有限公司,1982年,第52—57页;滕茂椿:《燕京大学与哈佛燕京学社》,载燕京大学校友校史编写委员会编《燕京大学史稿1919—1952》,北京:人民中国出版社,2000年,第394—395、405—414页;张寄谦:《哈佛燕京学社》,载《近代史研究》第5期(1990年9月),第154—155页。

8 Philip West, *Yenching University and Sino-Western Relations, 1916-1952* (Cambridge: Harvard University Press, 1976), 62; YDSG, 745.

9 胡适因为忙于其他事情而推迟了哈佛之旅。见 HYI's first Executive Committee meeting minutes, Apr. 25, 1928, HYIOA。关于中印研究所,见本书下一节。

10 John L. Stuart to William Hung, Feb. 21, 1928, UBCHEA File, 175-337-5155.

11 Stuart to Lucius C. Porter, Mar. 10, 1928, UBCHEA File, 173-335-5119.

12 West, *Yenching University*, 193.

13 L. C. Porter and William Hung, "Confidential Memoranda: The Harvard-Yenching Institute, Apr. 5, 1929", UBCHEA File, 173-335-5124.

14 Roger Greene to Lucius Porter, Jun. 11, 1930; Leighton Stuart to Porter, Apr. 25, 1931, both in YUA, YJ31009, no. 30-1931, PUA.

15 关于社长人选的讨论,包括对 Laufer 的提名,见 Wallace B. Donham to Roger Greene, May 4, 1932, and George Chase to John L. Stuart, Apr. 6, 1933, UBCHEA File, 174-336-5129; Lucius Porter, "Memorandum on Harvard-Yenching Institute Possibilities, Aug. 16, 1932", HYIOA; Edwin O. Reis-

chauer, "Serge Elisseeff", *The Harvard Journal of Asiatic Studies* (hereafter abbreviated as *HJAS*) 20. 1-2 (Jun. 1957): 23-24。

16 Lucius C. Porter to James L. Barton, Mar. 16, 1931, YUA, YJ31008, no. 3-1931, PUA; Porter, "Memo on Harvard-Yenching Institute Possibilities".

17 Yasuo Kurata, "Serge Elisseeff: Pioneer Western Japanologist", *The Japan Times*, Dec. 31, 1975.

18 Porter, "Memo on Harvard-Yenching Institute Possibilities".

19 TM, Apr. 24, 1933; Nov. 13, 1933.

20 Roger S. Greene to Gorge H. Chase, Dec. 31, 1932, YUA, YJ32008, no. 1-1932, PUA.

21 Donham to Roger Greene, May 4, 1932, and Gorge Chase to Leighton Stuart, Apr. 6, 1933, UBCHEA File 174-336-5129.

22 关于叶理绥的主要设想, 见叶理绥, "Suggestions on Organizing an Institute of Chinese Studies", HYIOA. 其他后来的文件也提及叶理绥扩展哈燕社在哈佛工作的计划, 见 Serge Elisseeff, "A Paper Read at the Annual Dinner of the Associated Boards of Christian Universities in China, Apr. 21, 1936", HYIOA; Elisseeff, "The Aims of the Harvard-Yenching Institute", Harvard Alumni Bulletin (Oct. 12, 1937): 72-74, Harvard Archives, Cambridge, Massachusetts; Reischauer, "Serge Elisseeff", HJAS 20. 1-2 (1957): 1-35。

23 George Chase to John L. Stuart, Apr. 5, 1944, UBCHEA File, 174-336-5129; Reischauer, "Serge Elisseeff", HJAS; TM, Nov. 8, 1932; Apr. 24, 1933; Nov. 13, 1933.

24 TM, Nov. 8, 1932; Apr. 24, and Nov. 13, 1933.

25 Roger Greene, "Memorandum, May 16, 1934", YUA, YJ34008, no. 3-1934, PUA.

26 "Serge Elisseeff: A Japan Scholar of 'Wit, Warmth, Unflagging Zest,'" *Harvard Gazette* (May 27, 1977): 11.

27 Eric. M. North 在其 1940 年的备忘录中回顾了哈燕社项目在哈佛的启动, 见 North, "Memorandum on the Policy and Procedure of the Harvard-Yenching Institute re Educational Activities in China, Jun. 1, 1940", HYIOA。

28 "Agreement between HYI and the President and Fellows of Harvard College, Apr. 9, 1928", signed by George H. Chase and A. Lawrence Lowell, HYIOA; "Agreement between HYI and Yenching University, Apr. 26, 1928",

signed by George Chase and C. A. Evans, UBCHEA File, 173-335-5119.

29 Lucius C. Porter, "Memorandum of Baron von Stael-Holstein's Sino-Indian Institute, Oct. 12, 1927", and Langdon Warner on Baron Stael-Holstein; Baron von Stael-Holstein, "The Sino-Indian Research Institute", Oct. 22, 1928, all in HYIOA.

30 Porter, "Memo of Stael-Holstein's Sino-Indian Institute", and Langdon Warner on Baron Stael-Holstein; Baron von Stael-Holstein, "The Sino-Indian Research Institute", Oct. 22, 1928; "Agreement between the HYI and Sino-India Institute, Apr. 25, 1929"; George H. Chase to Robert P. Blake, Mar. 18, 1929, all in HYIOA; Elisseeff, "Stael-Holstein's Contribution to Asiatic Studies", *HJAS* 3.1(Apr. 1938):1-8.

31 The HYI trustees' special meeting minutes, Feb. 8, 1929, HYIOA. 关于齐鲁校名来历,见 Charles H. Corbett, *Shantung Christian University (Cheeloo)* (New York: The United Board for Christian Colleges in China, 1955), 130-131。

32 William P. Fenn, *Ever New Horizons: The Story of the United Board for Christian Higher Education in Asia, 1922-1975* (New York: The United Board for Christian Higher Education in Asia, 1980), 17-19; Jessie G. Lutz, *China and the Christian Colleges* (Ithaca: Cornell University Press, 1975), 314-315.

33 Eric M. North 在他后来为哈燕社理事会起草的文件中回顾了对合作学校任务的划分。见 North, "Memorandum on the Purpose and Limitations of the Harvard-Yenching Institute, Jan. 1955"; "The Harvard-Yenching Institute and the Christian Colleges in China: A Statement of Interest and of Policy, 1949", both in HYIOA。

34 "Newly Formed Harvard Institute at Yenching: Five Harvard Alumni on Board of Nine Trustees", *The Harvard Crimson*, Jan. 10, 1928, http://www.thecrimson.com./article/1928/1/10/newly-formed-harvard-institute-at yenching (于 2014 年 3 月 26 日登录查询)。"Harvard Uses Fund to Study China: 2,000,000 dollars to Be Shared by Two Universities at Peking", *The New York Evening Post*, Feb. 17, 1928. 其他媒体报道包括:"Harvard-Peking Gift Announced: 2000000 dollars to Be Shared by Two Universities, To Endow Chinese Studies, Deepest Research Ever Attempted will Start Next Fall", *The New York Sunday Times*, Feb. 17, 1928;"2,000,000 dollars China Survey To Be Shared

by Harvard: Will Join Yenching University in Promotion Friendship with the United States", *Boston Tribune*, Feb. 20, 1928; "Harvard Join in 2000000 dollars Studies of China: Shares American Endowments with Peking University for Research Work into Ancient Culture of Race, New Gift Largest of Kind," *The New York Tribute*, Feb. 17, 1928; "Join with Peking School: Harvard Forms Chinese Institute with Yenching University", *The New York Times*, Feb. 17, 1928, all in UBCHEA File, 173-335-5118, Yale Divinity School Library, New Haven, Connecticut. 关于这两笔基金今天的估算价值, 分别见 http://stats.areppim.com/calc/calc_usdlrxdeflator.php; http://stats.areppim.com/calc/calc_usdlrxdeflxcpi.php (于 2013 年 3 月登录查询)。

35 尚不清楚霍尔遗产理事会为何将资助印度阿拉哈巴德农业学校的基金委托新成立的哈燕社管理。霍尔遗产理事会和哈燕社理事会都允许阿拉哈巴德将基金用于不同的目的——农业领域而不是中国人文学的教学和研究。见 "Appropriations of Charles Martin Hall Educational Fund", and "Allocation made by the Trustees of the Estate of Charles M. Hall-Recapitulation of Schedule D" (此文档附于以下信件: from C. A. Coolidge, Dec. 19, 1928), both in HYIOA; Emily Nunn, "The Century of Hall's Discovery", 11, in Charles Martin Hall Papers, Oberlin College Archives (hereafter abbreviated as OCA), Oberlin, Ohio; Junius Edwards, The Immortal Woodshed: The Story of the Inventor who Brought Aluminum to America (New York: Dodd, Mead & Company, 1955), 239。

36 TM, Nov. 14, 1938.

37 TM, Apr. 11, 1932.

38 TM, Nov. 18, 1935.

39 如同前面所说, 阿拉哈巴德被允许将其专用(限制性)资金用于不同目的。

40 所有六所在华合作教会大学都收到了起草于 1929 年 3 月 30 日的信件。见 Roland Boyden, chairman of corporation and of the Executive Committee, to Yenching University, Mar. 30, 1929, UBCHEA File, 173-335-5119; the HYI trustees' special meeting minutes, Feb. 8, 1929; Donham, "Report on the Use of Income from the Restricted Fund, Nov. 1, 1951"。

41 B. A. Garside to President Chen Yuguang and others at University of Nanking, Sept. 11, 1929, UBCHEA File, 76-214-3631.

42 所有六所在华合作教会大学都收到了起草于 1929 年 7 月 2 日的信件。见

Howard C. Hollis, secretary of HYI, to Yenching University, Jul. 2, 1929, UBCHEA File, 173-335-5121; HYI Executive Committee meeting minutes, Jun. 14, 1929, HYIOA。

43 TM, Feb. 8, 1929 and Nov. 18, 1935.
44 Roland Boyden to the affiliated colleges, Mar. 30, 1929, UBCHEA File, 173-335-5119.
45 The HYI trustees' special meeting minutes, Feb. 8, 1929; Roland Boyden to Yenching, Mar. 30, 1929, UBCHEA File, 173-335-5119.
46 TM, Apr. 11, 1932; HYI letter to the six affiliated colleges, Apr. 22, 1932 (附于 TM, Apr. 11, 1932); HYI trustees' special meeting minutes, Jun. 20, 1932; Wallace B. Donham, acting chairman of Board of Trustees, to Yenching's Board of Trustees, Apr. 22, 1932, UBCHEA File, 173-335-5128。
47 West China Annual Report, 1929-1930, 1930-1931, HYIOA.
48 TM, Apr. 22, 1931.
49 Leighton Stuart to Roger Greene, Dec. 18, 1930; B. A. Garside to George G. Barber, Jan. 15, 1931; George Chase to Lucius Porter, Feb. 13, 1931; and L. Porter to James L. Barton, Mar. 16, 1931, all in YUA, YJ31008, no. 3-1931, PUA; Roger Greene to Lucius Porter, Jun. 11, 1930, YUA, YJ31010, no 3-1931, PUA; "Resolution on the Reorganization of the Administrative Committee, from the Minutes of the Meeting of the Administrative Committee in Peiping, Nov. 10, 1930"; George H. Chase to Lucius Porter, Feb. 13, 1931; and Porter to Chase, Mar. 19, 1931, all in YUA, YJ31009, no. 4-1931, PUA; the HYI Administrative Committee Meeting Minutes, Mar. 18, 1931; Minutes of special conference of delegates from the affiliated colleges at Yenching, Peiping, Oct. 6-7, 1931; and "Proposed Resolution on the Reorganization of the Administrative Committee in Peiping", all in YUA, YJ31009, no. 2-1931, PUA; "By-Laws of the HYI Advisory Committee in China, Oct. 7, 1931" and the revised by-laws by Wallace Donham, Jan. 1932, both in YUA YJ31009, no. 3-193-1932, PUA.
50 TM, Apr. 22, 1931, HYIOA; "Extract from the Minutes of the Meeting of the Administrative Committee in Peiping, Nov. 10, 1930" YUA, YJ31009, no. 1-1931, PUA.
51 George H. Chase to Lucius C. Porter, May. 12, 1931; Suggestion from the

HYI trustees on the reorganization of the Administrative Committee, 附于 Chase to Porter May 12, 1931; Leighton Stuart to Porter, Apr. 25, 1931; Porter to the member of the Administrative Committee, Jun. 5, 1931, all in YUA, YJ31010, no. 3-1931, PUA.

52 TM, Apr. 11, 1932, Apr. 24, 1933; The HYI's Peking Office Annul Report, 1931-1932, HYIOA; 陈观胜:《哈佛燕京学社与燕京大学之关系》;王钟翰:《哈佛燕京学社与引得编纂处》,载燕大文史资料编委会编,《燕大文史资料》第3期(1990年),北京:北京大学出版社,第19—20、22—24页。

53 TM, Apr. 11, 1932.

54 Olin D. Wannamaker, American director of Lingnan, to the Executive Committee of Lingnan's Board of Trustees, Jan. 13, 1932, "Records of the Trustees of Lingnan University, 1820-1952"(以后简写为 LTR), Harvard-Yenching Library, Harvard University, Cambridge, Massachusetts, FW1789, R42; 理事会的讨论提到了金陵大学的抱怨,见 TM, Apr. 24, 1933; Nov. 13, 1933。

55 B. A. Garside, Secretary of North American Section, to Roland W. Boyden, May 6, 1929, UBCHEA File, 108-253-4109.

56 Garside to Boyden, May 6, 1929; Garside to the HYI trustees, Nov. 7, 1935, UBCHEA File, 102-244-4003; Susan C. Egan, *A Latterday Confucian: Reminiscences of William Hung (1893-1980)* (Cambridge: Council on East Asian Studies, Harvard University, 1987), 194.

57 Fenn, Ever New Horizons, 21-24, 27-38.

58 The HYI Educational Committee meeting minutes, May 18, 1933, HYIOA.

59 The HYI Educational Committee meeting minutes, May 18, 1933.

60 Garside to E. M. North, Nov. 7, 1935, UBCHEA File, 102-244-4003.

61 The minutes of the NYC conference between the Associated Boards and HYI, Feb. 7, 1936, 转引自 HYI Executive Committee meeting minutes, 9 Mar. 1936, HYIOA。

62 TM, Nov. 9, 1936.

63 TM, Apr. 12, 1937; Nov. 8, 1937; "Observations by Professor Elisseeff on the Work of the Six Affiliated Universities Based on His Visit to China during 1936-1937", HYIOA; Cheeloo Annual Report, 1936-1937 and West China Annual Report, 1936-1937, HYIOA.

64 Xi Lian, *The Conversion of Missionaries: Liberalism in American Protestant Mis-*

sions in China, 1907-1932 (University Park, PA: Pennsylvania State University Press, 1997).

65 Earl H. Cressy, *Christian Higher Education in China: A Study for the Year 1925-1926* (Shanghai: China Christian Educational Association Bulletin, 1928), 20: 58.

66 Lutz, *China and the Christian Colleges*, 247-270; West, *Yenching University and Sino-Western Relations, 1916-1952*, 136-172; Wen-Hsin Yeh, *The Alienated Academy: Culture and Politics in Republican China, 1919-1937* (Cambridge: Council on East Asian Studies, Harvard University, 1990), 176-177; 陶飞亚、吴梓明:《基督教大学与国学研究》,福州:福建教育出版社,1998年,第69—103页; Xiaoqun Xu, "The Dilemma of Accommodation: Reconciling Christianity and Chinese Culture in the 1920s", *The Historians* 60. 1 (Fall 1997): 27; Janet E. Heininger, "Private Positions Versus Public Policy: Chinese Devolution and the American Experience in East Asia", *Diplomatic History*, 6.3 (Summer 1982): 287-302; Peter Tze Ming Ng, et al., *Changing Paradigms of Christian Higher Education in China, 1888-1950* (Lewiston: The Edwin Mellen Press, 2002)。

67 "Appropriations of Charles Martin Hall Educational Fund", HYIOA; Nunn, "The Century of Hall's Discovery". 另见 Fenn, *Ever New Horizons*, 17-19; Lutz, *China and the Christian Colleges*, 314-315。

68 B. A. Garside to Chen Yuguang, Sept. 11, 1929, UBCHEA File, 76-214-3631.

69 Garside to Boyden, 6 May 1929, UBCHEA File, 173-335-5125, 75-213-3627, 108-253-4109.

70 North, "Draft Memorandum Concerning the Organization of the Harvard-Orient Institute"; Donham, "Memorandum on the Origins of the Harvard-Yenching Institute"; TM, Jan. 4, 1928; Apr. 22, 1931; HYI's first incorporation meeting minutes, Jan. 4, 1928s; HYI's "Certification of Incorporation", "Agreement of Association", and "By-Laws". 另见《燕京大学史稿》,第394—395页。

71 Yenching Research School of Chinese Studies Annual Report, 1929-1930, HYIOA.

72 William Huang to Leighton Stuart, Sept. 2, 1931, YUA, YJ31010, no. 6-1931, PUA.

73 Yenching Research School of Chinese Studies Annual Report, 1931-1932; and HYI's Peiping Office Annual Report, 1931-1932, HYIOA; TM, Apr. 24, 1933.

74 TM, Apr. 11, 1932; HYI's Peiping Office Annual Report, 1931-1932; 陈观胜:《哈佛燕京学社与燕京大学之关系》;王钟翰:《哈佛燕京学生与引得编纂处》。

75 Chen Yuguang of Nanking to Lucius C. Porter, Oct. 7, 1932, UBCHEA File, 76-214-3631.

76 University of Nanking Annual Report, 1929-1931, UBCHEA File, 76-214-3631.

77 Cheeloo Annual Report, 1931-1933, HYIOA; Charles H. Corbett, *Shantung Christian University (Cheeloo)*, 231.

78 Fukien Annual Report, 1932-1935, UBCHEA File, 5-114-2468/2469.

79 West China Annual Report, 1931-1932, HYIOA.

80 Yenching Research School of Chinese Studies Annual Report from, 1929-1931; HYI's Peiping Office Annual Report, 1931-1933, HYIOA; Yenching University Annual Report, 1928-1929, UBCHEA File, 173-335-5122.

81 Cheeloo Research Institute of Chinese Studies Annual Report, 1931-1932, 1933-1937, HYIOA.

82 Corbett, Shantung Christian University, 236-237.

83 Porter and Hung, "Confidential Memoranda: Harvard-Yenching Institute, Apr. 5, 1929".

84 张寄谦:《哈佛燕京学社》。

85 Lewis C. Walmsley, *West China Union University* (New York: United Board for Christian Higher Education in Asia, 1974), 145-46.

86 Yenching Research School of Chinese Studies Annual Report, 1929-1931; HYI's Peiping Office Annual Report, 1931-1933, HYIOA; Yenching University Annual Report, 1928-1929, UBCHEA File. Fukien Annual Report, 1932-1935, UBCHEA File. Cheeloo Research Institute of Chinese Studies Annual Report, 1931-1932, 1933-1937, HYIOA; University of Nanking Annual Report on Chinese Cultural Studies, 1929-1931, UBCHEA File. West China Annual Report, 1929-1930 & Joseph Beech to George H. Chase, Dec. 6, 1930, HYIOA.

87　Chen Yuguang to Lucius C. Porter, Oct. 7, 1932, UBCHEA File.
88　Cheeloo Annual Report, 1931-1933, HYIOA. Fukien Annual Report, 1932-1936. West China Annual Report, 1929-1930.
89　Hon Tze-ki, "Ethnic and Cultural Pluralism: Gu Jiegang's Vision of a New China in His Studies of Ancient History", *Modern China* 22.3（July 1996）:315-39.
90　关于"古史辨运动",见王汎森:《古史辨运动的兴起》,台北:允晨文化公司,1987年;顾潮:《顾颉刚评传》,南昌:百花洲文艺出版社,1995年,第134—135页;顾潮:《顾颉刚年谱》,北京:中国社会科学出版社,1993年;Laurence A. Schneider, *Gu Jiegang and China's New History: Nationalism and the Quest for Alternative Traditions*（Berkeley: University of California Press, 1971）。
91　顾潮:《顾颉刚年谱》;《燕京大学史稿》,第748—749页。
92　后来叶理绥询问为什么哈燕社从来没有收到顾颉刚有关《尚书学》的著述,不过他发现代表顾初步研究成果的一部分著述已寄给汉和图书馆(举世闻名的哈佛燕京图书馆的前身),而另一部分则由该图书馆购入。存于司徒雷登家中的《尚书学论文集》手稿,直到1941年4月才出版,而另一部分讨论《尚书》经文文字变迁的著述,在1941年4月之前则仍保存于北京(当时的北平)的文楷斋刻字铺。讨论见 TM, Nov. 18, 1940; Apr. 14, 1941。
93　从1929年到1937年夏,除了1935—1936年间离职前往担任国立北平研究院史学研究会历史组主任之外,顾颉刚一直留在燕京工作。
94　顾颉刚等编:《古史辨》,北京:朴社,1927—1941,共7册。第2册于1930年8月出版,第3册于1930年11月出版,第4册于1933年3月出版,第5册于1935年1月出版,第6册于1938年9月出版,第7册于1941年出版。见 Schneider, *Gu Jiegang*;王学典等:《顾颉刚和他的弟子们》,北京:中华书局,2001年。
95　Yenching Research School of Chinese Studies Annual Report, 1929-1930, 1935-1936.
96　Schneider, *Gu Jiegang*, 279-280;顾潮:《顾颉刚年谱》。
97　Yenching University Annual Report, 1938-1939; Cheeloo Annual Report, 1938-1939, HYIOA; TM, Nov. 13, 1939.
98　Yenching Research School of Chinese Studies Annual Report, 1929-1930; Report on HYI-funded Graduate Work at Yenching, 1935-1936, HYIOA;顾潮:

《顾颉刚年谱》，第 252 页；顾潮：《顾颉刚评传》，第 128 页；Schneider, *Gu Jiegang*, chapter 7；王学典：《顾颉刚和他的弟子们》。

99 "Baron A. von Stael-Holstein: Biographical and Bibliographical Note", HYIOA; Elisseeff, "Stael-Holstein's Contribution to Asiatic Studies", *HJAS* 3.1 (Apr. 1938): 5.

100 "Baron A. von Stael-Holstein: Biographical and Bibliographical Note"; Elisseeff, "Stael-Holstein's Contribution to Asiatic Studies".

101 罗常培：《唐五代西北方音》，国立中央研究院历史语言研究所单刊甲种之十二，上海：1933 年，vi，引自 Elisseeff, "Stael-Holstein's Contribution to Asiatic Studies", 4。

102 TM, Nov. 8, 1937.

103 "Baron A. von Stael-Holstein: Biographical and Bibliographical Note"; Stael-Holstein to G. H. Chase, Feb. 18, 1931; TM, Apr. 12, 1937; Nov. 8, 1937; Elisseeff, "A Paper Read at the Annual Dinner of the Associated Boards, Apr. 21, 1936"; Elisseeff, "Stael-Holstein's Contribution to Asiatic Studies".

104 二战期间，哈燕社理事会让在北平从事研究的学社奖学金获得者负责打理中印研究所的运行。1939—1941 学年间由 Francis Cleaves 负责；1941 年 6 月至 1943 年 4 月，由 James Robert Hightower 担任代理所长；在 Hightower 作出安排由法国驻华使馆随员 M. Jean-Pierre Dubosc 担任近两年半 (1943 年 3 月到 1945 年 10 月) 主管后，Cleaves 于 1945 年末再度担任代理所长。中印研究所在战时继续进行几个早已启动的研究课题，而且在哈燕社奖学金获得者的指导下又开始了重要的新课题。其中一个课题是对中印研究所图书馆馆藏的大藏经进行编目。另一个课题是为创办于 1890 年的第一份国际汉学研究刊物——《通报》所刊文章中的中文/术语/词汇编写索引。到 1940 年 6 月，已完成 2 万张卡片，但是太平洋战争的爆发中断了这一工作的正常进行，Hightower 不得不把这些索引卡片转移到更安全的地方。叶理绥认为这项索引工程"对汉学和词典编纂学都是一个非常重要的贡献"，这"不仅会帮助西方人，而且对想了解中文专有术语如何译成西文的中国人也非常有用"。见 TM, Nov. 8, 1937; Apr. 11 & Nov. 14, 1938; Nov. 18, 1940. TM, Apr. 14 and Nov. 17, 1941; Apr. 10, 1994; Nov. 14, 1946; The Sino-Indian Institute Annual Report, 1939-1940, 1941-1942, HYIOA. Eva S. Moseley", James Robert Hightower Dies at 90:

Chinese Literature Expert",Harvard Gazette,Mar. 2,2006。

105 TM, Nov. 14, 1946. For Hung's suggestion, see TM, Nov. 18, 1940.

106 《燕京学报》第20期为了纪念该刊出版十周年,附加了一些特别论文,篇幅是平常的两倍。第21期有两个新特点:以论文题目、作者和图书出版及机构信息为关键词而对最近10期所做的索引;以及英文摘要。

107 HYI's Peiping Office Annual Report, 1931-1932.《哈佛亚洲研究杂志》1936年11月第1集第3—4期(*HJAS* 1:3/4, Nov. 1936)刊有发表于《燕京学报》第17和18期(*YJCS* vols. 17 & 18)以及《燕京学报专刊》第10集(*YJCS* Monograph Series, #10)的论文目录;而《哈佛亚洲研究杂志》1937年12月第2集第3—4期(*HJAS* 2.3/4, Dec. 1937)则刊载有发表于《燕京学报》第19期(1936年6月)和第20期(1936年12月)(*YJCS* vols. 19 & 20)以及《燕京学报专刊》第8和11集(*YJCS* Monograph Series, #8 &11)的论文目录。

108 Yenching Annual Report on HYI-funded Graduate Work, 1936-1937, HYIOA.

109 史复洋:《燕京学报前四十期述评》和侯仁之:《新燕京学报发刊词》,分别载于《燕京学报》1995年新一期,第466和1—3页。

110 四角号码输入法将中国汉字分成十种笔形,将每个汉字分解为左上、右上、左下、右下角四个部分,根据每个部分的笔形赋予其一个数字。每个汉字带有四个来自Z形状顺序的四角号码的数字。

111 William Hung, "Indexing Chinese Books", Dec. 12, 1930, *The Chinese Social and Political Science Review* 15. 1 (Apr. 1931):48-61; HYI's Peiping Office Annual Report, 1931-1932; Yenching Annual Report on HYI-funded Graduate Work, 1932-1937.

112 Yenching Annual Report on HYI-funded Graduate Work, 1933-1934.

113 法国汉学家马伯乐(Henri Maspero,1883—1945)对《引得》第1—7号(*The Sinological Index Series*, numbers 1-7)提出了批评。洪业回应道,这种批评是不公平的,而且马对好几处的评论都不准确。叶理绥社长建议洪业就马伯乐的批评和他自己的回应致函《亚洲学报》(*Journal Asiatique*,法国亚洲协会会刊),以促进学术交流。见TM, Apr. 27, 1936; William Hung, "A Provisional Memorandum to Professor Elisseeff on M. Maspero's Criticism of the Harvard-Yenching Institute Sinological Index Series, Nos. 1-7", HYIOA。

114　TM, Nov. 9, 1931; Apr. 24, 1933.

115　Yenching Annual Report on Graduate Work, 1933-1934.

116　TM, Nov. 9, 1931; Apr. 24, 1933.

117　TM, Nov. 8, 1937.

118　Annual reports from the affiliated colleges, 1929-1937, HYIOA.

119　"Yenching: Exhibit A-The Chinese Collection in the Library", Dec. 28, 1928, UBCHEA File, 173-335-5122.

120　Yenching Research School of Chinese Studies Annual Report, 1929-1930.

121　Yenching Research School of Chinese Studies Annual Report, 1929-1930; Yenching Annual Report, 1936-1937.

122　West, *Yenching University and Sino-Western Relations*, 191; 滕茂椿:《燕京大学与哈佛燕京学社》,第409—411页。

123　Yenching Research School of Chinese Studies Annual Report, 1929-1931; HYI's Peiping Office Annual Report, 1931-1932; Yenching Report on HYI-funded Graduate Work, 1933-1934.

124　Letter of President Joseph Beech, quoted from Walmsley, *West China*, 130.

125　Annual Report of the Museum of Archaeology at West China, 1933-1934; West China Annual Report for Mission Boards, Autumn 1934; 郑德坤(Zheng Dekun), "Five Years in the University Museum, 1941-1946", all in HYIOA。

126　West China Annual Report, 1929-1930; Joseph Beech to Chase, 6 Dec. 1930; Joseph Beech to Serge Elisseeff, Sept. 5, 1935, HYIOA.

127　Walmsley, *West China*, 130-132.

128　West China Annual Report, 1936-1937;《华西大学古物博物馆概况》,载《文物参考资料》,北京:文物参考资料编辑委员会,1951年,第61—66页。

129　West China Academic Reports, UBCHEA File, 131-281-4424.

130　West China Museum of Archaeology Annual Report, 1933-1934; West China Annual Report, 1935-1936, HYIOA.

131　Walmsley, *West China*, 87.

132　Roger Greene to Wallace Donham, Mar. 1, 1934; Greene to George H. Chase, May 19, 1934, both in YUA, YJ34008, no. 3-1934, PUA.

133　Charles Hayford, "The Open Door Raj: Chinese-American Culture Relations, 1900-1945", in *Pacific Passage: the Study of American-East Asia Relations on the Eve of the Twenty-First Century*, ed. Warren I. Cohen (New York: Colum-

bia University Press, 1996), 151.
134 West, Yenching University and Sino-Western Relations, 188.
135 Hon, "Ethnic and Cultural Pluralism: Gu Jiegang's Vision of a New China in His Studies of Ancient History", 316-317; Schneider, *Gu Jiegang*, 53-84.

第三章　战时逆境中的运转(1937—1945)

　　到 1939 年 6 月,中国沦陷区仅存几所大学。47 所大学迁至自由中国,21 所大学迁至上海的外国租界或其他地方。另外 20 所大学或与其他学校合并,或解散,已不复存在。

——郭查理(Charles H. Corbett)[1]

　　生活费用飙升。紧急诉求不断,急需协助保证师生的健康,甚至生命。

——埃里克·诺斯的报告,1942 年 4 月[2]

　　在中国度过相对和平的黄金十年后,哈燕社失去了之前所享有的保障其文化工程成功所必需的有利条件。其在华人文学项目遇到了两个新的挑战。一是持续八年(1937—1945)的全面抗日战争。战乱和急速通货膨胀中断了其合作大学的运行,并威胁到了其人文学项目的生存。哈燕社理事会最终发起了两线救援行动:提供资金帮助 13 所由西方/美国经营的新教教会大学度过战争时期,并继续支持合作大学的中国人文学项目,即哈燕社利用中国文化研究服务中国的民族国家建设和现代化的文化工程的核心。哈燕社的慷慨支持在挽救教会大学免于消亡方面发挥了重要作用,也无意间引领中国人文学科迈向一个新的发展方向——合作大学在内迁后开展了当地历史和文化的新研究项目,尤其是关于中国西部和西南种类繁多的少数民族部落的研究。

另一个来自于战争时期的挑战是哈燕社新社长叶理绥的新政策。战争为叶理绥提供了一个极好的时机,使其能够拓展学社在哈佛中心的项目,并加强对在华项目的监管。哈佛中心的新项目耗尽了学社在华工作的经费和精力,而燕京大学团队很明显地觉察到了这一点;尽管理事会尽力补救,对哈佛中心的重视仍造成了哈燕社与合作大学之间的紧张关系。

拯救中国教会大学

爆发于 1937 年 7 月的抗日战争摧毁了中国的教育机构,迫使华北和华东的大学纷纷迁至相对安全但环境恶劣的内陆。仅仅数月之内,国民党政府就丢掉了华北和华东地区,包括教育中心——北平、天津、上海和南京。稍后在 1938 年,广州和武汉也沦陷了。中国最著名的高等院校大部分都在日军控制的华北和华东沦陷区内。到 1939 年 4 月,90% 以上的中国高等教育机构,包括教会大学和三年制大专,都遭遇了严重的甚至灾难性的破坏,只有西南和西北的十几所院校未受到影响。[3] 当战区内的国立大学开始他们迈向几千里之外的西南、西部和西北的英勇迁移之旅时,教育部向它们发布了可行性和明晰程度不同的规章。[4]

尽管战区内的大多数教会大学能够开始 1937 年秋季的新学期,当然注册学生人数减少了,有些学校还希望利用与美国的关系继续在华北和华东运营,但是战争还是迫使包括哈燕社六所合作大学和华中大学在内的许多学校于 1937 年末至 1938 年末内迁。齐鲁大学和金陵大学等华东地区的大学在战争爆发后几个月内就已转移。齐鲁 10 月份将其医学院的三个高年级班级和 14 名中国教职员工迁移至四川成都的华西协合大学,并鼓励其他在校学生到其他学校以访问学生身份注册。到1937年11月中旬,齐鲁大学已经关闭了济南校区,随后其文理学院也迁移至华西校园,留在济南的一小部分人于1939年秋天重新开始了神学院、乡村服务社和护理学院的运营。在珍珠港事件当日,齐鲁的济南校区立即被日军关闭,校园建筑被封,外国教员要么被遣送要么被拘禁,一小部分学生也被遣散。济南的西方教职员工跋涉至成都,加入齐鲁在那里的主力军。经过几个月的长途跋涉,金陵大学途经湖北汉口、湖南长沙和四川重庆,终于在1937年末迁移至华西协合大学,仅仅带了一小部分研究性图书到西部。[5]

战争期间,位于华中地区的华中大学也几次迁移,历经磨难。1938年7月,华中大学先是迁至南部的广西桂林,后来由于日军轰炸,于1939年初再次迁移至中缅边境附近、中国西南的云南大理北部的喜洲,直到1939年5月才重新开学。之后缅甸公路关闭,华中大学再陷困境,日常生存物资严重短缺,大学甚至考虑过再次转移。不过,华中勉强在喜洲维持到1946年5月。[6]

与华中的情形相同,福建协和和岭南大学等东南部的学校被迫于1938年春末迁移。福建协和于1938年5月从福州内迁至距江西边境200里左右的邵武,并一直在此办学至1945年。即便是在邵武,学校也几次面临日本侵略的潜在威胁。[7]岭南大学在战争期间几次迁移,先是于1938年10月迁至香港,借用香港大学的校园继续办学;而一小部分人,主要是美国人,则留在广东校区;其余人均转移至广东和上海的其他几处地方。珍珠港事件当天,日本军队占领了岭南大学的香港校区,学校不得不再次迁移,这次迁至广东北部的曲江山区,于1942年9月重新开学。然而,岭南在曲江的工作也数次被潜在的日军侵略威胁所打断。[8]

珍珠港事件后,包括燕大在内仍在华北运营的少数几所教会大学无法再得到美国的保护,被迫迁移,因而带来了第二波高校大规模内迁浪潮。至此,除华西外,13所新教教会大学中的12所,都在极度艰难的情况下迁址偏远地区。燕大是第二次大迁移浪潮中的学校之一。在1937年7月之后的几年中,尽管燕大遇到了许多困难和障碍,但她做了巨大的努力,通过悬挂美国国旗、聘用美国人司徒雷登同时担任校长和校监等方法,维持在北平校园内的经营。珍珠港事件爆发之日,燕大立即被日军占领。司徒雷登和一些杰出的中美管理人员、教师和职员,包括洪业、陆志伟和赵紫宸等被逮捕和拘禁。1942年6月,一部分中国人被释放;而20多名美国人于1943年3月被日军转移羁押在山东潍县的一个集中营,其中大部分于六个月后被遣送回美国。[9]

燕大关闭后,在孔祥熙、梅贻宝和艾德敷(Dwight Edwards)领导下,燕大的几名校友组成了一个负责在华西重开燕大的委员会。他们认为有必要保留燕大的校名,保证燕大人才培养的持续性,并且表明燕大对日本军事统治的态度。1942年10月2日,流亡的燕大在成都华西协合大学校园中开学,孔祥熙担任校监,司徒雷登担任校长;由梅贻宝担任代理校监和代理校长,在成都主持新燕大的日常工作,以代理两人不能履职时的工作。之后燕大在成都持续经营了4个学年,一直到1946年春天。燕大师生于1942年春天开始陆续抵达成都,"到夏天时更多人抵达,之后几年到达的人还要多"[10]。

前所未有的跨越全中国的高校内迁以及内迁后的高校重启,都需要大量的资金。随着战争的持续,作为私立机构的教会大学面临着严重的财政问题。虽然中国政府提供了一些帮助,但是其有限的资源大部分主要被分配给著名的国立教育机构。教会大学在迁移之前就已经意识到了他们只能携带教师、学生和基本设备等必需品到内地新址,但并不是每所学校都能够达成这些最基本的需求。内迁之后,学校经常遭到轰炸,失去了图书收藏,缺少基本设施、教师和学生。一位学者写道:"能徒步完成长途跋涉并活下来的人是幸运的。许多人到达时不名一文,只有身上所穿的一身衣服。如果有一本课本能够完好地被带到新址,那么第一学期结束前,它就会被借阅抄录很多次了。"[11]随着越来越多沿海地区师生的到来,西部和西南的校园异常拥挤,设施明显不足。华西大学的情形就是一个典型的例子。她因接纳金陵女子学院和哈燕社的合作大学——齐鲁大学、金陵大学和燕京大学而弄得资源紧缺。后来缅甸公路的关闭使得华西很难获得国外的各种资助,更是让学校的处境雪上加霜。[12]

由战争引起的通货膨胀一年高过一年,尤其在珍珠港事件之后。[13]中国教会大学校董联合会的一份报告指出,1943年夏,重庆的价格指数是战前的137倍,而到1944年夏则已飙升到438倍。[14]由于美元在一段时间内与中国货币的汇率是固定的,所以美元的价值大打折扣,造成教职工工资购买力下降,导致他们总体健康状况恶化,疾病缠身。[15]

在这种情况下,合作大学被迫将哈燕社的资金越来越多地用于补贴教师的生活费用。例如,为了应对前所未有的商品价格暴涨,金陵大学在1941—1942学年以实物津贴的形式,提高了教师每月的补贴。负责接待安置四所大学的华西协合大学,经常面临需要帮助以保证教职员工和学生的健康,甚至生命的急迫祈求。[16]

在1937年11月哈燕社战时的第一次理事会会议上,理事们一致认为,紧急援助不仅能够帮助教会大学在战时生存下去,还有利于他们保持私立教会学校的身份。中国政府在战时努力加强对教育机构的控制,尤其是对课程和课外活动的控制,并试图将教会大学完全纳入国家教育体系。[17]教育部颁布了规定大学专业种类和数量的指令,要求各院校更多地专注于发展科学和技术领域,以帮助中国的抗战事业,因为战时中国急缺这些领域的人才;政府指令同时对于许多学科都设置了招生名额。该政策导致各院校增强常规课程的实用性,或者增设直接与抗战有关的新课程。另一方面,教会大学新校园里华人职员的数量和影响力在战争年代有所提高,因为留在老校园里保护财产不受日军侵占的许多西方人后来都被羁押或遣返。[18]

在战争期间,尤其是珍珠港事件后,哈燕社理事会反复强调保留教会大学身份的必要性。在一份1942年的报告中,埃里克·诺斯指出了中国政府合并、兼并并资助私立学校的潜在可能性。他认为,"这是对教会大学的威胁,尤其是对那些刚关闭的教会大学,因为各大学的独立身份没有保留下来。"诺斯敦促理事会给所有教学大会都提供资助,帮助他们应对被国立教育机构兼并的压力。[19]董纳姆热情回复道:理事会"或许会给予各学校一些支持",有必要的话应召开一次特别会议讨论此事。[20]理事会的确于1942年5月举行了一次特别会议,并且提供了两笔紧急救助金。[21]

理事会还意识到,哈燕社在战时给予的帮助可能有利于与中国政府建立更友好的关系。代表燕大的理事乔治·巴伯(George Barber)在战时召开的第一次哈燕社理事会上指出:"理事会在此充满压力的时期提供一些帮助,希望战争结束后,中国政府对哈燕社的合作大学的态度会比之前更加宽松一些。这其实是一个不错的策略。"[22]

更重要的是,随着战争的持续,理事会将教会大学视为在战后中国开展项目的潜在基地。董纳姆多次强调了帮助教会大学的必要性,因为他相信这些机构可以成为哈燕社在战后中国的项目基地。[23]在珍珠港事件之后当局势变得危急时,董纳姆强调指出,理事会"如果不拯救教会大学,他们就无法继续在中国有效地开展工作";如果理事会无法保留住这些院校,他们将面临"战后没有可供开展项目的机构"的风险。[24]

基于这些理念,理事会发起了双管齐下的援救任务:一方面将财政支持扩展至所有13所新教教会大学,另一方面支持合作大学和华中大学的中国人文学项目。在中国教会大学校董联合会于1937年末至1945年末为教会大学的迁移、恢复和总体运营所进行的几次战时紧急募款活动中,哈燕社每一次都贡献了50000美元的资金支持(表3.1)。此外,当中国教会大学校董联合会要求每所教会大学将1944—1945学年的开支减少到40%,主要是通过减少师生的数量,以应对通货膨胀造成的赤字,哈燕社提供了25000美元的资助,以保全教师队伍(表3.1)[25]。诺斯指出,在八年抗战期间,理事会一共为13所新教教会大学提供了45.3万美元的通用(非限制性)基金。[26]此外,理事会还为学校战后的返迁和重建储备了大笔资金。[27]

表3.1 在华13所教会大学通用基金资助

通用基金(美元)	理事会表决日期	目 的
50000	1937年11月8日	为了校董联合会的第一次紧急活动
50000	1938年11月14日	为了校董联合会的第二次紧急活动
50000	1939年4月10日和1939年11月13日	为了校董联合会的第三次紧急活动

续 表

通用基金(美元)	理事会表决日期	目 的
200000	1940 年 4 月 8 日	设立紧急储备基金以备战后恢复和重建
50000	1940 年 11 月 18 日	为了校董联合会第四次紧急活动
50000	1941 年 11 月 17 日	为了校董联合会第五次紧急活动
78000	1942 年 5 月 25 日和 1942 年 11 月 9 日	用于校董联合会的紧急募款活动
100000	1942 年 5 月 25 日	为了战后恢复和重建的紧急储备基金
100000	1942 年 11 月 9 日	为了战后恢复和重建的紧急储备基金
50000	1943 年 11 月 8 日	用于校董联合会的紧急募款活动
25000	1943 年 11 月 8 日和 1944 年 4 月 10 日	用于校董联合会的活动,以维持教会大学的教职员生活
75000	1944 年 11 月 13 日	用于校董联合会的紧急募款活动
5000	1945 年 11 月 19 日	用于美国图书中心为东亚尤其是中国受战争破坏的图书馆提供印刷品

资料来源:TM, Nov. 1937 to Nov. 1945, HYIOA。

在提供资金的同时,理事会要求校董联合会在提高运营效率和防止项目重复与竞争方面加大协调力度。他们一致认为,为长期应对在华的紧急情形,教会大学的美方管理委员会需要重组。在他们看来,在战争环境下有必要"采取明确措施,将所有或部分美国机构合并为一个或者少量的几个机构,可以承担现行几个委员会的职责"[28]。所以他们给校董联合会紧急募款活动捐款的前提条件就是加强各教会大学之间的协调。[29]

校董联合会认真地考虑了哈燕社理事会的要求。20年代末校董联合会推行的"通盘计划"也有同样的目标,但是收效不大(参见第二章)。现在为了应对理事会的要求,校董联合会组建了一个"扩大联合委员会"(Committee on Greater Unity),负责教会大学管理机构的重组工作,由哈燕社理事、雅礼协会干事胡美(Edward Hume)任主席,诺斯为成员之一。

扩大联合委员会研究了与潜在性整合相关的法律、可行性和教育方面的问题,但是遇到了许多困难,在战争期间并未取得多少进展。圣约翰等几所大学与校董联合会没有任何关系。其他诸如岭南大学等也未与任何教会差会有关系,而有些学校却与大约4至13个教会差会有关系,其中有些理事会成员中有加拿大人或英国人。更有甚者,有些学校与基督教同一公会里的两个宗派都有关系。另外,校董联合会理事内部甚至也有分歧,其中一部分人并不特别热衷于更深入的协作,而教会差会以及与多所学校有关系的其他人员却积极投入以促成进一步的协作。当时中国的情形也使得事态更加复杂化。几所教会大学希望应该由在华的某个特别团体发起加深协调合作的倡议,然后为美国的委员会提供有关操作程序和范围的建议。其他中国管理层/教育家则希望灵活处理重组和协调事宜,不希望接受来自美国的条条框框,而内迁大学仍然希望保持自身的独立身份,以便在战后迁回自己的老校园。[30]

尽管如此,哈燕社和校董联合会的协调整合工作还是收到了一些成效。1945年6月,一个单一的机构——中国教会大学联合董事会(United Board for Christian Colleges in China)在纽约成立;该联合董事会是由金陵女子学院、华南女子大学和哈燕社的四所合作大学——福建协和大学、金陵大学、华西协合大学和燕大大学的理事会合并而成。后来齐鲁大学也将其财产转移给该联合董事会。由教会差会在1932年建立、旨在推动中国教会大学之间的协调与合作的校董联合会（Associated Boards），于1947年6月将其资产与活动项目全部转至联合董事会名下，并在1950年3月注销法人身份。1955年，中国教会大学联合董事会更名为"亚洲基督教高等教育联合董事会"。[31]

支持在华人文学科项目

随着战争的持续，哈燕社理事会更确信加强中国人文学科的重要性以及持续资助的必要性。此外，中国政府在战争期间给予了自然科学和技术等学科更多的支持，这事实上增大而不是削弱了对人文学科项目的需求，让哈燕社有充分的理由继续提供资助。[32]

为了支持中国人文学科的教学、研究和出版，哈燕社理事会保证了六所合作大学——燕大大学、齐鲁大学、金陵大学、福建协和大学、岭南大学和华西协合大学——在战争前几年（1937—1941）至少每年获得75000美元专项基金的资金支持，专用于中国人文学科项目。1941—1946年间，他们保证每学年向合作大学提供总计85000美元的专项基金，按季度拨付。他们还表示，如果必要，他们可以动用积累起来的、本来用于支付哈燕社日常支出、哈佛项目和哈燕社研究生项目的通用基金，以弥补财政不足。[33]

哈燕社理事会在1938年4月的第二次战时会议上决定，将累积下来的约60000美元专项基金作为六所合作大学的应急基金。他们深感为战后保留储备是明智的，而各合作大学（除了岭南）也持有同样的观点。[34]珍珠港事件后,合作大学希望动用此存款应急,哈燕社理事会批准并放宽了使用专项基金的条件:"在当前局势下,不管是何种紧急事务,均可无条件动用此项存款资金。"[35]

除了定期向各合作学校拨付专项基金,哈燕社理事会还资助了其他在华运营的西方学校的中国人文学项目。例如,应华中大学校长韦卓民的要求,他们于1938年开始从通用基金中为华中大学提供资金,支持其中国人文学科项目。1937年夏天,韦校长向哈燕社申请经费,以加强华中大学的国文系和历史系的发展。尽管华中不是专项基金的受益学校,但是哈燕社理事会对于其国学研究印象深刻。1938—1939学年,他们向华中拨付了4000美元,并在后续几年中提供了稳定资助:1939—1940年2500美元,而1940—1946年间每学年达到5000美元。[36]事实证明,稳定的财政支持对于华中研究项目在战争时期,尤其是学校迁移至中缅边境的喜洲之后的勉力维持起到了关键作用。

哈燕社支持合作大学以外的西方教育机构的另一个例子是位于北京的华文学校(College of Chinese Studies,其前身是裴德士担任校长的华北协和华语学校,该校曾于1925年参与共同创建哈燕社,但是后来退出了)。1941—1945年间,哈燕社理事会每学年拨付5000美元,帮助该校将项目迁移至美国的加州大学伯克利分校。[37]迁移至伯克利后,该校为学生(包括来自美国军队的学生),开设了中文语言项目。[38]

在战争期间,哈燕社理事会还为中国国立教育机构提供了支持。例如,应国立北平图书馆馆长、哈燕社图书馆代理人袁同礼购买图书的申请,哈燕社理事会于1940—1942年间,每学年向国立北京图书馆拨款1500美元,用于重新印刷北京图书馆馆藏的历史珍本,包括明朝百科全书《永乐大典》等。[39]在哈燕社的资助下,图书馆得以重印 14 部著作,并出版了两部文献目录。[40]此外,在美国学者及驻华政府官员费正清和袁同礼的建议下,哈燕社理事会在 1944—1946 年间还批准了每年拨款 5000 美元,分别用于资助哈佛毕业生梁思成领导的建筑研究所以及中央研究院史语所(表 3.2)。他们希望这些资助可以帮助梁思成的研究所开展有益的课题来保护最早至唐代的古建筑。哈燕社理事会也支持费正清的观点:任何帮助都是给这些姊妹机构——中国的最高学术机构——的一个友好姿态。[41]

在费正清和袁同礼的提议下,哈燕社理事会还及时向国立教育机构和教会大学的杰出中国人文学者提供了经费支持。1943 年 3 月,费正清和袁同礼共同起草了《中国学术人才保护备忘录》,递交至叶理绥。费正清和袁同礼在备忘录中指出,杰出的中国学者面临消亡的危险:"中国整个教育界"都在经受着"通货膨胀、营养不良和战争消耗的折磨。"在他们看来,中国政府未能"及时选定资助杰出学者",但是哈燕社等私人机构可以更有效地支持优秀的中国学者。他们敦促哈燕社理事会设立特殊科研救助基金,帮助从人文学领域挑选出来的优秀学者在战争中生存;这在他们看来是"战争时代保存中国学者的最有效方法,不会像出现在官方项目中的那种拖延。"费正清和袁同礼自发组成了提名委员会。[42]哈燕社理事投票同意于 1943—1944 学年提供 10000 美元的特殊科研救助基金(表 3.2)。[43]

表 3.2　哈佛燕京学社在人文学科领域对中国学者和团体的资助

学　　年	总额(美元)	目　　的
1943—1944	10000	给个别中国学者
1944—1945	10000	给个别中国学者
1944—1945	5000	给中央研究院历史语言研究所(傅斯年为所长)
1945—1946	5000	给历史语言研究所
1944—1945	5000	中国营造学社

资料来源:TM,1942-1946,HYIOA。

　　由费正清和袁同礼组成的提名委员会负责甄选合格的学者和发放科研救助金。委员会成员有袁同礼、燕大的陈寅恪和中央研究院的傅斯年,由费正清担任顾问。一共有 14 名来自国立大学和教会大学的杰出中国人文学学者,包括国立北大和清华的优秀教授、华西协合的郑德坤(也在成都的燕大教授考古课程)和来自中央研究院、临时在燕大工作的李方桂等,都获得了救助金。[44]

　　在一定程度上也是应费正清的请求,哈燕社理事会于 1944—1945 学年发放了第二笔同样金额的科研救助金(表 3.2)。从中国返美后,费正清在 1944 年 4 月的哈燕社理事会会议上向理事提交了一份报告。他在报告中指出,"在中国,接受过西方教育的精英学者正面临饥荒,因为他们受过西方培养,有自己的学术标准,因此得不到反动的(国民党)教育部的支持。其结果就是,与党政机构所建立的许多大学相比,中央研究院得到的支持一年比一年少。"费正清相信,哈燕社理事会对中央研究院的支持可以一箭三雕:帮助挽救杰出的中国学者、为战后积累人力资源,同时提高哈燕社在中国学术界的声望。[45]

提名委员会在1944—1945学年间扩增至5名成员：蒋梦麟、翁文灏、陈衡哲、傅斯年和袁同礼。委员会根据严格的规定，发放三种级别的科研救助金（共206万中国法币，法币与美元汇率为206∶1，即共1万美元的资金）：根据学术水平、科研性质、地理位置和个人状况等，分别为法币6万、4万和3万三种级别。而获奖者则需要向哈燕社理事会递交报告。来自20所机构的51位中国人文学科研究人员获得此项救助金。对这些杰出但贫穷的中国学者来说，这项救助金是对他们日常生存的及时支持，从而也为战后中国保存了人文学科的人才。

总而言之，哈燕社在战争期间对保存中国人力资本和教育资源做出了重要贡献。哈燕社的资金拯救了教会大学，使合作大学能够维持最小规模的人文学科项目，也挽救了该领域的一批杰出学者。

哈燕社加入统一战线：战争期间的成就以及对中国西部的发现

哈燕社的资金使教会大学能为中国的抗战事业、民族幸存和教育资源的保存做出贡献。正是因为哈燕社的资金，教会大学成为极少数在战争困难时期能获得稳定的收入持续进行教学、科研和其他活动的机构。战争将科研的重点转移到救亡的领域，改变了教会大学的办学重点。这些大学和大学里的中西方教育工作者都需要调整他们在中国抗战事业和基督教领域中的角色。[46]保护教育资源，将课程调整为抗战宣传，以及开展能够提高民族觉醒和爱国主义精神的研究，占据了越来越重要的地位。教会大学在内迁到西南和西部之后，其科研兴趣转移到对当地历史和文化的研究，从而为中国人文学科开辟了新方向。

民族/国家存亡的迫切需要改变了中国教育家的关注点,他们不能继续待在象牙塔中与世隔绝。战争"激起了每个人的注意和情感"。如洪长泰所说,国统区和共产党领导的边疆地区的作家、记者、剧作家和漫画家发起了"前所未有的、雄心勃勃的宣传活动,旨在调动每一个公民和每一份资源,"因为他们确信,"人民对战争的觉悟及后方士气,跟前线打仗的结果一样重要,决定未来走向。"所以发动对日本的抵抗"不仅限于前方,还应扩展到每一个可能的地方"。[47]政府和私立机构的教育家承担着共同的救国使命,认为教育界应该为防止中国亡国而做出贡献。在30年代中期,共产党领导的边区的教育者敦促成立了"广泛的民族革命统一阵线",团结所有社会阶层起来抗日。共产党领袖毛泽东在1937年亲自强调教育与救亡结合的重要性。[48]

教育界应该如何帮助中国"抗建",即"抗战建设"呢？对于教会大学来说,即使是缩小规模,只要保持运行,尤其留住教师和学生,就是对国家和抗战的贡献。因为中国缺少受过良好训练的人才,所以跨越千里,向西部偏远落后地区的迁移就是保留教育资源的必要举措。学校内迁,用鲁珍晞的话说,是"帮助中华民族延续的爱国主义牺牲行为",因为这是反抗日本侵略的象征。[49]坚持学业就是教会学生抗战和建设的方式,他们正是在极度艰苦的条件下做到了这一点。[50]

在哈燕社稳定的资金支持下,教会大学,尤其是哈燕社的合作大学,能够调整课程和课外项目,更加直接地为中国的抗战事业服务。为了提高民族认同感和爱国主义精神,学校增开了人文学科和社会科学的新课程和项目,同时新设应用科学课程,为前线培养人才。哈燕社支持的中国人文学科项目在推动中国抗战方面起到了特殊作用。师生们积极参与战争宣传和社会服务,利用中国历史推广民族意识、认同感和文化民族主义。例如,洪长泰指出,包括来自教会大学的那些剧作家和漫画家等抵抗者,"经常宣传过去,宣扬中国过去抵抗外敌的辉煌。传统给人带来熟悉的感觉,而且更为重要的是,增强认同感和凝聚力"[51]。这些努力提高了人们对中国历史和文化的兴趣,因此有利于战时人文学科和社会科学的发展。斯图尔特·施拉姆(Stuart R. Schram)的评论体现了这种新潮流:"五四时期对中华传统价值的极力反对以及对西方观念的全盘接受,在1930年代抗战期间已经被对中国文化尊严的重新肯定所替代。"[52]

福建协和大学是利用哈燕社资金推动中国抗战事业的一个典型例子。早在1937—1938学年,学校就发起了几个与抗战相关的项目。一个是学期正常课时由17小时增至20小时。另一个是公民培训项目,这也是全民抗战时期中国爱国知识分子和艺术家发起的"到人民中去"、发动农村群众的政治文化运动早期阶段(1937—1939)的一个组成部分。[53]在政府的支持下,这个项目旨在培养高中和大学生成为"流动团(mobile corps)",让他们深入到福建省的人民大众中去宣传抗战。在去农村前,学生们学习与战争相关的内容,比如抗战的意义、急救、战斗/毒气袭击时的救生措施以及学唱爱国主义歌曲等。1938年初,福建协大学生在中国教师的带领下,参与了一项为期三个月的项目,给省内的民众讲授"抗建"的意义,并培训他们更有效地抗日。

福建协大的其他活动还包括纪念仪式和每天的升旗仪式,以维护"民族团结"、加强民族意识。战争期间,学校也一直致力于维持中国人文学科项目,以服务抗战事业,并特别增设了有关中外关系以及中国与日本民族性格特征的课程。[54]

其他合作大学也努力保证机构的继续运行,并增设有关中国历史和文化的新课程。例如,金陵大学强调综合性训练的重要性,不仅保留了中国历史地理、中国考古学等课程,还于1941年增加了"中国艺术史"课程;这是哈燕社合作大学中第一个开设此课程的学校。[55] 成都的华西协合大学在国家的抗战事业起到了特殊的作用,即帮助保存中国的高等教育机构。华西除了保持本校项目的进行,还动用其所有资源,帮助几所流亡学校在华西的校园中继续办学。[56]

在战争期间,大多数合作大学都得以继续出版其学术期刊;这些期刊仍像从前一样着重于中国人文学科。华西协合大学非常幸运地继续其正规的出版工作,包括其中文系的年刊《华西协合大学学报》和其研究所的两个刊物《华西大学文化研究所季刊》和《论丛》。后来,应叶理绥和哈燕社理事会的要求,华西与借用其校园的三所客居大学——金陵、齐鲁和燕大合作,共同出版了《中国文化研究汇刊》。[57] 金陵和齐鲁在战争初期保持了各自刊物的继续出版,但是后来被要求停止自行发刊,与华西合作,只联合出版一种刊物。[58] 福建协和大学遇到了日军轰炸等严重困难,但于1944年成功恢复了其刊物的出版,并将《协大艺文》更名为《福建文化》季刊,将福建文化研究会更名为中国文化研究会。[59] 由于燕大在北平的本校校园中维持运行至1941年末,所以其中国人文学科刊物得以继续出版。[60] 然而,在珍珠港事件当天,日军洗劫/毁掉了大部分准备中的刊物。燕大在北京的出版工作直到1946年才恢复。[61]

哈燕社在战时最令人印象深刻的成就是合作大学开展的"发现"中国西部的研究项目。大学内迁为过去无法开展的研究新项目提供了"一个无与伦比的机会"。由于图书设施的缺乏以及当地的丰富资源,华中、金陵和燕大等几所合作学校开始了有关新址所在地的历史和文化的新课题,尤其是对中国西部和西南部原住民部落的研究。一位学者生动地描述了新科研项目在四川的崛起:"对一些'下游'学校来说,四川提供了一个前所未有的科研机会……各大学在成都进行了如此大量和多领域的研究工作,以至于他们试图成立一个研究部门,任命一位负责人协调所有科研课程和项目……虽然供给紧缺,但是需求策励着行动,使人足智多谋,让那段时期成为研究成果最丰富的十年。"[62]

在合作大学中,金陵大学的科研成果最为惊人。在途经湖南长沙去四川的迁移途中以及后来在成都的客居期间,金陵强大的考古团队拓展了对古代历史的研究,将重心转至田野调查和发掘工作,在考古学教授商承祚的带领下进行了大量的考古工作。商承祚在长沙逗留期间,获得了有关当地收藏家和文物商可能收藏的文物的消息,并开始调查战国墓葬。在长沙的3个月里,他不仅购买了文物,还对当地收藏家和文物商的文物藏品进行拍摄和拓片。1940年,他第二次赴长沙进行了更深入的发掘。他利用这些田野发掘的成果,在战时和战后发表了调查报告《楚漆器图录》以及其他一些文章。他在1941—1942学年辞掉现职、接受另一份高薪工作后,仍允许金陵的同事使用他从长沙田野考察收集到的资料。[64]

在成都客居期间,金陵大学中国文化研究所开始了一系列新项目,研究四川的古代历史和文化。其中一项由代理所长李小缘领导的项目,是将中外著述,尤其是有关四川的中外文献,编纂成参考书目。另一项就是对1914年法国学者撰写的有关四川历史遗迹和文物的考古调查资料进行研究(之前没有学者对这些资料进行认真研究),并进行田野发掘。还有一项是由商承祚和李小缘领导的项目,计划对成都周边的汉墓石碑和碑文进行广泛考古调查。尽管"不友好的地方官停止了所有非中央研究院领导下的考古研究",金陵团队还是进行了几项发掘。[65]但最后因为当地政府的反对和团队领袖商承祚的辞职,金陵的田野工作于1941年停止。[66]

金陵的另一个新项目希望对四川的边疆部落,尤其是倮倮族(彝族),进行社会人类学研究。为此,金陵大学成立了边疆社会研究室,并且创办了《边疆研究论丛》杂志,一共出版了三期。[67]叶理绥社长对金陵在成都的工作评价甚高:金陵的工作"开展得很明智",能够利用地理位置的优势,着眼于四川当地的研究。[68]

较晚到达华西的燕大也发起了有关边疆部落的新课题。因为有着稳定的经费支持,燕大能够吸引成都地区的杰出"客座"教授,包括清华大学中古代史学家、中央研究院研究员陈寅恪;清华大学中国政治理论学家、中央研究院研究员萧公权;中央研究院中国古代史专家徐中舒;1928年芝加哥大学博士毕业生、著名语言学家、中央研究院研究员李方桂;以及清华大学比较文学权威吴宓。非常有意思的是,所有这些国际知名的客座教授都是来自国立大学,而不是来自教会大学,尤其不是来自成都校区的教会大学。他们的加盟大大提高了燕大在国内外的声望。[69]

燕大本校的教授和客座教授使得大学能够开展新的研究课题。最具影响力的两个项目分别由哈燕社奖金获得者、哈佛博士、边疆部落专家林耀华[70]和李方桂领导。1942—1943年间,林耀华在1942—1943年间领导了对川西倮倮族为期三个月的科研考察;在川西,汉人沿河和公路而居,而倮倮人则住在山区。[71]林耀华的项目是对该地区倮倮族开展的第一项人类学研究。

1945年夏天,林耀华和1943年受邀至燕大做客座教授的李方桂共同领导了一次有五名成员参与的科研考察活动,赴川西北理番地区的嘉戎聚落收集有关嘉戎语言和文化的第一手资料。燕大团队进行了为期50天的田野调查,徒步约600英里。他们将3个小型部落作为重点,进行语言学研究,并且在说服当地人后成功测量了近百名嘉戎男女的身高、体重,还拍摄了六十多幅照片。在文化方面,如林耀华之前在倮倮族村落所做的工作一样,团队对于嘉戎人的家庭/亲属体系以及政治、经济和宗教制度给予了特别关注。此次调查收集到的第一手资料,加上林耀华之前的考察所获得的资料,使林耀华、李方桂和他们的团队得以开展一系列课题,对川西和川西北地区原住民部落(包括倮倮族、藏族、羌族和嘉戎)的语言、文化和社会习俗以及政治体系进行研究。[72]

华西协合大学在战时也极大地拓展了科研项目。作为十三所新教教会大学中唯一一所得以留在本校校址的学校,华西没有像其他合作学校一样在向内地迁移数千里的过程中,或者被迫多次迁移的过程中损失时间。相反,其他学校在华西校园的停留,让该校在人力和物质资源方面受益。1941年初,华西与三所客居其校园的大学——齐鲁、金陵和金陵女大,成立了边疆研究会,旨在满足教师们对于中国西部和西南部边区部落的语言、习俗、社会环境和历史的日益增长的兴趣。华西协合大学自己也于1942年成立了边疆研究所,由藏族和边疆部落研究权威、当时中国所有大学中该学科里最大的系——华西社会学系的主任李安宅带领。这两个新机构与成立于1922年的华西边疆研究学会,进一步推动了关于中国西部和西南部边疆部落的教学、研究和出版。[73]

华西协合大学在战时的另一个新项目是拍摄四川的建筑,包括古代建筑,以激发对这些无价历史瑰宝的研究和保存。研究结果以高质量论文的形式刊登在《华西大学中国文化研究所集刊》(Studia Serica)上，主要探讨这些少数民族的人类学、民俗、历史和语言学。叶理绥赞扬了该课题的及时和价值，因为这些古代建筑正在消失。[74]

与战前一样，华西协合大学战时最杰出的人文学科成就，是在郑德坤的领导下对考古博物馆的拓展和现代化建设。作为接受过全面西方教育的哈佛博士和华西协合大学博物馆新任馆长，郑德坤在打造一个现代化的、科学的博物馆方面做出了非同寻常的努力。他起草了一个五年规划（1941—1946），旨在将博物馆建设为一个教育中心和教学实验室，并将其发展为研究中国西部和西南部原住民部落历史和文化的研究中心和保存中心。[75]

从哈佛回到成都后，郑德坤开始实施提升博物馆的五年规划，并且完善目录系统。为了给师生和公众提供科学的服务，郑德坤着眼于提升展室，制作配合展览的地图、表格和图片，并且就博物馆藏品开展研究工作。他试着让展品展现中国西部和西南部的文化发展，呈现边疆地区少数民族的生活。他还前往四川甚至西安和兰州等地进行田野考察，为博物馆增加藏品。郑德坤亲自带队进行了几次考古发掘，并且获得了大批文物，包括四川不同窑口的特殊陶器和其他资料。他的努力使博物馆建立了从新石器时代晚期到近代的陶器发展序列。他的成果"不仅本身特别重要，还使一些铜器和其他器物的断代和分类成为可能"[76]。

由于郑德坤的努力，博物馆现在拥有更加丰富的收藏和科学布展，为教学与科研以及公众和政府领导人提供了有关边疆部落语言、历史和文化的最优质第一手资料。1944—1945学年间，博物馆接待了5482名参观者。战争结束时，博物馆被视为中国最好的研究性博物馆,广受国内外赞誉。[77]博物馆的现代化为四川考古、人类学和中国社会人类学等新领域的发展奠定了坚实的基础。

华中大学也有效利用了云南省新校址的优势。在哈燕社稳定资金的资助下,华中大学鼓励教师研究云南的原住民。学校发起了当地民族语言/方言、生活方式、文化模式和迁徙的新项目。其中一个项目是有关喜洲当地宗教的研究,由刘信芳教授负责。刘教授到当地村中寺庙寻访,收集资料,并调查宗教体系和行为及其对当地人民的影响。另外一个独特的项目是对原住民的语言进行研究。该项目部分由摩梭语言专家傅懋𪞶与西南联大(由北大、清华和南开共同成立)的学者主持,研究云南省边疆部落的语言。傅后来发表了用英文撰写的一篇关于里泼(Lipo)语言的文章。华中的研究成果后来以高质量的书籍和文章出版,包括《东南部部落文化研究》和《大理古文化历史研究》。[78]华中大学的项目得到了叶理绥社长的高度评价。[79]

位于中国东南部的福建协和大学则充分利用了邵武的当地资源,开展了新项目。部分协大学者研究了中国历史上的爱国主义英雄和诗人,以宣传爱国主义精神。典型出版物包括《宋明爱国文学》(陈易园著),以及《中国人的特性及发展》等文章。其他教师和研究生则研究了邵武当地及周边地区的历史和文化,对历史遗迹进行考古发掘和田野调查。协大还利用了整修校园过程中发现的大型宋代砖石墓,发掘了大量铜器、锡器、漆器、瓷器和银质装饰品及钱币等。另一个研究方向是福建省与南海诸岛的文化关系。[80]协大于1940—1941学年间成立了独立的历史系,大大推动了中国人文学科项目的发展。[81]

图书馆收藏是战时的一大创新领域。哈燕社的几所合作大学利用哈燕社资金,成功收购了市面上流通的一些私人藏书和地方志,这些都是之前无法得到的独特收藏。燕大是其中一例。燕大在战时购买了所有关于中国的主要出版物,中英文皆有,包括许多清代作家的书籍。嘉德纳博士(Dr. Charles S. Gardner)整理的"关于中国的西方著作目录",燕大图书馆只缺 28 部。[82]到 1940 年春天,对清代作家著作的收集已经基本完成,只差十部左右,而地方志已达 2003 部。[83]到太平洋战争爆发时,燕大图书馆的馆藏书籍已经达到 31 万卷,均为利用哈燕社资金所购。[84]

金陵大学也是如此。金陵充分利用西迁之旅和在四川的新址,用哈燕社的资金从不同博物馆购置了大量地方志和拓片,例如购自长沙的珍贵文物和购自上海的几套丛书收藏。金陵大学在 1943—1944 学年购置了 278 套四川省地方志、52 套其他省份地方志、6246 部中文图书和 2686 份拓片。[85]叶理绥社长对金陵大学图书馆在战时的发展做出了如下评价:"在成都期间,大学根据需要购置了大量市场上的重要书籍以及拓片,这对于中国历史的研究非常重要。"[86]

上述事实清楚地展现了哈燕社资金帮助合作大学利用人文学科来提升人们的爱国意识/民族认同感和爱国主义精神。中国人文学科教学、研究和出版的延续、图书馆和博物馆的发展以及师生团体的保存,对于保护中国高等教育的人力物力资源和资本以及精髓起到了重要作用,这对战后的恢复和重建意义非常重大。更为重要的是,有关四川和云南边疆部落的历史和文化的研究项目,不仅促使人们重新发现中国西部,增强了民族意识/认同感,而且也为中国近代考古学、人类学和人类文化学的发展奠定了坚实的基础。此外,内迁的教会大学向中国西部和西南部地区人民开启了教育的大门,所以

"中国那些之前几乎未受西方影响的地区,通过教育、贸易和移民,成为了现代教育的中心。曾将高等教育视为乌托邦的家庭,得以考虑为孩子提供西式大学教育"[87]。最后,战争的创伤将中国文化研究的中心从沿海转移到了内陆,从而使得包括接受过西方教育的学者在内的中国学者,与他们自己的祖国有了更直接的接触。

叶理绥:剑桥(哈佛)挑战中国

叶理绥社长在引导哈燕社理事会将重心转到美国拓展在哈佛的项目的同时,加强了对哈燕社人文学科项目和在华资金使用情况的监管。尽管他有着提高合作大学学术水准和管理效率的良好意图,但是该政策造成了新的紧张关系,而且在某种程度上,耗尽了哈燕社对于中国工作的投入和资助。

保护使命:加强对在华工作的监管

叶理绥通过1936—1937学年的赴华考察之旅,了解到合作大学对于哈燕社资金的使用情况以及开展中国文化研究的方式,让他很不满意[88],因此他认为有必要改组哈燕社的北平办事处,以提高工作效率。如第二章中所述,在燕大国学研究所于30年代初期进行重组以加强燕大对研究生项目的控制时,行政管理委员会衍生成北平办事处,由博晨光担任执行秘书。北平办事处负责管理由通用基金资助的燕大人文研究生项目的财务和行政工作,而将教学和研究工作留给燕大直接监管。同时,北平办事处负责协调哈燕社与其合作大学之间的工作。[89]

叶理绥采纳了司徒雷登校长的建议,由洪业接替博晨光担任北平办事处执行秘书一至两年,因为洪业能够做出更重要的学术贡献,包括主编期刊和为燕大图书馆及哈燕社的中日图书馆购置书籍。⁹⁰但结果是,洪业自1939年末直至1946年一直担任执行秘书,比叶理绥所期待的要长得多。

由于叶理绥不希望洪业在行政工作上花费太多时间,所以哈燕社理事任命斯泰尔(Charles C. Stelle)为执行秘书助理。出生于中国的斯泰尔能流利地使用汉语,并且接受过西方教育,是当时正在北平做研究的哈燕社博士生。⁹¹斯泰尔接到任命后,于1941年秋赴成都对在那里运营的三所合作大学——金陵、齐鲁和华西进行了视察。⁹²

在北平办事处重组时,叶理绥希望燕大提高在人文学研究生项目方面使用通用基金的效率。叶理绥对于燕大用哈燕社通用基金收入资助多位传统中国学者但却对西方研究方法不够重视感到不悦。所以他的首要任务是将没有受过西方教育的中国教授从司徒雷登校长的名单中拿掉,以保证教学和科研团队的高质量。叶理绥指出,哈燕社奖金获得者、哈佛博士容庚是教授考古学的理想人选;但是在司徒雷登提议的五位历史学教授——邓之诚(古代史)、洪业、齐思和、张尔田(古代史)和张星烺(历史)——当中,只有洪业和齐思和接受过西方教育,有资格教授学生西方方法论。此外,叶理绥认为,燕大关于使用通用基金资助三位新教员的提议也是不可行的。哈燕社理事决定推迟燕大提交的1939—1940年研究生预算申请的审批,直到燕大提供充足的信息。⁹³他们通知司徒雷登,燕大有必要制定一份有关中国人文学科项目计划,并且在4月份的理事会会议之前的三个月内递交年度预算申请,以保证理事会有足够的考虑时间。⁹⁴

叶理绥的行为引起了司徒雷登校长的强烈批评。在收到由教会大学校董联合会贾思德转达来的哈燕社决定后,司徒雷登回复贾思德,批评叶理绥提出的步骤和决定。他解释到,燕大从来没有滥用哈燕社的资金"做份外之事"。司徒雷登坚持认为,叶理绥作为社长,应该在北平住更长的时间,以监管燕大的项目。[95]

为了更好地发展燕大中国人文学研究生项目,叶理绥让洪业制定一份五年临时规划。因此,洪业在咨询同事的意见之后,于1940年起草了一份27页的五年计划,雄心勃勃地列出了拓展燕大研究生部的可能性。该计划旨在将燕大打造为中国第一所授予中国人文学博士学位的学校。根据该计划,燕大的博士项目应该集中在下列七个领域——中国历史、语言、文学、艺术、考古、哲学和宗教,分布在四个研究生系;为了达到这个目标,燕大至少应该拥有12—15位完全由哈燕社通用基金资助的教授;在下一学年的预算里需要新增四位教授,分别为哈佛博士、蒙古学权威翁独健;留学法国的语言学家高名凯;伦敦亚非学院毕业的于道泉和藏语、西夏语专家王静如。该计划提出,该五年计划的实施需要哈燕社提供更多的通用基金。[96]

叶理绥认为洪业的计划太野心勃勃。在他看来,燕大在战时应该考虑一个较为保守的计划,按照学科重组现有项目,提高效率;并不是所有院系都需要加强和改变管理,所以没有必要大幅增加教学人员,何况燕大研究生并不多。此外,该计划包含了许多与其本身不相关的理念。例如,叶理绥质疑燕大必须将所有重大开支都由哈燕社通用基金支付的理由。他指出,应该由燕大而不是哈燕社来承担如此宏大计划的绝大部分开销。[97]

在1940年11月理事会上,在与洪业本人讨论后,叶理绥和理事会很不情愿地批准了该计划,并提出了进一步修改的建议。[98]叶理绥认为燕大研究生中心可以为中国学生和学者提供一个培训基地,因此不必将他们全部送到哈佛进修。[99]然而，太平洋战争的爆发为叶理绥提供了契机，中断了洪业五年规划的实施。

洪业提出，为了改善对燕大研究生项目的管理，哈燕社理事会应该重组1932年成立的燕大研究生项目顾问委员会（参见第二章）。由于最初的大部分成员已经不在北平地区居住，洪业建议新成员人选应限于燕大教师。洪业名单上的候选人包括司徒雷登校长、研究生院院长高厚德（Howard S. Galt）、文学院院长周学章、历史学家王克私（Philippe de Vargas）、理学院代理院长胡经甫，由洪业担任执行秘书。哈燕社理事会于1940年4月批准了洪业的提名，并于11月增加了研究生院院长陆志韦。[100]

尽管洪业努力提高燕大的研究生项目，但是作为由通用基金资助的唯一在华研究生中心，燕大在战时仍然面临着来自哈燕社其他合作大学的新挑战。出于对燕大的嫉妒，其他合作院校也各自发起了项目，挑战独家由哈燕社资助的燕大研究生和科研项目，尤其是在珍珠港事件导致燕大的北平校园关闭后。福建协和大学是主要挑战者之一。协大在1942年春起草了"哈燕社合作大学之间的关系"的报告。该报告指出，各合作大学相信，燕大的研究生中心应该让所有合作大学受益，但是事实上该研究生中心的教职员和设施只为燕大师生服务。他们认为燕大并不配合，要求哈燕社理事会给予各合作大学享有对于燕大研究生中心有效的管理控制权，尤其是在燕大研究生奖学金的发放、遴选赴哈佛进修的学生、批准出版和研究课题，或许甚至教师的任命。战争将福建协大和燕大阻断后，福建协大申请哈燕社理事会批准其将学生送往金陵大学而不是去北方的燕大接受研究生教育。[101]

哈燕社理事会同意了福建协大的要求，允许协大的历史和考古学师生在战时赴金陵而不是燕大接受高等培训。他们还强调,位于中国西部和西南部的其他合作学校也适用于此新规。[102]

燕大作为哈燕社在华唯一研究生院的地位,在战时也受到金陵大学的挑战。金陵大学自身科研项目非常强,因此嫉妒燕大获取了通用基金大部分资金的支持。1935年,金陵大学被中国政府选为四所开设历史学研究生项目的学校之一,并且是华东地区唯一一个历史学研究生项目中心。在与哈燕社理事会协商后,金陵大学于1937年9月开始历史学研究生项目,但资金是来自中国教育部。[103]金陵大学校长陈裕光致信叶理绥,表示在燕大接受硕士教育的学生对燕大的水准非常失望,尤其是在自然科学领域。他的信函让叶理绥意识到,哈燕社理事会很难在战时将燕大作为唯一的在华高等中国研究中心。[104]

1941年12月燕大关闭后,陈校长再次致信叶理绥,强调当时正是拓展金陵研究生部的大好时机。他强烈建议哈燕社理事会拨付通用基金以永久支持金陵大学的研究生工作:"由于现在中国国内并没有接收研究生的私立大学,这正是金陵大学继续进行研究生工作的独特契机。"[105]然而,哈燕社理事会并未完全答应陈校长的诉求。他们只是于1945—1946学年间为三名研究生一共提供了600美元的奖学金,帮助他们完成最初由政府资助的中国研究课程。[106]尽管哈燕社理事会拒绝了陈校长的申请,但是来自福建协大、金陵大学和其他合作大学的挑战,以及燕大北平校园的被迫关闭,大大削弱了燕大作为哈燕社在华唯一研究生项目中心的地位。

这些挑战,特别是北平校园的被迫关闭,给燕大带来了沉重打击。长久以来,燕大一直认为中国应该只有一个研究中心,而且燕大的项目为其他院校带来了好处。博晨光于1931年写道,其他合作大学不应该发展与燕大类似的研究所/学院。他认为,其他教会院校试图建立类似的研究院是对哈燕社资金的浪费。[107]

除了更加严格地监管哈燕社利用通用资金资助的燕大研究生项目,叶理绥还认为有必要加强对六所合作大学本科项目所使用的专项基金的监管。多年来叶理绥都对专项基金没能够被正确地使用而感到失望。在1936—1937学年的视察过程中,叶理绥发现多数合作学校的本科项目非常薄弱,专项资金大部分被用在行政工作或者中国人文学科以外的领域。

叶理绥对于司徒雷登对专项基金的使用立场以及年度报告感到不满。1939年,司徒雷登致信叶理绥,表示专项基金是由霍尔基金会委托哈燕社理事会管理,后者应该"以霍尔理事会的名义对基金进行管理,前提是保持中国人文学科本科项目的水准";然而,没有任何条规要求专项基金应该"全部用于中国研究,"这样可以保证燕大学科发展的平衡。此外,司徒雷登认为,燕大一直"本着这种理解的精神"使用专项基金,因此有赖于这些资金来加强整个文学院,"中国研究,从广义上来理解,并不仅限于一个系,而是多少可以拓展到除了西方语言之外的其他学科"。在这封信中,司徒雷登还要求他的校长办公室,而不是哈燕社北平办事处,全权负责和报告专项基金的使用情况,"这对于其他五所学校同样适用",因为这样能够让北平办事处专注于管理通用基金资助的项目,从专项基金的管理工作中解脱出来。[108]

作为北平办事处的执行干事,洪业对叶理绥提出了自己的意见。他指出,自1937年战争开始以来,汇总燕大专项基金使用情况的年度报告一直是哈燕社总部和北平办事处之间的一个难题。在担任执行干事后,洪业希望与叶理绥达成有关北平办事处"功能界定"的共识。洪业认为,执行干事的职位应该相当于叶理绥的代理人,负责哈燕社在燕大的研究生项目及科研活动的管理工作。所以洪业认为他"有义务规划、审查和汇报通用基金的使用情况,"但是不应该对燕大及其他五所合作大学对专项基金的使用"承当相同的责任",这部分工作应该由校长或者由校长指定的官员直接向叶理绥汇报。洪业希望他的办公室在未来不需要继续就专项基金的使用做出汇报。但是他非常愿意就中国人文学科的本科课程是否能够培养学生继续研究生学习和科研一事,向叶理绥提出建议。现在洪业希望就北平办事处职能的基本划分获得叶理绥和哈燕社理事会的批准。[109]

叶理绥和哈燕社理事会在1939年11月的理事会议上深入讨论了司徒雷登和洪业提出的问题。由于担心司徒雷登的要求会让他们失去对合作大学专项基金使用的控制,哈燕社理事会一致认为,他们在战时应该采取进一步的措施,加强对专项基金的合理使用的监管。[110]在叶理绥的敦促下,理事会于1940年6月发布了哈燕社政策的官方文件。这份由诺斯起草的文件,仍然强调六所合作院校的中国人文学本科项目是哈燕社在中国的首要任务:专项基金必须用于本科项目的有效维持,而不是教师的研究和研究生工作,除非本科教育的需求全部得到满足。科研和研究生项目应该首先获得哈燕社理事会的批准,并且不得与哈燕社在中国只资助一个中国研究中心的政策相悖。[111]如果各合作院校都满足了以上所有要求,那么他们可以申请使用本科项目结余的专项基金来支付行政工作和其他需求的开支。这份文件还强调了各合作院校之间协调工作的必要性,以及各大学内中国人文学科项目与其他学科平衡发展的重要性。[112]

该官方文件并没有解决燕大的问题。燕大仍然没有遵守专项基金的使用要求,并且经常迟交年度报告。例如,在1940—1941学年,燕大将专项基金的48%用于支付大学的日常行政与运行工作。此外，燕大还将文学院65名教师的工资（历史系6名、哲学系5名、心理学系4名、新闻学系4名、中文系19名、教育学系10名、西方语言系17名）和其他杂费列入限制基金资金的预算，导致了赤字。叶理绥给理事会建议，"应该仔细研究燕大的整个项目，燕大还有许多地方值得改进，并且能够建立更好的课程平衡"[113]。

叶理绥还采取行动，制止福建协和大学、齐鲁大学和华西协合大学等合作大学对专项基金的不当使用。叶理绥指出，福建协和的教师多为本土培养的当地学者，而且大部分课程"都是很笼统的，不是真正的大学课程；它们本质上更像高中课程"。此外，福建协大将专项基金的52%用于大学的一般行政管理。[114]

齐鲁大学的主要问题是，在本科中国科目非常薄弱的情况下，却试图拓展科研工作。哈燕社理事会批评了齐鲁大学在1930年成立国学研究所的做法。[115]战争期间，齐鲁大学在迁至成都后，于1939年10月恢复了国学研究所，由前燕大教授、著名历史学家顾颉刚担任所长。齐鲁大学还出版了三份中国人文学期刊。叶理绥和哈燕社理事会给齐鲁大学施加压力，要求其停止国学研究所以及中国人文学研究生项目。[116]

齐鲁大学被迫做出让步。然而，齐鲁大学将科研视为提高学术地位的重要元素。确实，齐鲁在战时的声望很好，这帮他们赢得了教育部的提名，去开始中国研究方向的研究生项目，并能在战时吸引该领域的一批杰出学者，包括顾颉刚、中国古代史专家钱穆和中西关系史专家张维华。[117]叶理绥让齐鲁停止科研项目的要求，会使齐鲁的中国人文学科在中国高等教育机构中（包括国立和私立）都处于劣势。这也是齐鲁不愿意解散研究所并放弃研究项目的原因。

叶理绥和哈燕社理事会从30年代初期就发现了华西协合大学的问题。华西协合于1931—1932学年成立中国文化研究所。[118]华西协合并没有按照哈燕社的要求解散研究所,反而于1939年扩大了规模。[119]叶理绥对于华西协合在人文学科非常薄弱情况下试图开设新项目加大研究力度感到不悦。哈燕社理事会在1941年11月的理事会议上采纳了叶理绥的意见,要求华西协合在美国的理事会解释对于专项基金的不当使用情况。他们设立了新的预算,提高博物馆经费。多年来,博物馆一直是华西协合和哈燕社关注的重点。[120]

然而,华西协合的回应并不令人满意,这让叶理绥更加坚定了进行大规模改革的想法。[121]北平办事处执行干事洪业于1939年向叶理绥转达了华西协合一位教授的意见:中文系里有"很多守旧和无用的人,他们认为背诵诗歌比什么都重要,对科学的方法根本不了解。他们并不仔细研读学生论文的内容,而是评论结构;教历史却不关注历史本身而让教学活动变成了文学作品赏析,轻蔑对检索系统的使用,并宣称甲骨文都是假的"[122]。由于问题长期存在,哈燕社理事会要求华西解散其研究所,并且重组本科人文学科项目。

这次,华西协合确实做出了巨大改革。在1942—1943学年间,华西不仅关闭了研究所,将科研任务转移至中文系和考古博物馆,还通过聘任新主任、招收接受过现代教育理念的教师和加强基础课重组中文系,以加强本科项目。[123]

然而,华西协合的改革在校园里遭到了激烈反对。博物馆馆长郑德坤告诉叶理绥,"学校高层让大家知道重组改革是哈燕社的主意,这激起了系里师生的愤慨"。教师和学生对于哈燕社所强加的改革非常气愤,印发了一份中英双语传单,批评哈燕社的政策是"文化帝国主义"(传单原文),并且以辞职相威胁,以永远离开学校另谋高就作为对"这种文化帝国主义"的抗议。[124]北平办事处的斯泰尔对此早有预期。他在1941年11月写给叶理绥的信中指出,中文系的老派教授"势力根深蒂固,所以改变或许只能缓慢进行",因为"任何急剧改变都会造成全校而不是中文系的震动"。[125]确实如斯泰尔所料,对于改革的抗议在全校范围内爆发。然而,最后的结果是,只有两位教师离开了华西协合,而且都不是守旧派。其中一位是在欧洲接受教育的学者、边疆部落研究专家韩儒林;他受中央研究院之邀,前去担任组织部成立的边疆语文编译委员会主任。另一位是傅懋绩,他于1941年离开华中大学来到华西任职,决定于1942—1943学年间回到华中,继续有关中国西南部边疆部落语言的研究。[126]

叶理绥和哈燕社理事会没有理会华西的抗议,抗议逐渐平息。在1943年11月的理事会上,叶理绥将郑德坤写于1943年6月的信件转呈给理事,并附上评论:华西似乎很平静,"一切都已平息"。华西的年度报告根本没有提到抗议一事。[127]

战争期间,叶理绥和哈燕社理事会也要求各合作院校之间加强协调力度。叶理绥在1936—1937学年的视察中,发现了各合作院校之间相互竞争、缺少协调的问题。洪业的下述评论进一步加深了叶理绥的印象:由于"本位主义的意识",各合作大学之间缺乏一个真正在经费上有效协调的项目。[128]在1940年4月的理事会上,叶理绥指出,六所合作大学在教学方面没有进行认真协调。他相信,当各合作学校在战时内迁时,战争为它们的美方理事会提供了一个"强加他们的意志"以加强校际协调的极好机会。在他看来,当时齐鲁和金陵都在华西校园运转,战时正是三所学校协调教学、利用彼此优势的良机。他甚至为各合作学校的中国研究的协调发展做出了规划。为此,他提议斯泰尔与洛克菲勒基金会驻北平代表、哈燕社理事之一顾临一起访问中国南部和西南部的五所合作大学,尤其是在成都运行的学校,调查专项基金的使用情况,并且考察各院校人文学科项目之间的协调程度;在收到顾临和斯泰尔的反馈后,哈燕社理事会设计了一套更为详尽的协调计划。[129]

哈燕社理事会接受了叶理绥的请求。首先,他们决定在向中国派遣任何特使之前,起草一份有关专项基金的目的和权力的声明。他们授权诺斯草拟声明,名为《哈佛燕京学社在华教育活动的政策与程序备忘录》,并且于1940年6月发放给各大学的中美双方领导。该备忘录列明的计划中,有一部分是要求在成都运行的合作大学停止刊印它们各自由专项基金资助的期刊,转而合作出版唯一一份高学术水准的联合期刊。[131]

哈燕社理事会还采纳了叶理绥的建议,重组在华中国人文学本科项目顾问委员会,因为该委员会在战时无法正常工作,导致整个委员会并没有起到作用。他们授权洪业确定候选人,但是洪业只收到了来自三所合作院校的提名。在此情况下,哈燕社理事会在1940年4月的理事会议上投票决定,当时并不是改组该委员会的成熟时机,需要等待更为合适的契机。后来在11月的理事会议上,他们批准了洪业的提名——六所合作大学中,每所院校提名两名,其中一名为行政管理人员,另一名为中国人文领域的教授。[132]

在成都办学的合作大学——金陵、齐鲁和华西协合——接受了叶理绥的建议,于1941年初联合出版了年刊杂志《中国文化研究汇刊》[133]。他们共同成立了联合编委会来负责杂志的出版工作,成员包括金陵中国文化研究所所长李小缘、齐鲁国学研究所所长顾颉刚和华西协合大学中文与藏语专家闻宥。每所学校轮流编辑杂志,杂志通常主要是刊登本校教授的文章,因此反映出各校自身的科研方向和独特的长处。每所学校分摊纸张和印刷费用,从专项基金中支出。燕大在1942年转移至成都后也加入了编委会,由马坚代表。杂志的第一期于1941年就送到了出版社,1942年付梓,但是因为战争而滞留上海,直到战后,其他几期才得以发行。[134]到1945年9月,该杂志一共出版了5期,刊载了78篇文章。[135]

在成都的合作大学也为中国研究方面的协调合作做出了其他努力。早在1938年,在成都办学的各教会大学,包括在华西协合校园中的院校,就成立了一个联合行政委员会,成员中有来自华西协合、苏州大学、金陵女校、华中大学、齐鲁和金陵的代表。1942年后,燕大加入其中。自1942年11月起,华西协合校园中的四所学校——华西协合、金陵、齐鲁和燕大统一了工资标准,这被叶理绥视为取得有效协调的重要步骤。他们还成立联合委员会,由金陵大学校长陈裕光担任主席,并且达成一致意见,即应该将专项基金主要用于中国人文学科的本科教学。[136]叶理绥在按照自己想法约束各学校的问题上取得了几项重要胜利。

另一方面,成都各学校间仍然存在着竞争。尽管他们成立了联合委员会,努力携手解决共同的问题,但是每一所学校仍然保持了各自独立的行政和教师队伍,并且都希望将紧急救助基金用于发展自己的学校。在经历了试验后,由于有着不同的关注点和发展方向,各校最终放弃了建立统一入学考试的尝试。

转向国内:拓展哈佛中心

叶理绥于1932—1933学年间在哈佛做访问学者时就提出了拓展哈燕社在哈佛中心的工作的计划[137],而战争给他实现这一计划提供了机会。在战争期间,哈燕社理事会将专项基金的大部分收入都用于哈佛中心,大大拓展了哈佛的教学、科研和出版工作以及图书馆收藏。用赖世和(Edwin Reischauer)的话说,叶理绥在哈佛所取得的成功让他成为"美国远东研究之父"[138]。

在1933年被任命为社长后,叶理绥按照"最好的欧洲汉学传统"开展项目,拓展哈燕社在哈佛的活动。[139]哈佛在战时由于两个原因变得比中国更受重视。首先,叶理绥对于增加在中国的投入,尤其是向日占区的投入,非常谨慎。董纳姆与叶理绥意见一致:为什么给燕大图书馆投入大量的金钱,等着日军来烧毁?此外,他们认为,在哈佛的投资能够为在华项目做出贡献,因为哈佛为中国学者和学生的高等培训提供了强大的基地。[140]

叶理绥于战前就在哈佛开展了重大项目。他于1936—1937学年将中文和日语教学组织起来,纳入了自己担任系主任的远东语言系。[141]该系与文理学院其他系享有同等地位,但是从战争开始,直到60年代初期,它完全由哈燕社的通用基金支持。在二战期间,该系的学生注册量稳步增长。1938和1939年暑期班的新增课程包括向美国军队开放的东亚历史、文化和语言课。同时,该系也出版了地图和其他参考书,以及课堂使用的语言磁带。[142]

1930年代中期,哈燕社理事会采纳了叶理绥的建议,开始了一系列新的出版项目,一直持续到战后。始于1935年的著名"哈佛燕京学社学术丛书"一直持续到今日,出版了大量有关亚洲尤其是中国历史文化的宝贵作品。[143]半年刊《哈佛亚洲研究杂志》创刊于1936年,也延续至今。根据该刊第一期的前言,该杂志"会坚持追求其使命,传播亚洲人文学科的原创作品、优秀科研成果和书评,目前着眼于中国、日本、韩国和亚洲内陆地区"。这是美国国内有关亚洲历史和文化最早、最具影响力的学术期刊之一。[144]哈燕社支持出版的其他项目包括学术著作、图书馆目录和亚洲国家地图,以及适用于课堂的中文入门、广东话入门、日语入门等参考书籍,还有字典系列。[145]哈燕社在战后发起了更多的出版和科研项目,包括极具影响力的"哈佛燕京学社研究丛书"。[146]

字典的编撰和出版是哈燕社在战时活动的重要部分。哈燕社支持的中英词典项目是由叶理绥于1936年发起的,一直持续到50年代初期,主要任务是将16部中文字典的内容整合。这16部字典包括从公元2世纪初出版的《说文解字》,到40年代高本汉(Bernhard Karlgren)的《古汉语字典》(Grammata Serica: Script and Phonetics in Chinese and Sino-Japanese)。[147]叶理绥看到了对字典的需求。到30年代初,汉学家还需要使用至少十本经典中文字典,给研究造成了极大的困难。叶理绥期待能出版一本宏大的中英双语字典,按照最优化的西方方法进行准备,并且吸纳中日学者的成果。在战争开始后,他对字典项目更加重视:"因为中国的局势,而且因为不能指望中国人自己在此领域取得进展,这项工作变得越来越重要。"[148]

由洛克菲勒基金会部分资助的中英字典项目,在洪业的领导下在北平进行。洪业手下的中国员工负责"裁剪和标注不同字典"[149]。在1938年末主要工作完成后,他们将为字典项目收集的这些卡片资料寄到哈佛,由一组中美专家和工作人员进行第二阶段工作;这些专家包括著名语言学家李方桂和赵元任,二人都是中央研究院成员。[150]1940年,对最初的计划进行了修改,以便在相对比较短的时间内,大约三年内,出版一本小型的大学字典,但是这项修改并没有影响到主要字典的进展。[151]

珍珠港事件后,中英字典项目进展放慢。太平洋战争的爆发给哈佛带来沉重的任务和紧急的需求,急需开设更多的东亚语言课程,包括向美国军队开放的课程,同时为全美学生以及美国政府编纂东亚方面的参考书。[152]1947年出版了包括大约6000个汉字的《简明中文口语字典》,成为很受欢迎的汉语口语工具书。[153]1952年,哈燕社理事会决定终止字典项目,取而代之的是两个较小规模的新项目——编纂《学生版简明文言文字典》和《当代汉语字典》。[154]1953年,中英字典项目试行本发行,次年发行试行本第二册。主要字典项目于1955年完全停止。[155]如魏根深(Endymion Wilkinson)所说,自19世纪末以来,由于没有任何将古典中文/文言文翻译为英文或其他欧洲语言的重要新字典,所以哈燕社的中英字典项目是汉学领域工具书的一个里程碑。[156]

科研是哈燕社在哈佛中心活动的重要组成部分。叶理绥和哈燕社理事会敦促西方学者使用现代科学方法研究亚洲本土的历史和文化,包括进行考古发掘和研究。在二战期间,理事会应叶理绥的请求,将通用基金的一大部分用于拓展哈佛的研究活动,支持各种有关亚洲,尤其是有关中国历史和文化的科研项目。由哈燕社资助的科研项目中,包括到中国西南部和东南亚的几次大型考古考察,其中包括由瑞典考古学家秦西(Olov R. T. Janse)领导的赴法属印度支那(越南、柬埔寨和老挝)和菲律宾的调查。[157]

秦西的调查非常顺利。在第一年(1938—1939)中,秦西在与中国临界的越南北部对几所汉墓进行了发掘,包括公元1—10年一位汉代中国军官的墓葬,发现了一套有不同纹路的重要瓷器,以及大量铜器和铁器,这些出土物显示了汉人在此区域的绝对影响力。第二年,由于雨季到来和日本的轰炸,发掘工作无法继续进行。秦西将注意力转移至菲律宾群岛,并且发现了显示中国影响力的物品。[158]

秦西将一共大约7000余件文物,外加6000余颗珠子,运回哈佛。秦西是如何获得这些物品的,或者他是否获得当地政府批准将这些物品寄往国外,以及他是否付款购买了这些物品,这些都不得而知。秦西后来在哈佛的福格博物馆举行了公共展览,并且发表了报告、论文和出版书籍。[159]

图书馆发展是哈佛中心的另一成就。早在20年代,哈燕社创立者就强调了打造优秀图书馆的重要性。[160]在担任社长后,叶理绥希望将汉和图书馆建成西方最好的图书馆,并且"应该比较容易一直保持最好"[161]。在战争期间,哈燕社理事会增加了图书馆的预算,主要用于拓展中国藏书,尤其是地方志和丛书。他们请燕大的洪业在北平帮助购买书籍,在珍珠港事件后,请袁同礼在战时陪都重庆购买书籍。[162]表3.3显示,汉和图书馆的藏书量在珍珠港事件之前大大增长,由1927年7月的7942部,增长至1942年7月的182892部。[163]哈燕社全资资助了汉和图书馆的发展,直到1976年该图书馆并入哈佛图书馆系统,哈佛大学才开始提供部分资金。[164]哈佛图书馆日后成为西方第二大东亚学科图书馆,仅次于国会图书馆,这与战时拓展打下的坚实基础密不可分。不过其藏书中的某些科目/种类,例如地方志和丛书,甚至超过国会图书馆的收藏。[165]

表3.3 哈佛燕京学社的汉和图书馆藏书(1927—1950)

时　　间	总册数	附加的中国书籍
1927年7月1日	7942	
1928年7月1日	15248	
1929年7月1日	24511	

续 表

时　　间	总册数	附加的中国书籍
1932年7月1日	71036	
1934年7月1日		7167
1937年7月1日	117963	7073
1938年7月1日	125336	6121
1939年7月1日	136969	9779
1940年7月1日	159977	19862
1941年7月1日	177516	15510
1942年7月1日	182892	4892
1943年7月1日	184102	543
1944年7月1日	184828	25
1945年7月1日	186760	1528
1946年7月1日	193975	1745
1947年7月1日	205495	10646
1950年7月1日	224588	

资料来源:"A Guide to the Chinese-Japanese Library of Harvard University, July 1932", Harvard Archives, Cambridge, Massachusetts; Chinese-Japanese Library Annual Report, 1927-1947, HYIOA.; TM, Nov. 19, 1945, and Nov. 13, 1950, HYIOA。

哈燕社在战时对中美未来学者的培养也取得了重要成就。叶理绥信奉一个古老的格言——"质胜于量"。他对奖学金和研究生资格的申请设立了严格的审查标准。他敦促美国学生首先在哈佛进行为期三年的强化培训,然后去欧洲或者直接去亚洲。他认为这些学生在未来会成为一批新的汉学家,将美国的亚洲/中国学研究提升到更高的科学水准。[166]如叶理绥所期待的,许多哈佛的培训生或哈燕社奖学金获得者后来成为了第一代美国汉学家的主要成员，或亚洲研究其他领域的专家。到1950年代，许多获得了哈佛硕士/博士学位或哈燕社奖学金获得者，在美国知名大学和研究机构担任亚洲研究的职位。[167]

然而，这些标准很难适用于中国学生或者奖学金获得者，因为他们缺少适当的语言培训，在听英文课程时会遇到困难。在1928—1930年访问哈佛期间，洪业承诺将努力为选派去哈佛学习的学生设立特别的英语、法语和德语培训项目，并为有兴趣学习中世纪欧洲历史的学生提供初级拉丁语培训。[168]但是不幸的是，直到1945年战争结束，燕大没能有效地实施洪业的计划，而后又因为1946年内战的爆发中断。然而，哈燕社的资助和哈佛基地对于培训一批优秀的中国学者做出了贡献，这些学者后来都成为了哈燕社项目的骨干以及中国现代人文学科领域的领军人物。[169]

最后，哈燕社在哈佛中心的活动在战时的拓展，耗尽了本该投入到燕大中心的资金和注意力。在叶理绥成为社长后，通用基金中分给哈佛的部分就不断增加，而燕大所享有的部分持续减少。太平洋战争爆发后，燕大在1942—1946学年里无法获得其常规所得的1/3通用基金的份额，只获得了一些小额拨款，包括资助林耀华对四川原住民部落的暑期考察。

总而言之，尽管中国在战时的需求增长，叶理绥和哈燕社理事会却选择将注意力转向美国国内。他们的确对合作大学的中国人文学项目继续提供常规的资助，甚至也为挽救处于危难中的十三所新教教会大学和救助私立和公立教育机构中的杰出中国人文学科学者提供了慷慨的资助。然而，拓展哈佛中心的项目无可否认地消耗了大部分的通用基金，而这些资金本来在急需时可以用于帮助中国的教会大学,尤其是哈燕社的合作大学。在战争期间,哈佛养肥了自己,而教会大学和中国学者却在忍饥挨饿。

小结

战争期间,哈燕社在华文化工程项目不再享受20年代晚期至30年代初期的有利条件。战争引发的混乱和急剧的通胀剥夺了合作大学在之前的10年里所享有的稳定环境。尽管出于好意,但是叶理绥在战时发起的加强对华工作的监管,并没有帮助哈燕社有效地管理其文化工程工作,却造成了新的紧张局势。此外,叶理绥努力拓展哈燕社在哈佛中心的项目,耗尽了哈燕社对在华工作的资助和关注。叶理绥和哈燕社理事会确实作出了巨大努力,帮助了教会大学/合作大学从战争中生存下来,但是他们本该可以为处于最危急时期的中国提供更多帮助。

另一方面,战争为哈燕社带来了新的环境,以及相对有益的知识氛围,因为1930年代的中国环境与五四期间已然不同。受过传统中国教育和现代西方教育的杰出知识分子,如洪业和胡适,发起了利用西方方法研究中国传统遗产的项目。例如,洪业编纂的《汉学引得》让没有接受过经典儒学教育的数代中外学者,也能了解到中国的历史和文化遗产。[170]自1931年九一八事变后,尤其是在1937年抗日战争爆发后,中国的民族遗产变得越来越重要。共产党领袖毛泽东敦促知识分子既要进行科学研究,又要尊重中国的文化遗产;他试图想利用此策略激发知识分子追求国家统一的热情。[171]

赵紫宸等教会领袖也在战争期间强调研究中国文化和保存中国文化精神的重要性。他自1928年开始担任燕大神学院院长,是20世纪中国最有影响力的神学家之一。他曾试图用基督教来丰富、充实、振兴和完善中国的文化,并将中国文化元素融入基督教。在他看来,中国传统的基础被新文化运动毁掉了,因为新文化运动并没有为重建社会提供一个可行的计划。在1930年代初期,当中国面临民族危机时,赵紫宸试图使用基督教的神学力量提升中国文化的生命力和活力,并且改变中华民族的民族精神和民族意识。战争爆发后,赵紫宸再次强调基督教和中国文化的相互影响,因为他相信基督教能够"充实"而不是毁灭中国文化,而且如果中国文化得以延续,那么中华民族还会有希望。他对基督教与中国文化之间相互影响的强调,以及利用基督教重塑/重建中国文化的尝试,可以被视为帮助中国社会和文化寻找出路的创造性探索。[172]

新的环境、不停变化的知识氛围和各合作院校的迁移,为哈燕社的人文学科项目带来了积极的改变。迁移后图书收藏的缺少以及当地资源的方便获得,让几所合作大学转而开展研究新址当地历史和文化的新项目,尤其是关于中国西部和西南边陲部落的新课题。这些由哈燕社资助的新课题,为战时中国的身份认同建设和民族国家建设做出了贡献,改造了中国的人文学科项目,为中国现代人类学、人种学、民俗学和边疆研究的建立打下了基础。

注 释

1　Charles H. Corbett, *Shantung Christian University*（Cheeloo）（New York: The United Board for Christian College in China, 1955）, 239.
2　Eric M. North 向理事会提交的关于战时中国教会大学现状的报告,见 The Harvard-Yenching Institute's Board of Trustees' meeting minutes（TM）, Apr. 13, 1942, in "The Harvard-Yenching Institute Office Archives"（HYIOA）, Cambridge, Massachusetts。
3　侯德础:《抗日战争时期中国高校内迁史略》,成都:四川教育出版社,2001

年,第 42—46、241 页;Lewis C. Walmsley, *West China Union University* (New York: United Board for Christian Higher Education in Asia, 1974), 87。

4　侯德础:《抗日战争时期中国高校内迁史略》,第 46—47、169—170 页;John Israel, *Lianda: A Chinese University in War and Revolution* (Stanford CA: Stanford University Press, 1998), 7-29。

5　TM, Nov. 14, 1938; Nov. 18, 1940; Nov. 9, 1942; Cheeloo Annual Report, 1941-1942; and Jinling Annul Report, 1937-1938, all in HYIOA; Jessie G. Lutz, *China and the Christian College* (Ithaca, NY: Cornell University Press, 1975), 368-372; William P. Fenn, *Christian Higher Education in Changing China, 1880-1950* (New York: William B. Eerdmans, 1976), 199-214.

6　Huachung University Annual Report, 1937-1939, HYIOA; Eric North 向理事会提交的关于战时中国教会大学现状的报告,见 TM, Apr. 13, 1942; President Francis Wei of Huachung to Serge Elisseeff, 见 TM, Nov. 9, 1942。

7　TM, Nov. 14, 1938; Eric North 向理事会提交的关于战时中国教会大学现状的报告,见 TM, Apr. 13, 1942; Roderick Scott, *Fukien Christian University: A Historical Sketch* (New York: United Board for Christian Colleges in China, 1954)。

8　Eric North 向理事会提交的关于战时中国教会大学现状的报告,见 TM, Apr. 13, 1942; James M. Henry, Provost of Lingnan, to Serge Elisseeff, Aug. 29, 1938; Olin D. Wannamaker, trustee of Lingnan, Secretary of Lingnan's Board of Trustees, and American Director of Lingnan, to Serge Elisseeff, Dec. 7, 1939, Feb. 8, 1940, Jan. 3 & Mar. 10 & Apr. 11, 1942, Feb. 24, 1943, Mar. 15 & Nov. 2 & Dec. 6 & Dec. 8, 1945, Jan. 19 & May 16, 1946; *News Bulletin*, by the Trustees of Lingnan University, Apr. 7, 1943; Olin D. Wannamaker, "Outline of Events, Oct. 1938-Dec. 1943"; Huang Yanyu to Serge Elisseeff, Jan. 16, 1945, all in HYIOA. 另见 Charles H. Corbett, *Lingnan University* (New York: The Trustees of Lingnan University, 1963), 132-147。

9　Dwight W. Edwards, *Yenching University* (New York: The United Board for Christian Higher Education in Asia, 1959), 346-360.

10　Eric North 向理事会提交的关于战时中国教会大学现状的报告,见 TM, Apr. 13, 1942; TM, Nov. 9, 1942; Apr. 10, 1944; Edwards, *Yenching University* (New York: The United Board for Christian Higher Education in Asia, 1959), 346-405; John Leighton Stuart, *Fifty Years in China: The Memoirs of*

John Leighton Stuart Missionary and Ambassador（New York：Random House，1954），137-159。

11　Walmsley，*West China*，88。

12　TM，Apr. 13，1942；Walmsley，*West China*，88-92。

13　欲了解应对战时通货膨胀的大体做法，见王方中：《中国经济通史》第九卷（1911—1949），长沙：湖南人民出版社，2002 年，第 800—804 页；Chang Kia-ngau，*The Inflationary Spiral: The Experience in China*，*1939-1950*（Cambridge：MIT Press，1958）；Chou Shun-hsin，*The Chinese Inflation*，*1937-1949*（New York：Columbia University Press，1963）。

14　The Associated Boards for Christian Colleges in China Annual Report，1943-1944，HYIOA。

15　Edwards，*Yenching*，387；Wolfgang Franke，"Sinological Research Work in Free China during the War Period，1937-1945"，《中国文化研究汇刊》（Bulletin of Chinese Studies），6（1946）：140-141；the Associated Boards Annual Report，1943-1944。

16　Jinling Annual Report，1941-1942，and West China Union University Annual Report，1941-1942，HYIOA；TM，Apr. 13，1942。

17　TM，Nov. 8，1937。

18　Lutz，*China and the Christian Colleges*，374-378，385-387。

19　TM，Apr. 13，1942。

20　TM，Apr. 13，1942。

21　The HYI trustees' special meeting minutes，May 25，1942，HYIOA。

22　TM，Nov. 8，1937。

23　TM，Nov. 13，1939。

24　TM，Nov. 9，1942。

25　TM，Nov. 8，1943；Apr. 10，1944。

26　诺斯在备忘录里回忆了战时哈燕社对教会学校的支持，此份备忘录在 1949 年成为哈燕社的官方声明，标题为"The Harvard-Yenching Institute and the Christian Colleges in China：A Statement of Interest and of Policy，1949"；The Associated Boards Annual Report，1937-1941；B. A. Garside to Elisseeff，Mar. 18，1938 and to the HYI trustees，Apr. 5 & Nov. 7，1938，Nov. 6，1940，and C. A. Evans to the HYI trustees，Nov. 13，1941，UBCHEA File。

27　TM，Apr. 8，1940；May 25 and Nov. 9，1942；Wallace B. Donham and Serge

Elisseeff to the Presidents, Boards of Managers, and Boards of Trustees of the China Christian Colleges, Mar. 10, 1943; Donham recalled this in his letter to Dean Rusk, May 17, 1950, all in HYIOA; Eric M. North, "Notes on Harvard-Yenching Institute, Nov. 1956", HYIOA.

28 TM, Nov. 14, 1938.

29 TM, Nov. 8, 1937; Nov. 14, 1938; Apr. 10 & Nov. 13, 1939; Nov. 18, 1940; Nov. 17, 1941; Apr. 13 & Nov. 9, 1942; Nov. 8, 1943; Apr. 10 & Nov. 13, 1944; Nov. 19, 1945, HYIOA. The HYI trustees' special meeting minutes, May 25, 1942, HYIOA.

30 TM, Apr. 10, 1939.

31 William Fenn, *Ever New Horizons: The Story of the United Board for Christian Higher Education in Asia, 1922-1975* (New York: The United Board for Christian Higher Education in Asia, 1980), 50-53; "The Case for the United Board for Christian Colleges in China, 1943", and "The Plan for the United Board for Christian Colleges in China: Report of the Committee on Greater Unity, Oct. 1943", HYIOA; B. A. Garside to Serge Elisseeff, Mar. 31 & Nov. 6, 1939, and to the HYI trustees, Nov. 6, 1940, HYIOA; TM, Apr. 1, 1946; Nov. 5, 1951.

32 Wallace. Donham, "Statement Regarding the Overall Policy of Harvard-Yenching Institute", recorded as a part of TM, Apr. 9, 1945.

33 TM, Apr. 11, 1938; Nov. 18, 1940; Nov. 17, 1941; Apr. 12, 1943; Nov. 8, 1943; Nov. 13, 1944.

34 岭南大学希望将属于岭南的那部分累积起来的专用基金收入花掉，而不是作为储备基金保存在哈燕社。见 TM, Apr. 11, 1938; Nov. 13, 1939; Letter from B. A. Garside to Eric North, Nov. 6, 1939, 转引自 TM, Nov. 13, 1939。

35 The HYI trustees' special meeting minutes, May 25, 1942.

36 TM, Nov. 8, 1937; Apr. 11, 1938; Apr. 8, 1940; Nov. 18, 1940; Nov. 17, 1941; Apr. 13, 1942; Apr. 12, 1943; Nov. 8, 1943.

37 TM, Nov. 17, 1941; Apr. 12, 1943; Nov. 13, 1944.

38 TM, Apr. 12, 1943; Nov. 13, 1944.

39 TM, Apr. 8, 1940; Apr. 10, 1944.

40 这两个目录分别是宁波楼氏家族和蒋氏家族的藏书楼。TM, Apr. 9,

1945. TM, Apr. 21, 1947; Yuan Tongli to Serge Elisseeff, Mar. 11, 1947, 转引自 TM, Apr. 21, 1947。

41　TM, Apr. 10, 1944; Apr. 9, 1945.

42　Yuan Tongli and John K. Fairbank, "Memorandum on the Preservation of Chinese Scholarly Personnel", Mar. 6, 1943.

43　TM, Apr. 12, 1943.

44　Yuan Tongli and Fu Sinian to Serge Elisseeff, Mar. 21, 1944, HYIOA.

45　TM, Apr. 10, 1944.

46　Daniel Bays, *A New History of Christianity in China* (Malden, MA: Wiley-Black-well, 2012), 141-145.

47　Hung Chang-tai, *War and Popular Culture: Resistance in Modern China, 1937-1945* (Berkeley, CA: University of California Press, 1994), 2-3, 93.

48　Stuart R. Schram, *The Political Thought of Mao Zedong*. Revised and enlarged ed. (New York: Praeger, 1969), 224, 286;《大公报》, 1937 年 6 月 14 日;《新中华报》, 1937 年 6 月 16、23、29 日, 引自中央教育科学研究所编《中国现代教育大事记 1919—1949》, 北京: 教育科学出版社, 1988 年, 第 367、370 页; 毛泽东《反对日本进攻的方针、办法和前途》(1937 年 7 月 23 日), 载《毛泽东选集》第二卷, 北京: 人民出版社, 1952 年。

49　Lutz, *China and the Christian Colleges*, 361-363, 370-373.

50　Corbett, *Shantung Christian University*, 78.

51　Hung, *War and Popular Culture*, 9, 276.

52　Schram, *The Political Thought of Mao*, 94.

53　Hung, *War and Popular Culture*, 4, 275.

54　Scott, *Fukien Christian University*, 79-85. TM, Apr. 10, 1944; Fukien Christian University Annual Report, 1937-1938, 1939-1940, 1942-1943, HYIOA.

55　Jinling Annual Report, 1940-1941; TM, 17 Nov. 1941; Charles C. Stelle to Serge Elisseeff, 28 Nov. 1941, HYIOA.

56　Walmsley, *West China*, 88-89.

57　West China Annual Report, 1937-1946.

58　Cheeloo Annual Report, 1937-1946; University of Nanking Annual Report, 1937-1946.

59　Fukien Christian University Annual Report, 1937-1945; TM, Nov. 17, 1941; Nov. 9, 1942.

60　TM, Nov. 14, 1938; Nov. 13, 1939; Nov. 14, 1946.

61　Yenching University Annual Report, 1937-1946; TM, Nov. 18, 1940; Nov. 17, 1941.

62　Walmsley, *West China*, 90-94.

63　TM, Nov. 14, 1938; Nov. 17, 1941; Nov. 9, 1942; University of Nanking Annual Report, 1937-1942; President Chen Yuguang of Nanking to Serge Elisseeff, May 25, 1939, HYIOA. 商承祚非常高产,曾出版关于中国古代史的多本著作。商通过这次田野调查得到的其他成果包括《长沙古物闻见记》二卷,南京:金陵大学,1939年;《石刻篆文编》二卷,北京:科学出版社,1957年;《长沙出土楚漆器图录》,上海:上海出版社,1955年。

64　TM, Nov. 9, 1942; Nov. 8, 1943.

65　TM, Nov. 13, 1939; Nov. 18, 1940.

66　Jinling Annual Report, 1938-1940; TM, Nov. 13, 1939; Nov. 18, 1940.

67　Jinling Annual Report, 1937-1941; President Chen Yuguang of Nanking to Serge Elisseeff, May 25, 1939; TM, Nov. 13, 1939.

68　TM, Nov. 13, 1939; Nov. 17, 1941.

69　Edwards, *Yenching University*, 386.

70　林耀华在去罗罗族之前发表了关于贵州边境部族的长文(两章),见林耀华:"The Miao-Man Peoples of Kweichow (Guizhou)", *Harvard Journal of Asiatic Studies* (hereafter abbreviated as *HJAS*), 5.3-4 (Jan. 1941): 261-345。

71　Yenching University Annual Report, 1942-1943; TM, Apr. 10, 1944.

72　Yenching University Annual Report, 1945-1946; Lin Yaohua, "A Brief Account of a Yenching Expedition to the Giarong Community", 附于 Yenching's Annual report.

73　West China Annual Report, 1940-1941, 1941-1942 and 1942-1943; Walmsley, *West China*, 118-119, 147.

74　West China Annual Report, 1938-1939; TM, Nov. 13, 1939; Charles C. Stelle to Serge Elisseeff, Nov. 28, 1941, HYIOA.

75　Zheng Dekun, "Five Years in the University Museum, 1941-1946", HYIOA; West China Annual Report, 1941-1943; Walmsley, *West China*, 132-133, 146.

76　TM, Nov. 9, 1942; Nov. 8, 1943; Nov. 19, 1945; West China Annual Report, 1942-1945; Zheng Dekun to Serge Elisseeff, Jun. 24, 1943, 附于其

1942—1943 年度的博物馆报告。更多信息见华西校史编委会编：《华西医科大学校史（1910—1985）》,成都：四川教育出版社,1990 年。Walmsley, *West China*, 132-133。

77　TM, Nov. 9, 1942; Nov. 19, 1945; West China Annual Report, 1944-1945.

78　Huachung Annual Report, 1937-1939, 1942-1943, and 1947-1948; Liu Xinfang, "A Study of the Religions of Xizhou", HYIOA; TM, Nov. 18, 1940; Nov. 8, 1943; Nov. 15, 1948. 后来,傅懋绩出版了他的研究成果,如《维西麼些语汇》,载《中国文化研究汇刊》第三卷,1943 年 9 月。

79　TM, Nov. 17, 1941.

80　Fukien Christian University Annual Report, 1938-1945; TM, Nov. 17, 1941; Nov. 9, 1942.

81　Fukien Christian University Annual Report, 1940-1941; TM, Nov. 17, 1941.

82　Charles S. Gardener, *The Union List of Selected Western Books on China* (Washington, D. C.:Committee on China, American Council of Learned Societies, 1938).

83　Yenching University Annual Report, 1938-1939, 1939-1940; TM, Nov. 13, 1939; Nov. 18, 1940.

84　引自 TM, Nov. 14, 1946。

85　Jinling Annual Report, 1940-1941, 1943-1944, 1946-1947; TM, Nov. 17, 1941; Nov. 13, 1944; Nov. 19, 1945; Dec. 15, 1947.

86　TM, Nov. 14, 1946; Jinling Annual Report, 1945-1946.

87　Lutz, *China and the Christian Colleges*, 379.

88　"Observations by Professor Elisseeff on the Work of the Six Affiliated Universities Based on His Visit to China during 1936-1937", 附于 TM, Nov. 8, 1937.

89　Yenching Research School of Chinese Studies Annual Report, 1931-1932 and HYI's Peiping Office Annual Report, 1931-1932, HYIOA; TM, Apr. 24, 1933.《燕京大学史稿》(YDSG) 提供了关于这一故事的稍显不同的中国版本。见燕京大学校友校史编写委员会编：《燕京大学史稿》,北京：人民中国出版社,1999 年,第 395 页。

90　TM, Apr. 10 & Nov. 13, 1939; *YDSG*, 395-396; Susan C. Egan, *A Latterday Confucian: Reminiscences of William Hung (1893-1980)* (Cambridge：Council on East Asian Studies, Harvard University, 1987).

91　TM, Apr. 10 & Nov. 13, 1939; Apr. 14, 1941.

92　Stelle to Serge Elisseeff, Nov. 28, 1941, HYIOA.
93　TM, Apr. 10, 1939.
94　The HYI's Executive Committee meeting minutes, Jun. 15, 1939.
95　John L. Stuart to B. A. Garside, Sept. 19, 1939 and Stuart to Serge Elisseeff, Sept. 19, 1939, HYIOA; TM, Nov. 13, 1939.
96　1936年王静如以西夏文研究而获得法兰西学术院颁发的儒莲奖,洪业1937年以汉学引得系列获得此奖。见 Yenching Research School Annul Report, 1933-1940; TM, Nov. 13, 1939, Apr. 8 and Nov. 18, 1940, HYIOA; Hung to Elisseeff, Sept. 16, 1939, and Feb. 10, 1949, HYIOA; Hung, "Five-Year Plan for Yenching Graduate School,1940", UBCHEA File174-315-4825; Philip West, Yenching University and Sino-Western Relations, 1916-1952 (Cambridge, MA: Harvard University Press,1976), 190-191。
97　TM, Apr. 8, 1940.
98　TM, Nov. 18, 1940.
99　TM, Nov. 18, 1940. 由 North 草拟的有关哈燕社政策的官方声明仍然将燕京大学定义为哈燕社"在华唯一充分发展的研究生院"。见 TM, 8 Apr. & Nov. 18, 1940; Eric. M. North, "The Policy and Procedure of the Harvard-Yenching Institute Regarding Educational Activities in China", Jun. 1, 1940, HYIOA。
100　TM, Apr. 8 & Nov. 18, 1940.
101　Fukien Christian University, "The Relationship of the Affiliated Universities", Spring 1942, HYIOA.
102　TM, Apr. 13, 1942.
103　Jinling Annual Report, 1936-1937, HYIOA; HYI Executive Committee meeting minutes, Mar. 9, 1934, HYIOA.
104　Jinling Annual Report, 1940-1941; TM, Nov. 17, 1941.
105　Chen Yuguang of Nanking to Serge Elisseeff, Aug. 30, 1942, HYIOA; TM, Nov. 8, 1943.
106　TM, Nov. 19, 1945.
107　Lucius Porter to John Leighton Stuart, 1931, YUA, YJ31010, no.6-1931, PUA.
108　John L. Stuart to Serge Elisseeff, Jul. 5, 1939, HYIOA; TM, Nov. 13, 1939.
109　William Hung to Serge Elisseeff, Sept. 16, 1939, HYIOA; TM, Nov. 13, 1939.
110　TM, Nov. 13, 1939.

111 哈燕社理事会允许金陵大学在战时开设部分研究生课程,此项目由中国教育部拨款。燕京仍然是唯一由哈燕社资助的研究生中心。

112 Eric M. North, "Memorandum on the Policy and Procedure of the Harvard-Yenching Institute Re Educational Activities in China",

113 Yenching University Annual Report, 1940-1941; TM, Nov. 17, 1941.

114 Fukien Christian University Annual Report, 1939-1940; TM, Nov. 18, 1940.

115 Cheeloo Annual Report, 1931-1932, HYIOA.

116 Cheeloo Annual Report, 1939-1940; TM, Nov. 18, 1940.

117 President Wu Keming of Cheeloo to Serge Elisseeff, Aug. 14, 1945, HYIOA; Cheeloo Annual Report, 1944-1945; TM, Nov. 19, 1945.

118 West China Annual Report, 1931-1932.

119 West China Annual Report, 1939-1940; TM, Nov. 18, 1940; Nov. 17, 1941.

120 TM, Nov. 17, 1941.

121 The HYI trustees' special meeting, May 25, 1942; TM, Nov. 9, 1942.

122 William Hung to Serge Elisseeff, Nov. 2, 1939, HYIOA; TM, Apr. 8, 1940.

123 West China Annual Report, 1942-1943; Cheng Te-kun(Zheng Dekun) to Serge Elisseeff, Jun. 24, 1943, HYIOA; TM, Nov. 8, 1943.

124 Zheng Te-kun to Serge Elisseeff, Jun. 24, 1943, HYIOA; TM, Nov. 8, 1943. 诺斯后来在1944年4月的理事会议上提到,郑德坤已就华西协合大学的情况致信中国教会大学校董联合会的埃文斯(C. A. Evans),而且埃文斯准备就此事提交给华西协合大学董事会,以引起他们注意。诺斯说埃文斯和他本人都是校董联合会的成员,都对当时的情况感到尴尬,并正在积极与华西协合的董事会沟通。见 TM, Apr. 10, 1944。

125 Stelle to Serge Elisseeff, Nov. 28, 1941, HYIOA.

126 West China Annual Report, 1942-1943, 1943-1944;"华西大学中国文学系宣言,1943年6月", HYIOA; TM, Nov. 13, 1944。

127 TM, Nov. 8, 1943; Cheng Tekun(Zheng Dekun) to Serge Elisseeff, Jun. 24, 1943; West China Annual Report, 1942-1943, HYIOA.

128 Hung to Serge Elisseeff, Nov. 2, 1939, HYIOA; TM, Apr. 8, 1940.

129 TM, Apr. 8, 1940.

130 TM, Apr. 8, 1940; Eric North, "The Policy and Procedure of the Harvard-Yenching Institute Concerning Educational Activities in China".

131 TM, Nov. 18, 1940; North, "The Policy and Procedure of the Harvard-

Yenching Institute Concerning Educational Activities in China"; Wallace B. Donham and Serge Elisseeff to the Presidents, Boards of Managers, and Boards of Trustees of the China Christian Colleges, Mar. 10, 1943, UBCHEA File, 174-336-5132.

132 TM, Apr. 8, 1940 and TM, Nov. 18, 1940.

133 齐鲁大学出版了三份杂志,包括《齐大季刊》《齐鲁学报》《责善半月刊》;金陵大学发行有《金陵学报》一刊;华西协合大学出版了《中国文化研究所集刊》《华西学报》。华西协合和齐鲁大学同意在1941—1942学年结束前停止出版他们自己的期刊。由于《金陵学报》是全校性的一个刊物,金陵大学被要求独立负担其经费支出。然而年度报告显示,他们各自的期刊仍在继续出版。见 Cheeloo Annual Report, 1938-1941, HYIOA。

134 Jinling Annual Report, 1946-1947; TM, Dec. 15, 1947.

135 TM, Nov. 9, 1942; Nov. 13, 1944; Nov. 19, 1945; Li Xiaoyuan of Nanking to Serge Elisseeff, Oct. 11, 1944; West China Annual Report, 1949-1950; President Lincoln Dsang of West China to Serge Elisseeff, Feb. 5, 1941, letter from the Editorial Board to Serge Elisseeff, Jun. 12, 1941, HYIOA.

136 TM, Nov. 8, 1943; President Chen Yuguang of Nanking to Serge Elisseeff, Sept. 9, 1943; The meeting minutes of the Committee of Chinese Studies at the four affiliated colleges in Chengdu, Jun. 29, 1943, HYIOA; Walmsley, *West China*, 93.

137 主要观点包含于 Elisseeff 写于 1923—1933 年的文稿:"Suggestions on Organizing an Institute of Chinese Studies", HYIOA。后来的其他文件也记载了叶理绥想在哈佛扩展哈燕社项目的计划,见 Elisseeff, "A Paper Read at the Annual Dinner of the Associated Boards of Christian Universities in China, Apr. 21, 1936", HYIOA; Serge Elisseeff, "The Aims of the Harvard-Yenching Institute", *Harvard Alumni Bulletin* (Oct. 12, 1937): 72-74, Harvard Archives, Cambridge, Massachusetts; Edwin O. Reischauer, "Serge Elisseeff", *HJAS* 20.1-2 (1957): 1-35。

138 Reischauer, "Serge Elisseeff", *HJAS* 20.1-2 (1957): 1-35; Edwin O. Reischauer to Charles A. Coolidge, Jan. 13, 1961, HYI.

139 Elisseeff, "Suggestions on Organizing an Institute of Chinese Studies"; "A Paper Read at the Annual Dinner of the Associated Boards of Christian Universities in China"; "The Aims of the Harvard-Yenching Institute"; Reischauer,

"Serge Elisseeff".
140　TM, Apr. 10, 1939.
141　TM, Nov. 8, 1937.
142　TM, Apr. 11 & Nov. 14, 1938; Apr. 10 & Nov. 13, 1939; Nov. 18, 1940; Nov. 8, 1943; "Bridge to the Mysterious East: The Harvard-Yenching Institute", *Harvard University Gazette* 66.4 (Oct. 1970).
143　http://www.hup.harvard.edu/collection.php?recid=268; http://www.harvard-yenching.org/monograph-series（于2013年3月登录查询）。
144　"Dedication to James Haughton Woods" and "Foreword", *HJAS* 1:1 (Apr. 1936): 1-5.
145　TM, Nov. 8, 1937; Nov. 14, 1938; Apr. 10 & Nov. 13, 1939; Apr. 13 & Nov. 9, 1942; Apr. 12 & Nov. 8, 1943; Apr. 10 & Nov. 13, 1944; Nov. 19, 1945.
146　TM, Nov. 13, 1950. 哈佛燕京学社研究系列的早期成果包括：卷1：*Modern China: A Bibliographical Guide to Chinese Works, 1898-1937* by John K. Fairbank and Kwang-ching Liu; 卷2：*An Annotated Bibliography of Chinese Reference Works* (Revised edition) by Ssu-yu Teng and Knight Biggerstaff; 卷3：*Topics in Chinese Literature* by James R. Hightowe; 卷4：*Topics in Chinese History* by Lien-sheng Yang; 卷5：*A Grammar of Formal Written Japanese* by Winfred P. Lehmann and Lloyd Faust。
147　TM, Nov. 8, 1937; Endymion P. Wilkinson, *Chinese History: A Manual Revised and Enlarged* (HYI Monograph Series #52) (Cambridge: Harvard University Asia Center, 2000), 81. 高本汉（Bernhard Karlgren）是一位著名汉学家，曾出版了大量有关中国语言学和日本语言学的著作，包括 *Grammata Serica: Script and Phonetics in Chinese and Sino-Japanese* (Stockholm, 1940)。
148　TM, Nov. 8, 1937; Elisseeff, "A Paper Read at the Annual Dinner of the Associated Boards of Christian Universities in China"; Reischauer, "Serge Elisseeff.
149　TM, Nov. 8, 1937.
150　TM, Nov. 14, 1938; Nov. 13, 1939; Apr. 8, 1940; Nov. 18, 1940.
151　TM, Nov. 18, 1940.

152　TM, Apr. 12 & Nov. 8, 1943; Nov. 13, 1944.

153　TM, Nov. 19, 1945; Dec. 15, 1947; Zhao Yuanren and Yang Liansheng, *Concise Dictionary of Spoken Chinese* (Cambridge: Harvard University Press, 1947).

154　TM, Nov. 19, 1945; Apr. 29, 1952. Also see Zhao and Yang, *Concise Dictionary of Spoken Chinese*.

155　*The Harvard-Yenching Institute Chinese-English Dictionary Project: Fascicle 39.0.1: Preliminary Print* and *Fascicle 39.0.2-3: Preliminary Print* (Cambridge: Harvard University Press, 1953-1954); Shih-hsiang Chen, "Harvard-Yenching Institute Chinese-English Dictionary Project, Fascicle 39.0.1: Preliminary Print", *The Far Eastern Quarterly*, 14.3 (May 1955): 395-402; Wilkinson, *Chinese History*, 81.

156　Wilkinson, *Chinese History*, 81.

157　在1938—1940年学年里,哈燕社理事会每年拨款8000美元用于资助秦西的田野调查工作,在1940—1942年学年里每年拨款5000美元给秦西,用于整理研究成果,在1942—1943年学年里拨款7000美元用于出版他的研究成果。见TM, Apr. 11, 1937; Apr. 8, 1940; Apr. 13, 1942; Apr. 12, 1943; Janse, "Reports on the archaeological excavations in Indo-China", HYIOA. 又见Anna Kallen and Johan Hegardt, "A Cosmopolitan History of Archaeology: The Olov Janse Case", http://www.archaeologybulletin.org/article/view/bha.247/601(于2014年2月26日登陆查询)。

158　TM, Apr. 10 & Nov. 13, 1939; Apr. 8, 1940; Olov Janse to Serge Elisseeff, Mar. 3 & Jul. 23, 1939, HYIOA.

159　TM, Nov. 18, 1940; Apr. 14 & Nov. 17, 1941; Apr. 12, 1943; Apr. 10, 1944; Dec. 15, 1947; Nov. 15, 1948; Nov. 14, 1949. 出版物见Olov R. T. Janse, "A Source of Ancient Chinese Pottery Revealed in Indo-China", *Illustrated London News* (London), Nov. 12, 1938, 4pp; "Notes on Chinese Influences in the Philippines in Pre-Spanish Times", *HJAS* 8.1 (Mar. 1944): 34-62; "An Archaeological Expedition to Indo-China and The Philippines: Preliminary Report", *HJAS* 6.2 (Jun. 1941): 247-267; *The peoples of French Indo-China* (Washington, D.C.: Smithsonian Institution, 1944); *Archaeological Research in Indo-China: vol. 1 The District of Chiu-Chen During the Han Dynasty: General Considerations and Plate*; *vol. 2 The District of Chiu-Chen*

During the Han Dynasty: Description and Comparative Study of the Finds (Cambridge: Harvard University Press, 1947 & 1951) (HYI Monograph Series, numbers 7 & 10); vol. 3 *The Ancient Dwelling-Site of Dong-So'n* (Thank-Hoa, Annam): General Description and Plates (Bruges: St-Catherines Press, 1958); *Archaeology of the Philippine Islands* (Washington, D. C: US Government Printing Office, 1947).

160 Serge Elisseeff to Dean George H. Birkhoff, May 18, 1936, in Folder "Correspondence and Other Records on Department of Far Eastern Languages, 1927-1965", Harvard Archives.

161 Elisseeff, "The Aims of the Harvard-Yenching Institute", 73; Elisseeff, "Suggestions on Organizing an Institute of Chinese Studies", 7-8.

162 TM, Nov. 8, 1937; Apr. 11 & Nov. 14, 1938; Apr. 10 & Nov. 13, 1939; Apr. 12, 1943.

163 Harvard-Yenching Library Annual Report, 1948-1949, HYIOA; TM, Nov. 14, 1949.

164 "Harvard-Yenching Joins College Library", *The Harvard Librarian*, 12. 3 (May 1977), Harvard Archives.

165 TM, Nov. 9, 1942; Nov. 8, 1943.

166 TM, Nov. 18, 1935; Elisseeff, "The Aims of the Harvard-Yenching Institute"; "Suggestions on Organizing an Institute of Chinese Studies".

167 比如毕乃德（Knight Biggerstaff）、柯立夫（Francis W. Cleaves）、顾立雅（Herrlee G. Creel）、拉铁摩尔（Owen Lattimore）、Carl Schuster、席克门（Laurence Sickman）、Earl Swisher、George E. Taylor、James R. Ware、芮沃寿（Arthur Wright）。见 Serge Elisseeff to President Nathan Pusey of Harvard, Feb. 20, 1957, HYIOA; YDSG, 398-402; 张寄谦:《哈佛燕京学社》,载《近代史研究》1991 年第 5 期,第 150—180 页。

168 叶理绥在 1945 年的理事会议上回忆了此事,见 TM, Nov. 19, 1945。

169 中国学者包括齐思和、翁独健、黄延毓、郑德坤、林耀华、王钟翰、周一良等,见 YDSG,402-405;张寄谦:《哈佛燕京学社》。

170 Egan, *A Latterday Confucian*, 148-149.

171 Schram, *The Political Thought of Mao*, 224, 286; 毛泽东《反对日本进攻的方针、办法和前途》(1937 年 7 月 23 日)。

172 唐晓峰:《赵紫宸神学思想研究》,北京:宗教文化出版社,2006 年,第

175—197、205—238、368—373页;卓新平:《赵紫宸与中西神学之结合》,载唐晓峰、熊晓红编:《夜鹰之志:赵紫宸与中西思想交流学术研讨会文集》,北京:宗教文化出版社,2010年,第1—11页。

第四章　破碎的复兴中国人文学科梦
（1945—1949）

　　家具及可般的设备几乎都不见了；原先的建筑还在，但是屋顶已破烂不堪；虽然增添了许多新建筑，但基本都没法使用，而且丑陋难看……战争带来的破坏包括所有科学仪器、标本、仪器和大量的图书馆藏书。此外，战争带来的另一个严重问题，就是书籍、期刊和杂志的四年断档。

　　　　——艾德敷（Dwight Edwards）所述的抗战结束时的燕大情形[1]

　　1945年抗日战争结束后，重建成为中国的主要任务。对于滞留在中西部的大多数教会大学来说，他们的首要任务是回迁至本校校园。但交通设施的毁坏、通货膨胀和资金的缺乏，使得规模空前的跨越中国的大迁移绝非易事。许多学校不得不一边制定回迁计划，一边在寄宿校园中继续度过1945—1946学年。

　　哈燕社理事会认为，战后重建是推动学社在华文化工程的大好机会。他们仍然专注于发展合作教会大学的中国人文学科项目，希望这些项目可以将传统中国遗产中的"优良元素"与西方基督教相结合，以创造一个富有生命力的文化和潜移默化地影响中国的社会和工业文明，从而帮助中国避免战后有可能被引入歧途的/盲目的非人道主义工业化所带来的破坏性副作用。他们还为13所新教教会大学的总体恢复和重建提供了财政支持。

然而,战后哈燕社试图重建中国文化的文化工程并不十分成功,因为其人文学项目仅仅勉强达到了战前的水平,无法在战后复兴中作为文化工程的有效途径而发挥作用。哈燕社不仅不再享有在华第一个十年中所享有的有利条件,甚至连战时积极的学术氛围都不复存在,而这些都是跨国文化工程取得成功的必要条件。

战后复兴和重建的故事,揭示了哈燕社与合作大学之间、美国和中国教育家之间,甚至各合作学校之间多重关系的错综复杂性。它也表明哈燕社理事会对于中国的战后民族国家建设,尤其是对中国的工业化,采取了一种特殊的文化途径。哈燕社理事比以往任何时候都更加明确地表示,学社的人文学科项目应该为中国社会和中国人民的当代需求而服务,而不仅仅只承担学术责任。这是哈燕社在中国的文化工程的本质/实质。

恢复中国教会大学

日本投降的消息传来后,教会大学的管理者和师生都欣喜若狂,期待"迅速回归正常",早日回到昔日的校园。他们迫不及待地想看到一个新的生活时代——士气高昂、更高的教育标准和更好的生活条件。然而,现实是残酷的。战争结束时,学校深陷绝境,缺少日常生存的基本必需品以及长途回迁的资金。此外,两大党之间日益增长的紧张局势所引起的政治和军事的不稳定,阻碍了交通路线在战后的恢复。政府和军队享有使用极其有限且昂贵的交通设施的优先权。许多院校不得不将回迁计划推迟到1946年春天或秋天。1946年3月,中国教会大学联合董事会芳威廉(William Fenn)写道:"因为路途太遥远或人数众多,回迁的主要队伍无法快速行进,只好等待本学年结束后再作打算。"[2]

回迁之后,校园重建和学术复原更是艰难。没有任何一所学校发现其校园有条件接纳师生。学校在战时不仅失去了大量的师生,而且也丢掉了大部分教学设备和图书馆藏书。更糟糕的是,在战争年代,由于设施、教师队伍和学生的短缺,学生不能按时上课和罢课,录取标准降低,意志消沉,学术水平总体上下滑了。[3]

随着1946年6月国共两党之间内战的爆发,严重的通货膨胀更加恶化了时局。根据胡顿(E. R. Hooton)的记录,1945年8月,美元与中国货币的官方汇率为1:3350,到1947年1月时,上升到1:7700,而到同年8月,则飞涨至1:45000。[4]到1946年8月,物价已经涨到1937年前的三百万倍。[5]劳伦斯·凯斯勒(Lawrence Kessler)对江阴差会(Jiangyin Mission Station)的研究数据真实地再现了通货膨胀的严重程度:1947年,在江阴建造一所乡村教堂共耗资1.12亿元(大约2200美元),1948年另一所小教堂的建设则耗费了10亿元(仅相当于1500美元)。[6]

哈燕社理事会通过来自中国的年度报告和信函及时关注局势,特别是在华合作大学所面临的经济压力。1946年,诺斯汇报道:"尽管收到了'援华联合会'(China Relief)的救济,但是教师的工资水平还只是战前的六分之一……而到9月,上海生活的成本是战前的4177倍。"[7]

但是哈燕社理事会同意中国教会大学联合董事会(United Board)的意见,认为教会大学代表了战后中国"抵抗摧毁民主生活方式的力量的一个堡垒"。在他们看来,这些教会大学是保证建设一个健康的中国社会的最佳地方,因为这些机构将基督教的理念与丰富的中国文化遗产相结合。[8]与此同时,哈燕社理事会还担心教会大学被中国政府控制的潜在可能。在战争期间,民国政府收紧了对教会大学尤其是对教学大纲的控制,一直到战后也没有停止。例如,华西协合大学所使用的中文课程教材,必须符合中国教育部的要求。[9]

此外,来自在华教育家和中国教会大学联合董事会(United Board)的报告,进一步向哈燕社理事会证明了教会大学在战后重建中的特殊作用。[10]司徒雷登校长表示,蒋介石在1945年10月给他的信中称赞了教会大学。蒋介石不仅认可了教会大学学生在战时所作出的贡献,还敦促教会大学继续为中国战后恢复和重建培养人才。[11]司徒雷登后来也曾致函联合董事会及以前的校董联合会(Associated Board)干事埃文斯(C. A. Evans),在信中指出:"中国政府和国家虚弱不堪,更证明学校需按既定目标培养学生。"[12]

董纳姆在为教会大学制定战后复兴计划的过程中起了非常关键的作用。他自1928年开始担任哈燕社理事,1934年开始担任理事会主席。由于哈燕社六所合作大学和华中大学大都是中国教会大学校董联合会成员,董纳姆和诺斯、胡美两位哈燕社理事,共同协助校董联合会制定在华13所新教教会大学的战后恢复计划。自校董联合会于1943年成立计划委员会起,董纳姆就代表哈燕社担任该委员会委员,协助校董联合会撰写有关战后政策的几个报告,并预测到战前校园设施的大规模破坏以及恢复工作的长期性。[13]

董纳姆成为中国教会大学校董联合会(后更名为中国教会大学联合董事会)和哈燕社理事会之间的协调人。他在计划委员会的职责使得哈燕社理事会能够与联合董事会的计划相互协调。当校董联合会开始紧急筹措捐款活动,希望为美国援华联合会(United China Relief)筹集1500万美元的款项,用于教会大学的恢复、重建和进一步发展时,董纳姆在1946年4月的哈燕社理事会上,敦促理事会就这一项目捐赠25万美元。[14]

诺斯是影响哈燕社战后政策和活动设计中的另一位重要人物。作为哈燕社的创始人和理事(1928—1966,其中1954—1966担任理事会副主席)、燕大大学理事和美国圣经协会的长期会长,诺斯为哈燕社起草了几项重大政策(参见第三章),并且努力将美国国内的在华教会大学董事会合并为更大的单一组织。[15]

早在1940年4月,哈燕社理事会就投票决定将累计起来的通用资金中的20万美元(来自铝业公司的股息)作为紧急储备基金,用于在中国的战后重建。[16]在珍珠港事件爆发后,理事会于1942年5月投票决定,再从通用基金中拨出10万美元,添加到1940年4月会议上设立的紧急储备基金。[17]在1942年11月的理事会会议上,他们决定再追加10万美元用于战后中国重建的上述紧急储备基金。[18]

随着战争即将结束,哈燕社理事会为校董联合会和联合董事会的筹款活动提供了几笔慷慨的捐款,旨在资助美国援华联合会在中国的战后恢复工作(表4.1)。在1946年4月的理事会会议上,理事会用了一半的会议时间讨论教会大学的未来以及如何与校董联合会/联合董事会有效合作以帮助这些学校,还邀请了司徒雷登到会介绍中国的情形。[19]如本章前文所述,他们在此次会议上决定拨付25万美元给校董联合会的筹款活动,用于教会大学的战后恢复。[20]

表4.1 哈佛燕京学社资助13所基督教教会大学的一般重建工作

资助额(美元)	目的
250000	为了13所教会大学的战后重建。1946年4月,其中的175000美元发给联合董事会。1947年4月又增加了75000美元,并将其中的28000美元用于联合董事会的图书馆项目。
250000	为了哈佛燕京学社的六所合作大学及未合作的华中大学的战后及长期复兴。
40000	为了联合董事会支付1946年12月13所教会大学受到通货膨胀影响下调整的薪金。
50000	为了补充联合董事会对十三所教会大学的应急活动基金提高600000美元;1947年夏天中断。
100000	为了1947—1948年联合董事会用于教会大学的生存基金。
100000	用于1948—1949年联合董事会的生存基金。如果其中一所教会大学被即将取胜的共产党接收而关闭,而且没有其他基金可用,那么,上述基金的一部分用于支付教师三个月的额外工资。

资料来源:TM, 1945-1949; the HYI's Executive Committee meeting minutes, Apr. 24, 1946, HYIOA; Robert J. McMullen, Executive Secretary of the United Board for the Christian Colleges in China, to John Leighton Stuart of American Embassy, Oct. 2, 1947, UBCHEA File, 66-68-1826; McMullen to Wallace B. Donham, Nov. 8, 1948, UBCHEA File 44-46-1185。

因为校园和学术重建的双重任务都迫切地一直需要资金用于临时和紧急之需,哈燕社执行委员会于1946年4月24日召开了特别会议,考虑如何分配早已投票提供给校董联合会的25万美元紧急援助金。根据中国教会大学校董联合会计划委员会建立的优先重点,哈燕社理事会和执行委员会投票决定,将其中175000美元分配给12所申请救济金的学校中的11所(实际金额比每所学校申请的更少),并且将余下的75000美元用于以后的紧急之需(表4.2)。他们希望,这笔钱将首先用于人员的复原,尤其是将大批教师带回原来的校园,然后进行必要的修复、购置必需的设备,以及负担其他重要和必需的支出。没有这笔资金,各所学校根本无法运行,也无法应对其他紧急事件。[21]比如,金陵大学用收到的55000美元搜寻图书馆的藏书,建设书库,装修主建筑,修复宿舍,拆除二三个很碍眼的户外厕所,并利用重修校园剩下的资金支付从成都向东回迁至本校校园的庞大开销。[22]

表4.2 资助中国教会大学的250000美元的分配情况

机构	需求金额（美元）	哈佛燕京学社的分配（1946年4月拨给175500美元）	哈佛燕京学社的分配（1947年4月拨给74500美元）
燕京大学	68877	40000	0
齐鲁大学	46109	5000	0
金陵大学	113984	55000	0
金陵女子文理学院在南京地区的联合工作	16060	6000	4000 5000（为了协调图书馆工作和新编目）
福建协和大学	46200	18000	0
华南女子文理学院在福州地区的联合工作	20000	5000	2500 5000（以便合并这方面的工作）
岭南大学	34100	25000	0
之江大学	10000		1000
东吴大学	31533	3000	7000
圣约翰大学在上海地区的联合工作	6000	6000	4000 9000（为了协调本地区三个大学的工作）

续 表

机 构	需求金额（美元）	哈佛燕京学社的分配（1946年4月拨给175500美元）	哈佛燕京学社的分配（1947年4月拨给74500美元）
华中大学	38000	10000	0
华西大学	5290	2500	0
图书馆项目奖学金			28000
总共		175000（总共）	74500

资料来源：TM, Apr. 1, 1946, Apr. 21, 1947; the HYI's Executive Committee meeting minutes, Apr. 24, 1946, HYIOA。

哈燕社理事会对于六所合作大学——燕大、齐鲁、金陵、福建协和、岭南和华西协合以及华中的重建给予了特殊关注。尽管这七所学校也是上述25万美元救济金的受益者，但在1946年4月的理事会会议上，他们还是决定追加25万美元的通用基金给中国教会大学校董联合会，专门用于这七所学校的战后应急和长期恢复重建工作（表4.1）。他们采纳了已取代中国教会大学校董联合会（Associated Board）职能的中国教会大学联合董事会（United Board）的意见，将这笔资金按照霍尔遗产理事会于1928年设立的专项资金分配标准，分发给各合作学校；而作为非合作大学的华中大学，则收到了本应拨付给印度阿拉哈巴德农业研究所的1/19的款项（参见第二章）。他们强调，资金应优先用于提升硬件比如建筑、图书馆的修复和建设，以及软件比如人员救济、将现存院系恢复至战前水平等。他们还要求校董联合会/联合董事会征集七所学校亟需的物品清单。不过哈燕社理事会总体上愿意给予各院校"最灵活的使用权"，因为中国的未来情形极不明朗。[23]此外，他们允许六所合作学校动用战时累积起来

第四章 破碎的复兴中国人文学科梦（1945—1949）

的专项基金积蓄应急(表4.3)。[24]

表4.3 哈佛燕京学社为合作大学划拨的累积储备金

机　　构	总数(美元)
燕京大学	888269
齐鲁大学	25355
金陵大学	145394
福建协和大学	611053
岭南大学	340800
华西大学	238325
总计	2249196

资料来源:TM, Apr. 21, 1947, HYIOA。

当中国教会大学校董联合会或联合董事会未能筹集到必需的经费使教会大学能继续运行时,哈燕社理事会伸出援手,及时提供其他帮助(表4.1)。例如,当校董联合会没有筹集到足够的资金来上调教会大学1946年12月的工资,以应对通货膨胀时,哈燕社理事会特批了4万美元(约合1.32亿中国货币)救急。[25]1947年,他们为校董联合会的筹款活动捐赠了5万美元。[26]此外,他们还于1947—1949学年里的每个学年,从哈燕社战时建立的紧急储备基金中拨付10万美元,捐赠给联合董事会的生存基金。[27]

通常,教会大学校董联合会负责筹款,资助教会大学的运行。然而,由于各种原因,校董联合会越来越难在美国筹到必需的经费。中国国内的内战和政局不稳,让许多美国支持者感到失望;美国资助的教会大学中的反美思潮更令他们困扰;国民党政府的腐败也让他们绝望。1946年末至1947年初,中国学生在主要大城市发起了几次大型的反饥饿、反内战和反迫害的游行,抗议蒋介石政府以及美国的扶蒋政策。1946年12月,一名中国学生在北京被美国士兵强奸,引发了第一次全国性的学生反美示威。抗议活动和蒋介石政府的失信于民,使美国人对中国的兴趣越来越低。[28]

除了用于恢复的资金,哈燕社理事会还与校董联合会合作,对13所新教教会大学的图书馆进行调查,以制定出未来的发展计划。他们批准动用首笔25万美元款项中的28000美元,用于资助这个图书馆项目(表4.1),包括支付一名杰出图书馆员赴华考察的费用,以及为中国图书馆员在中国或美国学习提供奖学金。[29]

斯沃斯莫(Swarthmore College)图书馆馆长、美国图书馆协会前任会长沙本生(Charles Dunsen Shaw)成为完成此项使命的人选。哈燕社理事会建议他从1947年9月1日开始,用六个月的时间对13所新教教会大学的图书馆进行调查,实地考察场馆、图书馆馆藏和职员情况。沙本生被授权挑选最优秀的中国图书馆员赴美接受高级培训,然后让他们返回中国培训本土图书馆员。[30]

沙本生于1947年秋抵达中国,用六个月的时间寻访了各图书馆。考察结束后,他准备了一份87页的详细报告,由基督教大学联合董事会于1948年出版,题为《中国教会大学图书馆》。[31]他敦促教会大学之间进行更多合作,避免重复收藏。他还为此设计了几个可行性方案,包括涵盖所有学校图书馆的联合目录卡片、设立一个负责接受和分发海外捐赠的赠书和期刊的中央管理局、一个中央采购办公室和一个中央编目部门。然而,沙本生最强调的是培养未来图书管理员的重要性。他提议哈燕社理事会和联合董事会安排有潜力的图书馆员到燕大甚至到美国接受高级培训。[32]

中国教会大学校董联合会和联合董事会采纳了沙本生的建议,

每年邀请几位中国图书管理员到美国接受高级培训。福建协和大学图书馆主任、中国文化研究委员会主席金云铭就是获得联合董事会奖学金的成员之一。金毕业于福建协和大学,随后留校担任图书馆员。他非常熟悉福建民俗,但是并不熟悉现代图书馆系统。他利用这笔奖学金于1948—1949年在哥伦比亚大学进修图书馆学。[33]华西协合大学图书馆员邓光禄于1948—1949年在联合董事会奖学金的资助下,在南加州大学进修图书馆学。[34]华西的图书馆积累了大量的收藏,尤其是关于中国西部和西南边陲部落的藏书,但是作为图书馆主任的邓光禄,并没有接受过现代方法的培训,对图书馆藏进行有益于师生的管理。[35]为期一年的西方图书馆系统培训,对于邓本人和华西图书馆大有裨益。不过,政局不稳和美中关系的日趋紧张,很快就中断了这项长期项目。

作为"文化工程"重建中国文化

哈燕社理事会预测,中国的战后重建或许会引起盲目的工业化和急促的现代化,这会带来对中国人文学的巨大需求。他们相信,中国文化研究能够对提升/重塑中国文化做出贡献,从而能帮助中国避免误导的/盲目工业化。这让哈燕社理事会坚信恢复甚至加强各合作院校的中国人文学项目的必要性。战争结束后,中国共产党的灵活政策和坦诚的作风,赢得了越来越多中国农民、知识分子和学生的支持。共产党人越来越好的声望引起了理事会和其他美国教育家的忧虑。

哈燕社理事会的担心与美国阻止共产主义在中国扩张的宏观政策是一致的。太平洋战争期间,美国政府支持蒋介石的政府,为其提供了大量的资金和人力。战后,美国政府不仅帮助国民党接管之前日战区内主要大城市,而且还支持蒋介石发动全面内战。后来甚至在共产党取得胜利后,美国仍然拒绝承认新成立的中华人民共和国。[36]

哈燕社理事会对于可能失控的/盲目工业化所带来的破坏性影响更加担心。诺斯是最直言不讳的。1945年12月31日,他向理事会递交了一份长长的备忘录,阐述了他对于中国战后重建所带来的负面影响的顾虑,并且提供了可能的解决方案。诺斯指出,快速和强烈的经济发展和工业化运动,"将很容易造成残忍的毫无人文情怀的工业主义,以及普遍的技术狭隘性"。这样的发展,不仅对中国而且对全世界都极度有害,因为它会破坏"一个广博的自由文化中那些赋予人类生活尊严和价值的元素"。诺斯相信,除非保留并发展自由文化中的这些元素,"否则社会的人文和健康有益的目标将被根本不配人文精神的形式所取代"[37]。

战时和战后的总体趋势验证了诺斯的担心,即中国可能急速地追求狭隘的工业化。国民党政府在战时就强调了发展科学和技术的重要性,忽略人文学科和社会科学,并要求高等院校据此改变教学大纲。对于科学和技术的重视在战后日趋明显。燕大就是一个很好的例子。燕大的课程大纲着重发展具有职业特性的项目。物理和化学系的学生趋向于关注工业的实用问题,而不是基础理论。其结果就是其他的领域越来越不受重视,人文学科的学生减少。例如,在燕大于1946—1947学年录取的800名新生中,历史专业只有28名学生,中文系只有11名学生。[38]

诺斯不仅向哈燕社理事会表达了他的担心,还提供了可能的解决方案,即把中国传统遗产中的积极价值与基督教关于人和人的价值的观念结合起来,重塑中国文化。诺斯认为,古代中国文化道德的影响力是无价的,因为"它与中国人的生活联系紧密,非常重视礼仪和社会价值"。然而,也有必要发展和拓展一种生气勃勃的鲜活的文化,而不是记录一种逝去的或垂死的文化,因为"只有作为代表人民大众中大多数的、有价值和不断发展的生气勃勃的遗产维持下来,文化才能延续"。另一方面,在保证健康的社会发展方面,基督教提供了一些中国传统文化中缺失的东西:"基督教关于人和人的价值的观念以及其对人类福祉的人文和建设性的关注",不仅能维持和扩展中国传统文化中的积极价值理念,还能够提供"中国伦理中缺少的使命感和普世价值观"。在诺斯看来,哈燕社的项目如果能够成功将二者结合,那么就可以提升中国社会和工业文明,从而对在战后创建一个健康的中国社会做出贡献。[39]诺斯有关文化重建的观点,与赵紫宸的观点有某些相通的地方,即将中国文化融入到基督教中,用基督教义丰富和完善中国文化,当然,二者有着不同的理由/依据,强调不同的元素(参见第三章)。

诺斯有信心相信,哈燕社理事会能够成功将中国传统文化和西方基督教的优良元素结合起来,因为尽管学社的目的不是直接在中国传播基督教,但是它自20年代起就一直将教会大学作为项目基地,并且与各校学建立了紧密的关系。诺斯相信,教会大学是哈燕社项目实施的最佳场所,因为这些学校曾经"实实在在地做出贡献,将中国文化、基督教理念、博雅教育和西方方法运用到促进一个国家整体命运发展上"。与教会大学的历史渊源,使得哈燕社能够"培养健康的人格"和负责的公民,这不仅仅有益于中国,而且也有益于全世界。[40]尽管哈燕社在过去与教会大学一直有联系,但是诺斯对于基督教在华影响力的强调,则是哈燕社人文学科项目中的新元素。

为了保证中国人文学科项目在维护战后中国健全社会中起到作

用,诺斯列出了七点详细计划。首先,合作大学应该针对中国文化遗产进行健康有益的、具有社会价值的研究,即研究项目应该具有影响社会的潜力。然后,合作大学需要将他们的研究成果通过不同的方式,比如教学项目或者出版物等,传播给大众,尤其是工人阶级,因为工人阶级在改变和减少残酷无情的工业化的破坏性影响方面能够起到重要的作用。最重要一点是在本科学校甚至研究生院大规模培养中国社会史和文化史领域的中学和大学教师。这些教师是培养学生、向社会大众传播科研成果的主要执行者,从而塑造未来数代人的世界观和价值观。继续教育项目(成人教育项目)也特别重要,这些项目"按照肖托夸运动(野外文化讲习会)和中国平民教育运动的其他类似方式",通过讲座、演出和夏令营,让师生融入到中学和公众中去。[41]

诺斯还强调,因为教师是运用科研成果提升和塑造中国青年,并帮助他们成为各界精英的重要角色,所以他们本身应该积极向上、专业能力强、技能上与时俱进。因此,有必要成立富有活力的协会,以发展团体责任感和使命感、出版基本的期刊和书籍,并增加图书馆资源和其他设施。否则,"在一个不利于传播健康文化影响的局势下,科研成果将像一本古老考古学书籍(出版于1882年)的书名那样——'地下古城的再发现(Buried Cities Re-covered)!'"[42]

为了实现这七点计划,提高对中国人文学项目的经营和管理,诺斯要求哈燕社理事会扩大学社的管理层。他认为叶理绥作为社长,在实现七点计划方面能够起到关键性的作用,但是他独自一人不可能有效地实施此计划。他建议叶理绥关注更宏观的战略性工作,比如制定整体计划,而将具体技术性工作留给在中国的教育家。于是他敦促哈燕社理事会任命两位社长助理,一名中国人,一名美国人。

这二人应该接受过良好的汉学教育，经验丰富且积极投入工作，同时二人意气相投，具有合作精神，从而可以更好地协助社长。[43]

诺斯的备忘录表明了他有意削减叶理绥的权力。作为一名燕大理事，诺斯在1933年对叶理绥的社长提名提出了质疑。诺斯还长期为教会理事会工作，并积极参与了中国基督教大学联合董事会的创立。在他的规划中，两位社长助理将作为哈燕社在中国的驻地代表，直接对社长负责，但是在打造在华项目方面享有很大的自由度。根据他的设计，社长助理同时应该承担教学和科研工作。更重要的是，他们应该通过实地考察和信函往来，合作找出中国人文学的教学、研究及出版方面的问题和需求，并且提供建议。他们还应该发起项目，整合世界范围内人文学科最优秀的教学经验，供各合作大学教师了解掌握。而且他们应该努力挑选有关中国历史、哲学、艺术和文学的经典中文资料，这样有助于将传统中国道德价值融入课堂，同时使对"时代的需求及对价值观的追寻成为课程开展的动力因素"[44]。此外，他们不仅应该不时赴美向哈燕社理事会汇报工作，并在叶理绥访华时，到哈佛进行研究和教学工作，而且还应该与中国基督教大学联合董事会和其他在华教会组织的代表保持紧密接触。[45]

叶理绥同意诺斯提出的七点计划中的大部分内容，因为他也相信，中国人文学项目对于中国的战后重建非常重要。与诺斯一样，他担心战后经济发展，尤其是工业化项目，将会导致传统中国价值观的丢失。他看到了一种可能的危险性：中国知识分子试图在中国运用西方方法，却忽略了"正常的中国人际关系模式"。他惧怕的是，中国知识分子在没有充分了解他们自己社会的真实需求、未认清他们自己文化的价值的情况下，就引进并采纳西方理念/机制。叶理绥强调，如果将抛弃传统和习俗，那么一个生气勃勃的文化就无法在中国扎根,因为中国人已经在这块大陆同样的环境中生活了几千年,并吸纳了几乎所有外来移民族群。换句话说,中国的历史根基比许多其他国家的历史根基悠久得多。[46]

与诺斯一样,叶理绥相信,哈燕社培养的人才已经开始并且能够继续引导中国学者和大众的态度。他很高兴看到,这些人才保持了美国传统,与学生保持亲密关系,并且将自己的科研成果传播给大众。他指出,燕大早已开始将学生送往哈佛接受高等教育,而哈佛的一些博士毕业生也已回到合作大学任教。燕大的人类学家林耀华、华西协合的考古学家郑德坤、岭南的黄延毓、燕大的翁独健和齐思和等都是优秀哈佛人才的极好代表。叶理绥强调指出,杰出中国学者,比如之前由哈燕社资助在哈佛做访问学者的胡适,已经认可这一小批由哈燕社资助培养的人才对中国人文学科的影响。他对早期成果比较满意,还希望看到哈燕社学者和学社项目对于中国人民文化生活产生更多的影响。[47]

叶理绥还同意诺斯的另一看法,即哈燕社理事会必须注意专项基金和通用基金是如何分配和用于资助在华人文学科项目。合作大学对哈燕社基金的滥用、学术水准的低下、各学校间缺少合作,以及在试图解决这些问题时所遇到的困难,长久以来困扰着叶理绥。这些问题让他坚信,有必要立即执行诺斯的建议,以推动哈燕社项目更有效地进行。叶理绥强调,在各学校回迁至本校校园并按老模式运行之前,所有改革和新计划都应该尽快得以实施。[48]

然而,叶理绥对于诺斯七点计划中的某些建议表示异议。他认为,哈燕社应该让各合作大学负责所有有关发展继续教育项目(成人教育项目)的工作,而学社本身只提供建议。在他看来,继续教育项目(成人教育项目)和平民教育是一个特殊的领域,不应该由研究人员指导。此外,除了着重关注合作教会大学之外,哈燕社理事会应该继续支持中国的国立机构。[49]

哈燕社的其他理事也认可诺斯关于中国人文学科在战后工业化和现代化中作用的观点。他们在后来的一份关于哈燕社使命的声明中回顾并再次强调,他们相信哈燕社的人文学科项目"对于中国现今意义尤其重大"。英美工业革命的经验使他们坚信,有必要拯救中国免于"欧洲和美国工业发展过程中出现的许多不健康和破坏性的经历"。在他们眼中,这些经历,正是"由于人类对下列立场的意识太薄弱:人类的真正生活不在于所拥有的物质,而在于对真理和美好的追求以及对于同胞之间友谊的理解"。哈燕社理事意识到,中国在其悠久的历史长河中在这方面积累了丰富的资源,因而希望他们的人文学科项目能够帮助中国年轻人保留中国文化中诸如道德价值观等优秀元素,而不是"盲目追求重要但并不是唯一重要的、工业的和商业的目标"。他们还确信,学社所提供的资金和学术指导能够对中国做出重要贡献。[50]这些观点明显反映出哈燕社理事希望帮助中国在享有工业化的成果的同时能够避免其副作用的良好意愿,这与20年代哈燕社创始人的想法一致。

上述讨论揭示了哈燕社理事会兴趣点的转移,或者至少是他们对学社兴趣的表述的改变。尽管哈燕社创始人和理事会在早前就强调,哈燕社的人文学科项目应该对于中国的教育体制和中国社会产生影响,但是他们还是强调,这些项目应该是学术性的。现在在中国的战后重建中,叶理绥和哈燕社理事会越来越明确地表示,项目还应该服务于当代中国社会和人民的需求,他们培养的人才不应做"象牙塔中的学者",而是将科研成果分享给学术界的同行,并将其推向公众,从而最大化地扩大对社会的影响。[51]

叶理绥和哈燕社理事采纳了诺斯七点计划中的大部分。他们定期拨付专项基金支持六所合作教会大学中国人文学科的教学、研究和出版。在1945—1949学年间,他们保证了每年85000美元用于六所合作学校的中国人文学本科教育,每所学校根据20年代霍尔基金会所设定的固定份额,得到自己那份专项资金(参见第二章)。他们还在1949—1950学年间每年为六所合作学校之外的华中大学提供5000美元通用基金、在1949—1950年间提供了7500美元的通用基金,鼓励该校继续其优秀而又均衡发展的中国人文学项目(表4.4)。[52]

表4.4 哈佛燕京学社给中国人文科学项目的资助(1945—1950)

受益者	资金	主要目的	时间段
六所合作大学	85000(专项基金)	中国人文科学领域的教学、科研、出版	1945—1950每一学年
华中大学	5000(通用基金)	同上	1945—1949每一学年
华中大学	7500(通用基金)	同上	1949—1950
中央研究院历史语言研究所	5000(通用基金)	国立机构在中国人文社科领域的研究项目	1944—1946每一学年

资料来源:TM, Nov. 13, 1944, Nov. 19, 1945, Nov. 14, 1946, Dec. 15, 1947, Apr. 12, and Nov. 15, 1948, HYIOA。

除了这些常规拨款外,哈燕社理事会还资助了合作大学的其他重大项目。例如,他们为燕大提供了5000美元,选派英语系教授赴美,学习向中国学生教授英语作为第二语言(ESL)的新方法,并且购置课堂所需语言教学设备。[53]再如,在1947年12月的会议上,哈燕社理事会授以叶理绥 3000 美元的权限,购置纸张并运到哈燕社北平办事处,用于印刷《汉学引得丛刊》和《燕大学报》。

为了加强对哈燕社人文项目的管治,增加对专项资金和通用资金使用的监管力度,叶理绥和哈燕社理事会采纳了诺斯关于扩大管理层的意见。关于诺斯提出的增设两位社长助理的建议,叶理绥推荐陈观胜作为中方人选,海陶玮作为美方人选。这两位学者都有在中美两国接受教育的经历,并且与中国学者们关系良好。从哈佛获得博士学位的中国古代文学专家海陶玮曾于 1940—1943 学年间在中国生活。出生于夏威夷的陈观胜毕业于燕大,并被洪业送往哈佛接受研究生教育,培养他接任北平办事处执行干事一职。他擅长藏语和梵语研究,后来成为中国佛教领域的杰出学者。[54]

根据叶理绥的提名,哈燕社理事会在 1946 年 4 月中旬的特别会议上投票通过为陈观胜和海陶玮提供工资和旅行经费的决定。[55] 在 1946 年 11 月的理事会会议上,理事会任命叶理绥为位于北京的美国亚洲研究所(AIAS)所长,该所是哈燕社在华分支机构中印研究所更名而来;任命陈观胜为哈燕社中方社长助理、北平办事处执行干事和哈佛研究员,任命海陶玮为哈燕社美方社长助理、哈佛教员和美国亚洲研究所所长助理。[56]

会后,叶理绥致信六所合作大学和华中,敦促他们与配合两位新任社长助理执行哈燕社的政策。[57] 叶理绥和哈燕社理事会希望两位社长助理的任命能够推动在华项目的运作和管理。在他们看来,双方过去经常因为误解而造成相互不信任。现在有两位社长助理长驻中国,可以增进与合作院校的沟通,直接向各学校解释哈燕社的政策。

海陶玮获得任命后,于 1946 年 12 月从旧金山乘船前往中国。

遵照叶理绥的建议,海陶玮住在北京的美国亚洲研究所总部。他的主要职责包括监管研究所项目、指导在北京的哈燕社奖学金获得者,并且帮助执行哈燕社的政策。陈观胜先是留在哈佛继续科研工作,后于1947年7月前往中国。他回京后住在燕大校园,接管北平办事处室执行干事的工作,并且监管六所合作院校和华中的中国人文学科项目。[58]

在到达中国后不久,陈观胜和海陶玮于1948年3—5月对合作院校展开第一次视察之旅。陈观胜访问了岭南、福建协和及金陵大学,海陶玮则访问了华西协合、华中和金陵。他们的行程没有包括齐鲁大学,但齐鲁大学国文系教授林仰山(F. S. Drake)于1948年6月中旬从济南去北京与他们见面,用两整天时间汇报齐鲁大学的情况。[59]

在视察过程中,陈观胜和海陶玮特别关注合作大学中国人文学科的教学、研究、出版和图书馆收藏。他们与合作院校的管理层和教授们会面,参观了教室和图书馆,还尽可能地就自己的研究领域举办讲座。基于他们的会晤和观察结果,他们两人的结论是,问题多于成绩:薄弱的教师队伍和中国人文学科,尤其是福建协和、岭南和齐鲁大学;缺少训练有素的图书馆员,对图书馆馆藏管理不力,尤其是华西协合、福建协和和岭南;对于哈燕社资金的滥用。例如,他们发现金陵和华西协合把大部分专项资金用于研究生项目和科研,却忽视了本科项目。他们认为,这两所学校的研究所分散了对于本科项目的关注,因为这些研究所不仅耗费了大部分专项资金,还造成了历史系和中文系的不和。他们敦促哈燕社理事会采取进一步措施监管哈燕社资金的使用。[60]

陈观胜和海陶玮的以上结论或许并没有反映所有的情况。陈观胜批评金陵和华西协合对研究所的投入过多,却没有对福建协和和岭南对于哈燕社资金的滥用提出质疑。事实上,福建协和和岭南的本科人文学科项目更加薄弱。此外,自1928年起,岭南就将大部分专项资金用于支付不同院系美国教授的薪水,而不是用于发展本科项目。陈观胜对于福建协和和岭南的良好印象,或许是缘于这两所学校在他访问时对他的盛情接待和尊重,而金陵大学尤其是历史系和中文系对他和海陶玮来访的冷漠,给他们留下了糟糕的印象。[61]

两位社长助理有理由认为,与燕大和哈佛相比,几所合作大学的人文学科项目非常薄弱,并且批评他们滥用专项资金。然而,中国当时的局势使他们的强烈批评难以成立。这些合作大学勉强撑过了八年抗战,然后又经历内战造成的动荡和通货膨胀。政局不稳和经济的恶化让这些学校几乎无法维持正常运转,更不要说发展壮大中国人文学科项目了。叶理绥和哈燕社理事会批评这些院校的旧式教学与研究方法。然而,1940年代的现实情况是,大多数中国历史学家、语言学家和考古学家都没有接受过西方教育。如果老师们不是从教会大学毕业,那么他们就很难采用西方教学法和运用西方科学方法开展研究,尤其是利用母语对中国地方文化的研究。因此,在战争期间和战后,用西方/美国标准去衡量各合作院校/中国学者在中国人文学科方面的科研水平或许是不现实的。

陈观胜和海陶玮将他们的视察结果写成了一份长达23页的报告,并呈送给叶理绥和叶理绥和哈燕社理事会。海陶玮还出席了1948年11月的理事会会议,亲自汇报了视察结果。他们希望他们的视察结果能够向理事会更清楚地呈现出各合作大学中国人文学科项目的问题,这也是哈燕社管理层一直以来头痛的问题。事实上,在陈观胜和海陶玮对合作院校进行视察之前,叶理绥已于1947年冬赴纽约与中国教会大学联合董事会进行会晤,但是并未得到很多有关各合作院校情况的信息。所以叶理绥对陈观胜和海陶玮的1948年视察之旅寄予厚望。[62]现在他们两人的考察结果给理事会带回了有关中国院校的第一手资料,加强了叶理绥和理事会发布另一份关于哈燕社使命声明的决心。[63]

为了推动和实施哈燕社的政策,理事会决定将诺斯1945年的备忘录经修改后作为官方声明发布。哈燕社理事认为,七点计划能够让哈燕社的中国人文学科项目更好地满足战后中国的需求。诺斯希望他的备忘录能够成为教会大学校长和其他处理有关学社事务人员的参考文件,也能够为两位社长助理提供可以依据的权威文件。[64]此外,内战造成的动荡局势提供了"向合作大学发布这样一份政策声明的最佳时机"。[65]

诺斯的备忘录于1949年作为一本25页的小册子出版,名为《哈佛燕京学社和在华教会大学:兴趣与政策声明》。小册子广泛发放给了各教会大学及其母国的差会理事会和中国教会大学校董联合会和中国教会大学联合董事会。该文件不仅重申了哈燕社对于中国人文学科的一贯关注,而且现在还将学社的范围扩大,强调其对中国公众的潜在影响,以及教会大学在塑造中国社会方面的作用。[66]然而,小册子的出版并未解决任何旧病新疾。

内忧外患

哈燕社理事会在中国困难重重,内忧外患,使得学社在20年代末至30年代初所享有的有利于跨国文化工程取得成功的条件已不复存在。两位社长助理未能完成诺斯计划中的大部分任务,包括总结西方教学经验和为各合作学校挑选经典中文资料。因为陈观胜和海陶玮大部分时间都住在北京，所以对于各合作学校的项目缺乏全面的了解，对于在华项目的总体规划也没有起到关键的作用。滥用哈燕社资金、人文学科项目发展的不均衡等老问题依旧存在。此外，哈燕社管理层的扩大导致了更多的文书工作和更大的支出，不仅给学社带来新的负担，也给各合作学校造成困扰。哈燕社管理层的低效率妨碍了1949年声明的有效实施。叶理绥和哈燕社理事并没有有关中国局势的第一手信息，特别是与各合作大学也没有太多直接接触。此外，中国因内战引发的政局不稳和经济动荡、中国知识分子的激进政治化以及合作大学未来的不确定性，为哈燕社带来了新的挑战。这些内忧外患，成为了教会大学和各学校人文学科项目恢复的重大障碍。

其中一个重要的挑战，是长久以来难以有力监管在华项目以及中国教育家对于美方控制的抗议。如第三章中所述，教会大学的中国管理者在抗战期间抵制教会大学校董联合会将在美国的差会理事会合并的做法，并坚持自己在决议中的决定权。战后，校董联合会希望合并或精简某些大学的时候，就遭到了中方管理层的奋力抵抗。[67]

哈燕社也遭遇了类似的抗议和抱怨，而且随着战时政治经济局势的恶化，哈燕社体系内原有的紧张关系有增无减。中国教师抗议或抵制来自叶理绥及哈燕社理事会的控制。顾颉刚就是其中一例。他是"古史辨运动"的领袖，一位杰出的历史学家，于1929—1937年在燕大担任教授，战争时期任职于齐鲁大学。他对于哈燕社管理层和其他西方基金会的低效率非常失望。在他看来，中国教师没有任何权力，因为他们想出版任何书籍都需要将经费申请书提交给美国的基金会；然而，有时需要几个月甚至一年才能得到回复。即使申请获得批准，也会因为太迟而拖延到下一年的预算中。顾颉刚对于哈燕社控制其在华资金非常不满,1937年战争开始前,叶理绥要求顾颉刚向他和理事会汇报关于中国古籍《尚书》的研究成果,该项目是哈燕社支持的,为期三年。如果不汇报,顾颉刚就必须将资金退还给哈燕社。叶理绥的做法非常不明智,而且也不妥,因为他已经为哈燕社的汉和图书馆提供了《尚书》项目的部分出版物,另一部分则是由该图书馆购买。[68]

抗战结束后,内战带来的动荡混乱引起了中国学者更严重的抗议。哈燕社理事会和教会大学联合董事会日渐加强的监管让他们更加气愤。这些教育家欢迎哈燕社理事会的更多关注,但是他们希望的是更多的资金,而不是严格的控制。燕大的廖代珠就是其中一例。他写信给教会大学联合董事会执行干事明思德(Robert McMullen),表示他在燕大的中国同事对于西方基金会尤其是联合董事会的控制抱怨不已,并将这称之为"独裁"。中国教育家认为他们在人事、财政和课程方面毫无自由。明思德试图安抚廖,但他承认燕大的中国教师的确对联合董事会和其他西方基金会非常不满,尤其是因为付给西方教职员高额工资一事。[69]

中西方教职员工的工资差别让中国人感到嫉妒甚至怨恨。根据1947年任命的燕大代理校长窦维廉(W. H. Adolph)的陈述,燕大在抗战胜利后改变了薪金发放体系。在战前,中国和西方教授的待遇是"公平的";而在战后,燕大西方教职工的预算是美元为基础。在窦维廉看来,这种改变破坏了战前的"平等"和"所有人都认为对燕大生活至关重要的待遇平等"[70]。由于西方教职工按美元领取工资,所以尽管通货膨胀非常严重,有利的汇率使他们非常受益。例如,在1949年初,中国货币对美国的汇率定位为400∶1,但是到了8月中旬,却大涨至 3200:1。[71] 此外,猖獗的通货膨胀引起了更多的问题,使中国教职工尤其是收入较低的员工的生活更加困难。

周一良在燕大的经历代表了年轻教师的困境,也显示出了中国教师对西方教师所享的特权的挫败感和怨恨。哈燕社奖学金获得者周一良,在经过五年的全面西方教育并获得哈佛博士学位后,于 1946 年秋离开美国,同年冬加入燕大。[72] 根据《汉学引得丛刊》代理编辑、哈燕社北平办事处代理执行干事(因为洪业身处美国)聂崇岐回忆,周一良"对于燕大领导对待他的方式非常不满,因为住房不够,而且薪水非常低"。周一良无法养活家庭,不得不把妻儿送到天津与岳父生活。周一良亲自写信给叶理绥,抱怨他在燕大的处境。经济压力最终让他于 1947 年秋辞去燕大的职务,转而加入清华大学。[73] 聂崇岐痛惜燕大失去了一位才华横溢、接受过西方培养的学者。[74]

齐思和的故事是资深教授和管理者的一个案例。齐思和是燕大历史系主任和文学院院长。他的工资非常低,几乎无法养活他的八个孩子。尽管他获准于 1949—1950 学年休学术假,但却因为需要挣钱养家而选择放弃休假。哈燕社理事会根据北平办事处执行干事陈观胜的建议,于 1950—1959 学年发给齐思和 500 美元的奖金,表彰他杰出的行政和学术工作。[75]

中国教师的不满和人才流失削弱了哈燕社的中国人文学科项目。叶理绥清楚地意识到了这个危险。他对燕大给周一良的待遇非常不满:

> 基于两个原因,这件事情令人非常不快。我们拥有一个在哈佛接受过五年训练的优秀年轻学生。他在哈佛教过学,被中

国学者看做是最杰出的年轻研究人员。因为大学领导不了解中国的学术、不欣赏哈燕社为培养这位年轻人所作出的努力,他不得不去其他地方。这将严重妨碍提升我们这所合作院校学术水准的努力。

叶理绥敦促哈燕社理事会仔细考虑这个问题,然后将他们所知道的情况报告给燕大理事会。[76]然而,理事会无权改变合作大学的工资制度,因为工资制度由太平洋两岸的管理层共同决定。此外,美国教授的待遇是按照美国的生活标准制定的,而中国教授的待遇则是基于中国的生活水准。

哈燕社体系中的另一个严重内部问题是战后所有合作院校仍继续运行其文化研究所/委员会。如第二章和第三章所述,在20年代末30年代初,六所合作学校均成立了中国文化研究所/委员会。各学校都期待研究所/委员会能够推动中国文化的研究,继而为本科教学做出贡献,吸引更优秀的师生,并提高他们在中国教育界的地位。尽管哈燕社理事会在战前和战时给各学校施加压力,要求各校解散其研究所/委员会,而且有些学校也声称按照学社的要求照做了,但情况实际上却没有得到改善。

而现在在战后时期,各合作学校继续或恢复了他们的中国文化研究中心,严重违反了哈燕社的要求,即专项资金应该首先用于中国人文学科的本科教育,只有燕大被允许成立此领域的研究所和研究生院。这些中国文化研究所/委员会不仅占用了本科人文教育的哈燕社资金和人力,还造成了资金竞争和研究所与本科院系之间的严重矛盾。

华西协合就是一个很好的例子。如第三章所述,华西声称已于

1942—1943学年解散了中国文化研究所,将其科研项目分散到中文系和考古博物馆。然而,该研究所仍然继续存在,只是换了一种形式而已。该研究所最初被命名为国文系研究部,后来又公开改回原名,出现在1947—1950学年的华西年度报告中。[77]

由于研究所继续存在和本科项目的薄弱,哈燕社理事会要求华西协合对中文系进行彻底重组,尤其是在课程和教师方面。他们在1949年11月的会议上授权叶理绥给华西协合的美方理事会施压,重新考虑华西的构架和管理。[78]叶理绥甚至专程赴纽约与华西的理事会会面。后来,叶理绥和哈燕社理事会批准华西中文系用两年试验期将叶理绥起草的计划付诸实践,修改课程、加强教师队伍;如果华西没有成功改革中文系,之后将得不到专项资金。[79]

齐鲁大学也是一个相关例子。齐鲁在战时没有理会哈燕社理事会关闭国学研究所的要求。相反,齐鲁战时在成都客居期间,重启了研究所的工作,由顾颉刚担任所长。后来,吴克明校长在1945年8月初上任两周后就开始了一项旨在加强国学研究所的宏大计划,增加了五位新成员,任命一位新所长,并且让顾颉刚(前任所长)担任荣誉所长,因为顾颉刚无法离开战时首都重庆。[80]

叶理绥和哈燕社理事会对于吴校长的提议非常气愤,不得不进一步施加压力。他们认为齐鲁完全忽视了他们有关专项基金的使用要求,而其本科人文学项目非常薄弱,缺少必要的课程。所以在战后齐鲁迁回本校园的时候,叶理绥和哈燕社理事会要求大学重组整个中文系和本科人文学课程,解散其国学研究所,直到本科教学达到令人满意的程度之后再开展科研工作。[81]哈燕社理事会在随后多年一直在讨论齐鲁的情况,并授权叶理绥在每次会议后与吴校长以及齐鲁的美方理事会沟通,表明哈燕社理事会的立场。[82]由于齐鲁并未进行有力的改革,叶理绥甚至亲赴纽约与教会大学联合董事会官员见面,讨论齐鲁的问题。[83]

来自哈燕社理事会的持续压力终于获得了成效。齐鲁大约在1947—1948学年间解散了国学研究所。齐鲁国文系林仰山于1948年6月提交的报告提到此事:"国学研究所已被解散……哈燕社的所有资金将用于国文系和历史与社会学系的中国研究项目以及图书馆的图书购置。"[84]

尽管进行了改革,但是齐鲁中国人文学科项目的前途却并不乐观,原因有二。首先,在教会大学校董联合会计划委员会在战后制定的新的协调计划(在每个区域着重发展一所主要的教会大学,或加大协调各区域内和区域间各学校的合作)中,齐鲁大学被要求将文理学院改为乡村建设学院,重心放在乡村建设上。这种改变让齐鲁薄弱的中国人文学科项目更加薄弱。[85]

第二,齐鲁的文理学院在1949年8月回到济南后很难启动工作。学院遇到了来自新中国政府的压力,因为它在解放军到来时没有表现出欢迎的态度,而是迁到了杭州。鉴于齐鲁文理学院在教会大学校董联合会的战后协调计划中所处的边缘位置,以及来自新政府的压力,哈燕社理事会在1950年11月的会议上授权理事会主席董纳姆和社长叶理绥,在与教会大学联合董事会协商后,起草一份有关专项资金分配和齐鲁人文学科项目对资金使用方式的政策声明。[86]然而,齐鲁很快被中国的新政府收编,中断了哈燕社理事会进行任何改革的可能性。

对学术声望的竞争也是各合作院校不愿放弃中国文化研究所/委员会的原因。学校的领导层看到了科研和教学之间的紧密关系。

第四章 破碎的复兴中国人文学科梦(1945—1949) 209

华中大学校长韦卓民强调指出,鉴于教师对科研的强烈兴趣,只有通过尽量提供科研设施、鼓励科研才是正确的做法,因为研究有助于教学。[87]金陵大学中国文化研究所所长李小缘曾写到:"在这个财政紧缩的时期,金陵更加重视和强调加强本科教学,但是并没有目光短浅,允许在不影响教学的情况下开展一定的科研工作。"[88]包括齐鲁、金陵和华西协合在内的几所大学,都在战时汇集了一批杰出的学者,将科研视为提高大学地位的有效方法。

哈燕社资金的滥用在某些学校的教师间造成了嫌隙。在金陵,中国文化研究所和本科院系之间的隔阂走向极端。在那里,研究所是一个独立机构,成员并非来自中文系或历史系,他们与两个系也没有紧密来往。研究所消耗了专项基金中的40%,却对本科教育和发展大学图书馆没有多少贡献。研究所拥有自己的办公室和一流的研究图书馆。这些用哈燕社资金建立起来的设施,大多时候只有研究所的人员才可以使用。此外,研究所希望以自己的名义,恢复由政府资金支持、哈燕社理事会批准于1940年在成都成立的历史系研究生部,而不是附属于历史系。[89]在这类事情上的完全缺乏合作,导致中文系和历史系教授的极大怨恨。后来,金陵决定将更大一部分专项资金用于历史系和中文系,但是仅供某些教师享用。例如,在1947—1948学年,只有两位历史学教授获得了来自于哈燕社的工资,而事实证明,中文系没有一位教师出现在哈燕社预算名单上。[90]

对哈燕社资金的滥用所造成的紧张关系,疏远了金陵大学中文系与历史系的教授。当陈观胜和海陶玮于1948年春访问金陵时,历史系与中文系的大多数教师并不想与他们见面。陈观胜从未被介绍给历史系主任、杰出教授贝德士(Searle Bates),而海陶玮只是在离开之前才见到了贝德士。有一位教师甚至拒绝了陈观胜前往他班级听课的请求。他说他与哈燕社事务没有任何关系,因为他并不是中国文化研究所的成员,尽管他的工资出自金陵的专项资金。在这位教师看来,研究所窃夺了哈燕社的资金,只用于自身的工作,而不是用于金陵的整个人文学科项目。紧张的关系让陈观胜非常尴尬,也妨碍了他与该领域人士进行有效沟通以及哈燕社政策的推广。陈观胜非常生气,后来在报告中强调指出,金陵的中国文化研究所极其严重地影响了本科人文学科的教学。[91]

在其他合作院校,美方管理者将哈燕社的资金用在与中国人文学科完全无关的项目。岭南就是一个明显的例子。自20年代末,岭南大学一直将绝大部分专项资金用于支付美国教职工的工资,而不是发展中国研究项目。位于纽约的岭南美方办公室年度报告显示,岭南每年的专项资金中,只有不到1/3用于中文系的教学、科研、出版和图书馆发展,2/3以上的资金,相当于大学总支出的20%左右,则被用于支付不同院系美国教职工的工资,包括英文系、政府系、社会学系、化学系和生物学系。[92]例如,在1946—1947学年间,岭南将13411.04美元专项资金中的9421.04美元用于支付七位美国教职工的工资,包括教务长及其秘书,以及化学系的一位中国教授,而投入到中文系的资金,只有大约4000美元。[93]在1948—1949学年间,岭南的预算显示出了相似的比例:9421.04美元比4000美元,而9421.04美元是岭南全部经费的大约20%。[94]

岭南的美国管理层解释到,岭南的财务情况特殊,需要使用哈燕社的资金支付美国教职工的薪资。他们早在1929年和1930年就曾致信哈燕社理事会,强调岭南早于哈佛联系了霍尔基金会,霍尔基金会也许诺允许岭南使用霍尔基金支持美国教职工的工资。后来霍尔基金会将许诺给岭南的一部分基金交由哈燕社托管,而哈燕社要求该基金用于发展中国人文学科,尤其是支付中文系中国教师的工资;岭南得知此事后感到非常不满。此外,岭南的美国管理层强调指出,当学校于1927年向中国政府注册时,大学的中方董事会同意承担筹集资金的全部责任,以支付中国教师的工作以及其他相关费用。岭南的中方董事会或许不了解岭南每年收到的专项资金的确切数额,这是因为在美国的岭南管理层试图阻止哈燕社理事会与岭南的校长(中国人)办公室之间的直接联系。岭南年度报告中有关财务的大部分信息,并不是直接来自岭南校园所在地广州,而是由纽约市的岭南理事会提交,由黄念美(Olin D. Wannamaker)准备。这或许就是为什么来自岭南广州办公室或中文系的报告有时会出现矛盾的信息。[95]

哈燕社理事会曾对岭南施加压力,要求其改变状况,但没有成效。有关岭南专项资金的争议持续了二十多年,从1928年开始,一直到50年代岭南的美方管理者和教职工离开中国、中方管理层完全接管大学为止。[96]

这些不同的内部矛盾反映出了哈燕社和合作大学之间以及中美教育家之间的复杂关系。中国教育家对于哈燕社和教会大学联合董事会的控制和监管的抗议,显示了他们对于世界上任何一所现代大学的两个基本理念——自主权和学术自由——的追求。[97]然而,问题是应该用什么标准去衡量自主权和学术自由。哈燕社和联合董事会等西方基金会倾向于相信,他们有权利保证他们的资金得到合理有效的使用。而另一方面,接受者自然不喜欢来自于基金会的控制,甚至将基金会的正常规定和要求视为冒犯。

比哈燕社体系内部问题更严重的问题是来自于1946年爆发的国共内战的挑战。1947年,共产党开始反攻,占领了一座又一座大城市。1948年冬,解放军攻打北平,并很快于1949年1月和平解放北平。后来又相继占领南京、福州、武汉和广州。到1949年末,哈燕社的大多数合作大学都在共产党控制的区域(解放区)内。[98]在1948年末至1949年初的内战后期,合作大学面临着被解放军接管的持续压力。一些学校选择再次迁移。普遍的军事和政治混乱放慢甚至中断了教育的恢复,更不用说正常运转。

齐鲁大学的经历是教会大学面临新挑战的一个极端案例。在内战期间,齐鲁大学高年级班于1946—1947学年离开成都,返回济南校园。战争迫使齐鲁医学院撤到1000里以外的海滨城市福州,而文理学院则于1948年夏从济南南部转移至650里以南的杭州。吴克明校长和文理学院的孙院长随后也离开济南。不管出于什么原因,齐鲁大学高层的缺席造成了严重的后果。[99]齐鲁大学校园在9月21—24日遭受炮火攻击,"对建筑造成了大量的破坏"。在一次炮击中,"几乎每一座建筑都受到攻击,有些甚至是多次。许多屋顶被炮弹毁坏,大量窗框被毁"。1949年4月杭州解放后,齐鲁的文理学院于8月迁回济南。而8月福州解放后,医学院也于11月迁回济南。[100]

内战期间,尤其是后期,不稳定的政局、猖獗的通货膨胀,让合作大学很难专注于保全师生群体。一些教师为了养家糊口辞职去找了更好的工作;其他教师搬至南方或香港,还有一些选择留在海外而不回国。[101]例如,燕大杰出的历史学家、北平办事处前任执行干事、《汉学引得丛刊》主编洪业,在结束了哈佛第一期访问教授任期后,又延长了一年(1945—1946)。后来洪业选择永久留在美国,在哈佛作为科研人员从事教学工作,并在哈燕社工作,直到退休。[102]许多学生因为疯涨的学费和不稳定的战争局势而辍学。[103]华中大学报告称,1949年春季学期,一大批学生因为不确定的政治局势而未返校。[104]

结果在许多教会大学,教师和学生都不足。燕大文学院院长梅贻宝在内战初期汇报称,抗战结束后,燕大每一个系的教师都有所减少。[105]随着战争的推移,很难招聘到新教师。美国和英国政府拒绝给准备回中国的公民续签护照,使问题变得更加复杂。[106]教会大学不仅不能招到更多的西方教育家,而且甚至还因为西方国家的撤离命令而失去了更多现有人员。

在这种情况下,合作大学根本不能将人文学科项目恢复至战前水平。中国教育家在抗日战争期间就意识到,1905年废除科举考试制度后,现代教育仍处于启蒙阶段,所以20世纪二三十年代的现代人文学科的总体学术水平低下。一位金陵学者在1941年评论道,中国只有极少数历史学家接受过有关现代研究方法的教育,而大部分学者未接受过西方语言和方法论的培训,只是接受过传统教育。[107]经受了八年抗战沉重打击的近代中国人文学科,因为内战再次被削弱。筋疲力尽、备受蹂躏的各校师生,对于内战导致的恶劣局面无能为力。

另一个严重的外部挑战,是内战期间中国教育家和学生的日益政治化。不像1920年代中国知识分子强调的那样,为了创造中国文化而有必要学习中国遗产,在战后这几年间,"国家大事日益冲击着学术机构和学生个人的生活"[108]。许多中国学者和学生全神贯注于国共两党之间政治和军事斗争的结果。[109]早已与国民党疏远的学术界,自1945年开始,对蒋介石政府的信任度越来越低。[110]1946年末至1947年,大学生在主要大城市发起了几次大规模反饥饿、反战争和反压迫的游行,强调他们对于和平的渴望,而且最重要的是抗议内战的再次爆发。

学生的抗议示威中断了教会大学的恢复工作。到 1947 年,上海和北平的学生示威游行频繁发生,大多数学校都无法维持正常的学术项目;国共两党斗争的结果成为唯一重要的事情。金陵大学贝德士惋惜道:"教授和学生不正常的离校和返校是大学最棘手的问题。"[111]

这些示威游行还引发了反美民族主义,给教会大学和哈燕社的人文学科项目带来了严重的挑战。中国学生抗议美国政府的亲蒋政策。[112] 1946 年圣诞前夜,北平一名美国士兵强奸中国女学生的事件,触发了战后第一次全国规模的反美学生示威,将美国的新形象定位为"西方帝国主义的领袖和象征"[113]。随着冷战在东亚的蔓延,美国支持国民党对抗共产党的内战努力及其重建日本经济和国防的政策,进一步引发了 1948 年的大规模反美示威浪潮。[114]

此外,许多中国人怀有复杂的矛盾心情——"感谢美国的援助",但"又憎恨随之而来的美国影响",这也解释了为什么美国援助的受益者们——学生——最容易被挑起仇恨。学生的民族主义和反美主义进一步加深,不仅针对美国政府,最后还逐渐攻击美国在华文教机构。[115] 这些充满了严重反美主义的学生游行,对教会大学和哈燕社的人文学项目都是不好的征兆。

总的说来,抗日战争后,叶理绥和哈燕社理事会在中国遇到了严重的内忧外患,不再享有跨国文化工程成功的有利条件。政治和军事的混乱、猖獗的通货膨胀和中国知识分子对国家政局的日渐关注,让合作大学的硬件(校园)设施和学术水准的恢复变得困难无比,甚至根本不可能;在战后年代,"恢复到正常一直是越来越遥远模糊的梦想"[116]。哈燕社的人文学项目基本没有达到战前水平,更不用说进入新的黄金时期。此外,分裂的教师队伍、学生的反美民族主义和新中国的建立,与亚洲冷战相互作用,很快就注定哈燕社和其他美国在华文教事业的消亡。

小结

叶理绥社长和哈燕社理事会雄心勃勃,希望教会大学能够恢复,中国人文学科能够进入黄金时期。他们将教会大学视为战后的潜在项目基地以及打造战后健全中国社会的推动力量,为此提供了慷慨的资助,用于总体的恢复和重建工作。跟过去一样,他们还是关注人文学科,希望利用其项目帮助中国避免早期工业化国家所遭遇的、由急躁的工业化和现代化所带来的潜在危险。很明显,哈燕社理事会比之前更加明确地采取文化方法/途径,帮助中国进行战后民族国家建设,让学社的项目能够更好地服务当代中国的需求,从而更直接地起到文化工程的作用。

慷慨的资金、哈燕社管理层的扩展和日益增强的监管,尽管有本章开头所提到的那些负面影响,但是在某种程度上有利于教会大学的总体恢复和学术项目的重建。这些学校逐渐迁回本校校园,虽然规模缩小,但至少重新开始了教学、科研和出版项目。大多数合作学校继续开设中国人文学科课程,并且能够开展相关学科的教学和科研工作。抗战时在中国西部与西南部客居期间所开展的重要的新科研和新的田野工作成果,在内战期间得以出版,几个重要期刊比如《燕大学报》和《汉学引得丛刊》也得以恢复发行。[117]抗战时合作出版的唯一高质量期刊《中国文化研究汇刊》持续出版,一直到1950年,最后一期于 1951 年出版。[118]

然而,时间仓促,分心烦事杂多。文化工程在 20 年代末至 30 年代初所享有的有利条件,因为战争的破坏、政治和经济动荡、恶性通货膨胀、亚洲冷战的兴起以及师生的激进政治化而消失殆尽。这些新变化与哈燕社面临的老问题以及其体系内部的紧张关系交织在一起,挫败了理事会希望将中国人文学科带入黄金时期并使之在战后重建与民族国家建设中起到更大作用的梦想,导致无法完成一个有效的文化工程的目标。更严重的是,国共两党之间的权力之争和国际关系的白热化,很快就注定了教会大学的厄运,导致哈燕社失去了其在华的项目基地。

注 释

1 Dwight W. Edwards, *Yenching University* (New York: United Board for Christian Higher Education in Asia, 1959), 408-409.
2 William P. Fenn, "Going Home", *The China Colleges*, 13.3 (March 1946), HYIOA. Also see Jessie G. Lutz, *China and the Christian College* (Ithaca, NY: Cornell University Press, 1975), 402-403; Edwards, *Yenching*, 398-400.
3 Lutz, *The Christian Colleges*, 379-95, 403.
4 E. R. Hooton, *The Greatest Tumult: The Chinese Civil War, 1936-1949* (Washington, DC: Brassey's, 1991), 42; Suzanne Pepper, *Civil War in China: The Political Struggle, 1945-1949*, 2nd ed. (Lanham, MD: Rowman & Littlefield Publishers, 1999), 95-96, 126-31.
5 Charles H. Corbett, *Shantung Christian University (Cheeloo)* (New York: The United Board for Christian Colleges in China, 1955), 254.
6 Lawrence D. Kessler, *The Jiangyin Mission Station: An American Missionary Community in China, 1895-1951* (Chapel Hill, NC: University of North Carolina Press, 1996), 127.
7 The Harvard-Yenching Institute's Board of Trustees' meeting minutes (TM), Nov. 14, 1946, HYIOA.

8　"Importance of the Work of the Christian Colleges in China, 1947", HYIOA.
9　West China Union University Annual Report, 1946-1947, HYIOA; TM, Dec. 15, 1947.
10　Serge Elisseeff to Zhou Yiliang, Jul. 29, 1947, HYIOA.
11　蒋介石致司徒雷登函,1945年10月16日,附在司徒雷登从牯岭发给郭查理的信函后(1946年8月5日),见"The File of the United Board for Christian Higher Education in Asia"(UBCHEA File), 66-68-1825, Yale Divinity School Library, New Haven, Connecticut。
12　Leighton Stuart to C. A. Evans, Aug. 16, 1947, UBCHEA File 66-68-1827.
13　Wallace B. Donham, "The HYI: Memorandum to the Board of Trustees, Jun. 6, 1945"; "Report of the Planning Committee to the Associated Boards, May 1945", and "The Report of the Planning Committee, 1946", all in HYIOA.
14　Donham, "The HYI: Memorandum to the Board of Trustees, Jun. 6, 1945" and "The Harvard-Yenching Institute and the Christian Colleges in China: A Statement of Interest and of Policy, 1949"; TM, Apr. 1, 1946, For later cooperation with the Planning Committee, see the HYI trustees' special meeting minutes, Apr. 15, 1946 and TM, Apr. 1, 1946, all in HYIOA.
15　TM, Apr. 1, 1946.
16　TM, Apr. 8, 1940.
17　The HYI trustees' special meeting minutes, May 25, 1942, HYIOA.
18　TM, Nov. 9, 1942.
19　董纳姆指出,哈燕社理事会会议于1946年4月1日召开,与往常相比更早一些,是为了让司徒雷登能够出席会议,因为哈燕社理事想要听到他对于中国教会大学情况的第一手报告。TM, Apr. 1, 1946。
20　TM, Apr. 1, 1946.
21　TM, Apr. 1, 1946; The HYI's Executive Committee meeting minutes, Apr. 24, 1946, HYIOA.
22　TM, Apr. 21, 1947; Evans to Elisseeff and Donham, Apr. 17, 1947, HYIOA.
23　TM, Apr. 1, 1946; Robert J. McMullen, Executive Secretary of the United Board, to Donham, Nov. 8, 1948, UBCHEA File 44-46-1185.
24　TM, Apr. 21, 1947.
25　TM, Nov. 14, 1946.

26 TM, Apr. 21, 1947.

27 TM, Apr. 12 and Nov. 15, 1948, Apr. 11, 1949; The HYI's Executive Committee meeting minutes, Nov. 3, 1947, HYIOA.

28 Pepper, Civil War, 42-93; McMullen to Leighton Stuart, Jan. 6, 1947, UBCHEA File, 66-68-1826.

29 TM, Apr. 21, 1947; Evans to North, Apr. 17, 1947, HYIOA; McMullen to Donham, Nov. 8, 1948, UBCHEA File 44-46-1185.

30 TM, Apr. 21, 1947; Evans to North, Apr. 17, 1947, HYIOA; McMullen to Donham, Nov. 8, 1948, UBCHEA File 44-46-1185.

31 Charles B. Shaw, *The Libraries of the Christian Colleges of China* (New York: The United Board of Christian Colleges of China, 1948), 76-87.

32 Shaw, *The Libraries of the Christian Colleges of China*, 76-87.

33 TM, Nov. 14, 1949; Fukien Christian University Annual Report, 1948-1949; David Cheng to Elisseeff, Sept. 1, 1949; Kenneth Chen's report about his visit to Fukien, Mar. 27 to Apr. 3, 1948, 附于 TM, Nov. 15, 1948, all in HYIOA。

34 Ashley W. Lindsay, Vice-Chancellor of West China Union University, to Elisseeff, Sept. 15, 1949, 附于 West China Union University Annual Report, 1948-1949, HYIOA; Lewis C. Walmsley, *West China Union University* (New York: United Board for Christian Higher Education in Asia, 1974), 127, 146.

35 Robert James Hightower's report on his visit to West China, spring 1948, 附于 TM, Nov. 15, 1948.

36 The U. S. Department of State, comp., *United States Relations with China, with Special Reference to the Period 1944-1949* (Washington, DC: U. S. Government Print Office, 1949); Nancy B. Tucker, *Patterns in the Dust: Chinese-American Relations and the Recognition Controversy, 1949-1950* (New York: Columbia University Press, 1983).

37 Eric M. North, "Some Notes on Postwar Policies for the Harvard-Yenching Institute, Dec. 31, 1945", HYIOA.

38 TM, Dec. 15, 1947.

39 诺斯的观点也许并不能反映全部情况。中国哲学家和教育家如孔子也强调博爱、友谊和爱。见 North, "Some Notes"。

40 North, "Some Notes".

41 关于诺斯的计划,见 North,"Some Notes"。肖托夸运动(Chautauqua)是一种流行的夏令营,最初在 1874 年开始于纽约州西部的肖托夸湖,旨在培训主日学的老师。它在十年之内变得很受欢迎,一大批独立的这种类型的夏令营在美国各湖区和树园中涌现出来。这种露营旨在通过游戏、电影、音乐和演讲等娱乐方式,为美国的乡村和小镇(的发展)提供了具有挑战性的、富有资讯的和励志的推动力量。关于肖托夸的简要背景介绍,见 Charlotte Canning, *The Most American Thing in America: Circuit Chautauqua as Performance* (Iowa City: University of Iowa Press, 2005); John E. Tapia, *Circuit Chautauqua: From Rural Education to Popular Entertainment in Early Twentieth Century America* (Jefferson, NC: McFarland, 1997); Joseph E. Gould, *The Chautauqua Movement: An Episode in the Continuing American Revolution* (New York: State University of New York Press, 1961)。

42 North,"Some Notes"。

43 North,"Some Notes"。

44 North,"Some Notes"。

45 North,"Some Notes"。

46 Elisseeff,"Memorandum"(A reply to North's "Some Notes"), HYIOA。

47 Elisseeff,"Memorandum"。

48 Elisseeff,"Memorandum"。

49 Elisseeff,"Memorandum"。

50 诺斯备忘录和理事会的观点后来发展成为官方政策,见 "The Harvard-Yenching Institute and the Christian Colleges in China: A Statement of Interest and of Policy, 1949"(见本章后面部分), HYIOA。

51 Elisseeff,"Memorandum"。

52 TM, Nov. 13, 1994, Nov. 19, 1945, Dec. 15, 1947, Apr. 12 and Nov. 15, 1948, Apr. 11 and Nov. 14, 1949, Apr. 17, 1950; HYI's Executive Committee meeting minutes, Nov. 3, 1947, HYIOA。

53 TM, Apr. 1, 1946。

54 陈观胜的著作包括:*Buddhism in China: A Historical Survey* (Princeton, NJ: Princeton University Press, 1964); *Buddhism: The Light of Asia* (Woodbury, NY: Barron's Educational Series, Inc., 1968); *The Chinese Transformation of Buddhism* (Princeton, NJ: Princeton University Press, 1973)。

55 The HYI trustees' special meeting minutes, Apr. 15, 1946. 叶理绥对陈观胜

和海陶玮的提名,见 Elisseeff,"Memorandum", Eva S. Moseley,"James Robert Hightower Dies at 90: Chinese Literature Expert", *Harvard Gazette*, Mar. 2, 2006, http://www.news.havard.edu/gazette/2006/03.02/11-hightowerobit.html(于2013年4月登录查阅)。

56 TM, Nov. 14, 1946.

57 Elisseeff to Fong S. H., Acting President of West China Union University, Dec. 9, 1946, HYIOA.

58 The HYI trustees' special meeting minutes, Apr. 15, 1946; TM, Nov. 14, 1946; Dec. 15, 1947.

59 K. Chen and Hightower's reports about visits to the affiliated colleges, spring 1948, pp. 1-23, 附于 TM, Nov. 15, 1948。

60 Chen and Hightower's reports about visits to the affiliated colleges.

61 Chen and Hightower's reports about visits to the affiliated colleges.

62 TM, Apr. 12, 1948.

63 TM, Nov. 15, 1948; Chen and Hightower's reports about visits to the affiliated colleges.

64 TM, Apr. 21, 1947.

65 有关出版该册子的讨论,见 TM, Apr. 21, 1947; Apr. 12, 1948。

66 "The Harvard-Yenching Institute and the Christian Colleges in China: A Statement of Interest and of Policy, 1949".

67 Daniel H. Bays, *A New History of Christianity in China* (Malden, MA: Wiley-Blackwell, 2012), 147; Liu Jiafeng, "Same Bed, Different Dreams: The American Postwar Plan for China's Christian Colleges, 1943-1946", in *China's Christian Colleges: Cross-Cultural Connection*, *1900-1950*, eds. Daniel H. Bays and Ellen Widmer (Stanford, CA: Stanford University Press, 2009), 218-240.

68 顾潮:《历劫终教志不灰——我的父亲顾颉刚》,上海:华东师范大学出版社,1997年,第177页;TM, Nov. 18, 1940, Apr. 14, 1941. 关于顾颉刚的《尚书》研究成果,请看顾颉刚:《尚书学》,北京:哈佛燕京学社,1936年。

69 McMullen enclosed Liao's letter in his correspondence to Leighton Stuart, Oct. 2, 1947, UBCHEA File, 66-68-1826.

70 TM, Dec. 15, 1947; Yenching Annual Report, 1946-1947.

71 TM, Nov. 14, 1949.

72 TM, Dec. 15, 1947, Nov. 15, 1948; the HYI trustees' special meeting mi-

nutes, Apr. 15, 1946.

73　Zhou Yiliang to Elisseeff, Feb. 1947 (n. d.), HYIOA; the HYI's Peiping Office Annual Report, 1947-1948, HYIOA. Arthur Rosenbaum 指出，燕大在 1930 年代初之前有两套不同的工资体系，让传教士享有特权，但后来做出了一些更改。然而，在 1940 年代末，外籍教师得到了更多的应对通货膨胀的补贴。见 Rosenbaum, "Yenching University and Sino-American Interactions, 1919-1952", *The Journal of American-East Asian Relations* 14 (2007): 47-48。

74　"The HYI's Peiping Office"; the Peiping Office Annual Report, 1946-1947; TM, Dec. 15, 1947, all in HYIOA.

75　TM, Apr. 17, 1950.

76　TM, Dec. 15, 1947.

77　West China Annual Report, 1943-1950; TM, Nov. 15, 1948, Nov. 14, 1949, Nov. 13, 1950.

78　TM, Nov. 14, 1949.

79　TM, Apr. 17, 1950.

80　President Wu Keming of Cheeloo to Elisseeff, Aug. 14, 1945, HYIOA; Cheeloo Annual Report, 1944-1945; TM, Nov. 19, 1945.

81　TM, Nov. 19, 1945.

82　TM, Nov. 19, 1945; Apr. 1 and Nov. 14, 1946; Elisseeff to Wu Keming, Dec. 8, 1945 and Apr. 27, 1946. HYIOA

83　TM, Dec. 15, 1947.

84　Drake's report to K. Chen and Hightower, included in K. Chen's report on Cheeloo, Aug. 1945, 附于 TM, Nov. 15, 1948。

85　Chen's report on Cheeloo, Aug. 1948; TM, Nov. 15, 1948.

86　TM, Nov. 13, 1950; Corbett, *Shantung*, 252.

87　Huachung Annual Report, 1946-1947; TM, Dec. 15, 1947.

88　The University of Nanking (Jinling) Annual Report, 1947-1948; TM, Nov. 15, 1948.

89　Jinling Annual Report, 1945-1949; K. Chen's report about visit to Jinling, Apr. 6-10, 1948, 附于 TM, Nov. 15, 1948。

90　Jinling Annual Report, 1947-1948; TM, Nov. 15, 1948.

91　K. Chen's report about visit to Jinling.

92 "Statement from Lingnan, 1945-1946" by Henry Frank, Vice-Provost, Aug. 6, 1946 and Lingnan Annual Report, 1946-1948, HYIOA; K. Chen's report about visit to Lingnan, Mar. 19-26, 1948, 附于 TM, Nov. 14, 1946; TM, Nov. 15, 1948。

93 Lingnan Annual Report, 1946-1947; TM, Dec. 15, 1947.

94 Lingnan Annual Report, 1948-1949; TM, Nov. 14, 1949.

95 Olin D. Wannamaker, American Director of Lingnan, to North, Jun. 10, 1929; James M. Henry, Provost of Lingnan, to George Wilson, professor of the Department of International Law at Harvard, Dec. 26, 1929; James M. Henry, "Informal and Unofficial Memorandum regarding Lingnan University, with reference to the Hall Estate and the HYI, Jan. 3, 1930", and Wannamaker, "Informal memorandum regarding Lingnan University with reference to the Hall Estate and the HYI, Jan. 3, 1930", all in "Records of the Lingnan University Board of Trustees, 1820-1952" (LUTR), the Harvard-Yenching Library, Harvard University, Cambridge, Massachusetts.

96 Lingnan Annual Report, 1945-1949; TM, Nov. 14, 1949.

97 Ruth Hayhoe, *China's Universities, 1895-1995: A Century of Cultural Conflict* (New York: Garland Publishing, 1996), 3-23.

98 Steven I. Levine, *Anvil of Victory: The Communist Revolution in Manchuria, 1945-1949* (New York: Columbia University Press, 1987); Ralph and Nancy Lapwood, *Through the Chinese Revolution* (London: Spalding and Levy, 1954), 44-45; Derk Bodde, *Peking Diary: A Year of Revolution* (New York: Schuman, 1950), 103-104; Odd A. Westad, *Decisive Encounters: The Chinese Civil War, 1946-1950* (Stanford, CA: Stanford University Press, 2003), 236-245, 286-288; Edwards, *Yenching*, 420-424; John L. Coe, *Huachung University* (New York: United Board for Christian Higher Education in Asia, 1962), 192-193; Charles H. Corbett, *Lingnan University* (New York: The Trustees of Lingnan University, 1963), 156-257.

99 Cheeloo Annual Report, 1947-1949; TM, Nov. 15, 1948. Corbett 解释说,吴校长和孙院长离开济南,是因为国民党政府教育部要求他们前往南京平息齐鲁学生要求更多政府经济资助的示威。在解放军到达济南时,吴和孙当时不在济南;不管出于什么原因,这对齐鲁大学来说,后果都非常严重。见 Corbett, *Shantung*, 255-262。

100 F. S. Drake, "Cheeloo's Department of Chinese in Hangzhou, 1948-1949; TM, Nov. 14, 1949, Nov. 13, 1950; Corbett, *Shantung*, 252-262.

101 根据鲁珍晞的研究,在1947年,超过10%的教会大学老师在英国或美国读研究生。见 Lutz, *The Christian Colleges*, 406, 448。

102 TM, Apr. 15, 1946; Apr. 12, 1948; Apr. 11, 1949, Apr. 17, 1950.

103 Roderick Scott, *Fukien Christian University: A Historical Sketch* (New York: United Board for Christian Colleges in China, 1954). 100-101.

104 Coe, *Huachung*, 192.

105 Mei Yibao, "The College of Arts and Letters, Report of the Dean, 1946-1947", Jul. 31, 1947, HYIOA.

106 Wu Keming to Elisseeff, Nov. 18, 1947, HYIOA.

107 引自 TM, Nov. 17, 1941, HYIOA。

108 Lutz, *The Christian Colleges*, 444.

109 关于战后学生运动的概况,见廖凤德:《学潮与战后中国政治:1945—1949》(台北:东大,1994年);共青团中央青运史研究室等编:《解放战争时期学生运动论文集》,上海:同济大学出版社,1988年;Jeffrey Wasserstrom, *Student Protests in Twentieth Century China: The View from Shanghai* (Stanford: Stanford University Press, 1991)。

110 Wen-hsin Yeh, *The Alienated Academy: Culture and Politics in Republican China, 1919-1937* (Cambridge, MA: Council on East Asian Studies, Harvard University, 1990).

111 Miner Searle Bates and Lilliath R. Bates to friends, Aug. 1, 1950, HYIOA. Also see Lutz, *The Christian Colleges*, 397, 424-443; Pepper, *Civil War*, 42-93; Westad, *Decisive Encounters*, 99-103; Scott, *Fukien Christian University*, 104-112.

112 关于中国知识分子对美态度变化的总体处理,见张济顺:《中国知识分子的美国观,1943—1953》,上海:复旦大学出版社,1999年。

113 Lutz, *The Christian Colleges*, 419. Also see Philip West, *Yenching University and Sino-Western Relations, 1916-1952* (Cambridge, MA: Harvard University Press, 1976), 161-162.

114 关于冷战的起源与在亚洲的发展,见 John Lewis Gaddis, *We Now Know: Rethinking Cold War History* (New York: Oxford University Press, 1997); Levine, *Anvil of Victory*; Chen Jian, *Mao's China and the Cold War* (Chapel

Hill: University of North Carolina Press, 2001); Odd A. Westad, *Cold War and Revolution: Soviet-American Rivalry and the Origins of the Chinese Civil War, 1944-1946* (New York: Columbia University Press, 1993); Akira Iriye, *The Cold War in Asia: A Historical Introduction* (Englewood Cliffs, NJ: Prentice-Hall, 1974); Melvyn P. Leffler, "The Cold War: What do 'We Now Know'?" *American Historical Review* 104.2 (Apr. 1999): 501-524。

115 Lutz, *The Christian Colleges*, 440-441. Also see John Israel, *Lianda: A Chinese University in War and Revolution* (Stanford, CA: Stanford University Press, 1998), 369-375.

116 Lutz, *The Christian Colleges*, 397. 另见 Jinling Annual Report, 1947-1948; TM, Nov. 15, 1948。

117 Yenching Annual Report, 1945-1950.

118 TM, Nov. 19, 1945, Nov. 14, 1946; Huachung Annual Report, 1945-1947; Yenching Annual Report, 1945-1949, HYIOA.

第五章　一个美国在华事业的终结
　　（1949—1951）

　　他是美国侵略政策彻底失败的象征。司徒雷登是一个在中国出生的美国人,在中国有相当广泛的社会联系,在中国办过多年的教会学校,在抗日时期坐过日本人的监狱,平素装着爱美国也爱中国,颇能迷惑一部分中国人。

　　　　　　　　　　　　——毛泽东:《别了,司徒雷登!》[1]

　　中华人民共和国成立后,因为变动的中国局势和国际关系,哈燕社无法再利用人文学科项目推动中国的文化重建和民族国家建设。哈燕社的人文学科项目无法再发挥文化工程的作用;学社也遇到了前所未有的内忧外患,再也无法承受巨大的外部压力。哈燕社的文化工程项目和在华项目基地——教会大学——最终于50年代初终结。这让许多相关人士感到震惊。很快,这就变成了人们的共识:新中国成立意味着西方文化、教育机构的迅速终结,但当时许多人仍希望,新中国成立能够给他们提供一个新的为中国现代化和民族国家认同建设做贡献的机会。然而事与愿违。

　　可以肯定的是,有些学者认为,过渡性的新民主阶段提供了模糊的灵活性,如果没有朝鲜战争的爆发,它会为美国在华文教事业提供一定的空间。[2]然而,越来越多的学者认为,这是意识形态斗争的自然结果,也是日益紧张的中美外交关系以及亚洲冷战兴起的结果。[3]

随着中美外交关系的恶化,新政府的立场更加严格。全国性的思想改造运动和强制的意识形态课程逐渐削弱、蚕食了哈燕社在教会大学的项目。然而,对哈燕社项目最致命的一击却是朝鲜战争的爆发以及战争带来的紧张局势。在随后一年,美国政府冻结了中国在美国的资产,使教会大学失去了资金来源,中国政府发起了全国性的接管西方/美国文教机构的运动。总而言之,哈燕社文化工程接受方出现的全新的中国政府带来了最严重的挑战,随后的全球冷战更是让局势雪上加霜。

哈燕社继续在中国开展项目的决心
（1948年秋—1949年夏）

随着中国共产党即将赢得内战（1946—1949）的局势日渐明朗,哈燕社理事会讨论了中国共产党接管的后果。理事们做出了应急准备,并且为学社职员撤离北平和图书馆藏书运离北平准备了资金。在1948年4月的理事会会议上,他们授权叶理绥制订计划,将北平办事处和由哈燕社资助的美国亚洲研究所的部分藏书从北平运往哈佛。[4]

1948年11月25日,在解放军占领北平前夕,哈燕社中方社长助理陈观胜关闭了学社位于燕京大学的北平办事处,在广州岭南大学校园中设立一个临时办公室。1949年8月,当解放军逼近广州时,他又将办公室再次迁移,这次迁往香港。同时兼任北平办事处执行干事的陈观胜表示,离开北平的决定是基于英国和美国领馆对于本国公民的警告——紧急撤离将很快成为不可能,他们应该在解放军到来前立即撤离。[5]

北平解放后,哈燕社理事会建议,如果13所新教教会大学里的任何一所学校被关闭,所有这些教会大学的教师每人可得到额外3个月的工资。他们还承诺从通用基金中支出6000美元,用于资助计划那些希望在1949年7月1日之后离开北平的燕京大学教授或者应对其他的紧急情况。在1949年11月的理事会会议上,他们从叶理绥处得到官方消息,陈观胜已将北平办事处先迁至广州,后迁至香港。[6]

另一方面,哈燕社理事会希望继续在中国开展工作,决心支持合作教会大学的人文学科项目。哈燕社理事会主席董纳姆敦促理事会不要放弃在中国的工作。他强调,除非被迫无奈,理事会不应该因为美国反对中国而停止为合作大学提供资金,也不应该因为美国反对共产主义就停止在中国的工作:"我非常希望我们在中国不会看到俄国情形的重现。"[7]陈观胜也持同样的看法,认为中国共产党人与其苏联的同僚相比,或许会是更好的民族主义者,会为全中国人民的福祉而奋斗。他补充道:"现在对统治北平的政权作出评判还为时尚早。"[8]

这的确是当时比较普遍的看法,包括一些消息灵通的中国知识分子和美国国务院的许多人士,都持这种看法。[9]不同的观点于40年代末50年代初在美国引发了"谁丢掉了中国"的争议;正是在这样的国内环境下,哈燕社理事会精心考虑,做了两手准备。[10]

此时,哈燕社理事会和成立于1945年6月、协助向合作大学发放专项资金的中国教会大学联合董事会表明了继续提供资助的必要条件。教会大学联合董事会表示,如果教会大学的工作仍然与基督教有关,而且资金能够寄往中国,他们并不反对教会大学在中国的继续运营。哈燕社理事会不希望他们的资金流入共产党控制的区域。[11]

教会大学联合董事会的政策更加鼓励了哈燕社理事会。联合董事会担心，如果教会大学缺少资金，中国政府会介入，并接管这些学校，所以许诺继续提供资金。[12]联合董事会也相信，中国新政府需要这些教会大学。教会大学的乐观态度和决心也加强了哈燕社理事会的信念——这些教会大学能够继续生存下去。在共产党正式接管北平前，燕大的中方领导层在1948年末作出决定，留在北平。燕大最高行政领导人陆志韦坚决相信，共产党政府致力于打造一个有益于人民的新中国。他强烈要求教师们留在燕大，因为他对共产党领导人抱有信心，他的行动也的确影响了一批本来考虑离开燕大赴岭南的著名教授。

陈观胜表示，许多燕大教授，包括一些西方人在内，都认为，中国共产党人会创造一个有益于全体人民的民主社会体制。一位西方人士写道："有一种重建和进步的崇高精神。"在燕大，人们认为"校园内的氛围与前几个月非常不一样，人们充满了希望和非常乐观，也有之前缺乏的生机和活力"[13]。燕大的范天祥（Bliss Wiant）相信，共产党人的革命为燕大继续服务社会提供了独一无二的机会。[14]

这些因素促使哈燕社理事会做出两手准备，一方面继续支持合作学校的人文学科项目，另一方面做出应急计划。理事们也决定，由哈燕社资助的美国亚洲研究所目前应继续留在北平运转，同时他们授权陈观胜在必要的情况下随时关闭该研究所。[15]

后来的事实证明，哈燕社理事会的果断决定是合理的。1949年夏天，各大学得以继续办学，没有受到外界多少干扰。于1948年12月至1949年8月间留在美国亚洲研究所的鲍大可（Doak Barnett），

第五章　一个美国在华事业的终结（1949—1951）　229

并没有感受到多少干扰。[16]陈观胜汇报道,共产党派遣高级官员去各学校解释其教育政策,没有直接干预课程。[17]北平之外的合作院校在1948—1949学年间也能够继续运营。金陵的年度报告说,共产党军队于4月23日和24日进入了国民党首都南京,而大学"平安地度过了这场大风暴,人员或图书馆藏都没有受到损失"。在福建协和大学,尽管处于政治动荡状态,学校的学术活动仍在正常运转,183名学生于1949年7月2日毕业。[18]然而,哈燕社的项目是否能继续下去,并不主要取决于学社理事会,而是取决于中国局势的发展情况。

逐渐接管:意识形态、民族主义和教育政策(1949—1950年6月)

作为坚定的民族主义者,中国共产党领袖们决定打造一个摆脱西方帝国主义控制的中国。1940年,毛泽东将"新民主主义革命"的主要任务定位为反帝国主义、反封建主义和反官僚资本主义,最终的目标是建造一个强大的、统一的社会主义中国。[19]虽然中国需要经历一个新民主主义的过渡阶段,但是"直接由帝国主义和他们无耻中国走狗"经营的文化企业在新社会中已无立足之地。在美国方面,公众和政策制定者将社会革命视为巨大的邪恶。[20]在国际上,美苏之间的冷战加剧了中国共产党对西方尤其是美国的民族主义憎恨。[21]

在内战后期,毛泽东将美国视为头号帝国主义,给哈燕社和其他在华美国文化教育机构的未来蒙上了一层阴影。不过直到1949年初,中国共产党的宣传和政策仍然是针对于美国政府的,而不是针对包括教育家在内的在华美国人。1949年8月,毛泽东批驳了美国国务院白皮书对其对华政策的辩护,指责美国在国共内战期间为国民党政府提供资金和武器,屠杀中国人民,是对中国的侵略。²² 夏末,毛泽东将矛头直接指向司徒雷登,批评中国资产阶级知识分子对美帝国主义抱有幻想,敦促他们放弃这种幻想,起来反抗美帝国主义。²³

1949年6月30日,毛泽东宣布"所有中国人必须选择是站在帝国主义一边,还是社会主义阵营"²⁴。美国迟迟不肯承认新成立的中华人民共和国,最终使中国倒向苏联,与之结盟,促使中苏于1950年初签订了友好同盟互助条约。²⁵

随着美国成为中国的头号敌人,哈燕社和合作教会大学被认定为文化帝国主义的一种形式,与美国帝国主义紧密相连。

其实直到1946年,中国共产党领导人一直对教会、传教士和中国信徒们表示尊重。20年代至30年代初,他们持反对基督教的态度,但是在抗战期间,由于需要团结一切可能的力量抗日,他们改变了态度。他们在战争期间称赞教会和传教士对中国抗战做出的贡献,还为了获得传教士和中国信徒的支持而实行了保护教堂财产和传教士的政策。1942年的一期《解放日报》社论写到,教会不仅对中国的抗日战争做出了贡献,还可以为建设一个新民主中国发挥作用。²⁶ 在战时和战争刚刚结束时,毛泽东赞赏司徒雷登对推动中国教育而作出的贡献,毛还表示他不会反对在华的教会学校。²⁷

1949年8月,内战基本结束,和解的希望破灭,毛泽东谴责美国在中国的教育活动是帝国主义的阴谋,目的是培养受美国控制的新型优秀学者。他列举的例子包括中国人文学科领域杰出的学者,比如胡适、傅斯年和钱穆,还将包括燕大、金陵大学、华西协合大学在内的教会大学批判为美国的精神和文化侵略的证据。²⁸ 毛泽东点名指出美国驻华大使司徒雷登是美帝国主义在中国的代理人。用司徒雷登自己的话说:"我曾经被认为是美国自由主义和对华友好的典型,但现在却被诬为'美帝国主义政府以及协助并怂恿蒋介石无可救药的反动和封建统治的首席代理人'。"29

中华人民共和国成立后,新政府形成了其对外政策来逐步消除所有的外国干涉,该政策的理论基础是毛泽东1949年夏的著述,包括《论人民民主专政》和批评美国《白皮书》的五篇文章。中华人民共和国早期的对外政策是"另起炉灶"和"打扫干净屋子再请客",包括重建外交关系,废除外国所享受的一切特权,没收外国财产,并接管外国在中国的教堂、教会医院和教会学校,这都预示了哈燕社项目和教会大学在中国的黯淡前途。30

在改革所有旧式教育机构为新的社会主义中国服务的决心下,第一步是改造教育家和学生的思想。包括教会大学在内的所有学校,都被强制要求教授共产主义意识形态的必修课。华北教育委员会于1949年10月颁布的规定,将"辩证唯物主义""历史唯物主义"和"新民主主义论"列为所有大学生的必修课,而"政治经济学"则是人文学科和社会科学专业学生的必修课。该规定还鼓励学校尽可能开设俄语课,强调向苏联学习,并在中国推广苏联教育模式的重要性。31

在1949年10月中旬,所有教会大学都被要求向新政府注册。而若要注册,学校必须首先重组管理层。根据新规定,学校的管理和财务权都应交到中国人手中。注册后,所有校园财产的所有权和控制权都应该交给由中国人组成的理事会。所有有关捐赠、收入和支出的信息都应定期提交给当地的教育部门和教育部。可能是由于新的政治气氛的影响,教会大学中大约一半的西方教师于1949年底离开了中国。用陈观胜的话说,在重组后,大学校长必须由中国人担

任,校长更多是作为政府与大学之间的联络人,而不是学术工作的领袖。³²

这仅仅是中国教育改造的第一步。1949年12月,教育部长马叙伦宣布,公立和私立学校教育工作的关键,是通过改造知识分子而获得他们的支持。³³随后当新政府的工作重心从维持现有学校及其职员转变为改造他们时,政府就出台了如何进行政治和意识形态教育的详细指导方针。³⁴1950年春,教育部的一位高级领导柳湜强调指出,所有教育工作者必须系统和科学地批判统治旧式中国教育的旧意识形态、教育体制、教学大纲和教育方法。³⁵

1950年5月30日至6月9日,在北京由教育部举行的首次全国高等教育会议,重点讨论对旧教育体制的改革、团结知识分子以及调整私立大学尤其是教会大学。受邀与会者包括来自哈燕社的合作大学燕大、金陵、岭南和华西协合以及华中和金陵女子学院的代表。毛泽东也亲自到会一次,周恩来总理发表了讲话,马叙伦致开幕辞和闭幕辞。马叙伦和副部长钱俊瑞还与教会大学代表进行了两次非正式会议。³⁶

很明显,如果教会大学不遵守新政府的法律和法规,那将无法在中国继续运行下去。他们必须开设必修的马列主义的课程。然而,政府试图谨慎推行改革,避免引起教会信众的反感。只要教会大学将教会与教育分开,政府仍然允许他们开设宗教课程作为选修课。在财务方面,政府警告学校不要被外国帝国主义利用,而鼓励他们在中国寻求资金,并且允诺,如果需要的话,政府将给予资助。然而,来自西方的资源仍然是被允许的——在当时来说也确实是必要的——只要资金没有政治目的或不可告人的动机。³⁷尽管关于由中国人控制和自给自足的要求在1949年之前就已经比较明显,但是中美之间的紧张关系和冷战在东亚的蔓延,以及一个强有力的社会主义国家的建立,完全改变了局势。用鲁珍晞的话说,新政府"在实施其政策需求时,比以往任何一个中国政府都有更大的权力"。[38]

总而言之,哈燕社的合作大学和其他教会大学要么接受注册的要求,要么就面临着关闭的结局。不管是哪一种结果,对于哈燕社项目和教会大学来说都是致命打击。陈观胜在提交给叶理绥和哈燕社理事的报告中,反映了对未来的一种更加悲观的新预测:

> 对于燕大的未来,中外员工都有许多担忧情绪。校园中的共产党员公开传播信息,表示政府将在两到三年的时间内全面接管燕大。与政府高层有接触的燕大行政领导却认为,燕大能够作为私立机构运行更长时间。[39]

然而中国共产党领导人显示出一定的灵活度,他们还在整合权力的过程中,同时他们也需要教会大学,而且还没有足够的资源立即有效地经营这些学校。[40]毛泽东在1940年的《新民主主义论》中指出,新民主主义革命第一阶段的主要目标并不是要废除/瓦解/推翻有用的资本主义元素。[41]在1949年6月30日的《论人民民主专政》中,他再次肯定了对民族资产阶级应持有条件的容忍态度,把他们不仅包括在"人民"当中,甚至也包括在"专政者"当中,虽然这部分人将会依其态度不同而受到温和或强制的改造。在毛泽东看来,"民族资产阶级在现阶段上,有其很大的重要性",中国共产党必须团结这一阶级,共同抵抗帝国主义,使落后的经济地位提高一步。[42]毛泽东还呼吁古为今用,洋为中用,而他开放的论调对于赢得都市知识分子和在华外国人的支持是非常重要的。[43]

毛泽东的态度和灵活性为中国共产党的现实外交政策定下了基

调。在内战前期,中国共产党集中精力揭露和批判美国"殖民"中国的政策,但并未攻击美国人。1948年3月,共产党宣布宗教自由和保护教会的政策,不论其国籍,前提是遵守中国法律,不组织颠覆性的活动。[44] 1948年12月中旬,毛泽东命令军队进入北平的时候,保护燕大和清华等学校以及他们的财产。如韩德(Michael Hunt)所述,直到1949年年中,"毛泽东小心翼翼地推进,试探是否能够与美国达成外交关系,避免完全依靠苏联,尽量在重建和解放台湾的过程中保持贸易关系"[45]。《共同纲领》也包括了宗教自由的条款。甚至连毛泽东要求"选择阵营"的演讲,也并未要求驱逐希望在华的美国人。[46]

作为毛泽东战略的发言人,中华人民共和国第一任总理和外交部长周恩来也采取了灵活的方式。1949年1月,周恩来表示将采取既有原则又灵活的方法。原则上,在中国所有的帝国主义特权将被废止;实际上,具体事情应具体分析。[47]他为中国的外交关系定下了明确的原则:"我们希望与所有平等对待我们的国家合作。我们不歧视外国人,不挑衅……我们立场坚定,但是应该特别小心,必须秉持'有理、有利、有节'的原则,小心处理事情。"甚至在司徒雷登在夏天被召回美国前夕,周恩来还通过第三方向美国转达信息,表示希望与所有国家建立关系,不管是什么政体。[48] 1949年9月,周恩来宣布,中华人民共和国的外交政策将以"独立自主"为原则,外交关系不能建立在对"帝国主义"让步之上。他在最终的表态中用"平等互利"取代了"帝国主义",这也被写入了《共同纲领》和1953年12月31日的和平共处五项原则中。[49]

中国共产党对于传教士和教会大学的官方态度显示出了克制和隐忍。[50]中国共产党领导人鼓励教会大学继续办学,并且如果必要的话,将提供财政支持。陈观胜的报告称,周恩来认为私立学校没有理

由不在中国继续运行下去。他引用周恩来的话说，

> 中国人民反对的是将这些机构变成政治宣传和帝国主义宣传的中心，但是如果这些机构为国家提供科学和技术人才，进行教育和文化活动，那么欢迎它们继续经营下去，中国也需要它们。在短时间内……私立教会大学的继续存在是毫无争议的。[51]

在此情况下，直到1950年初，中国共产党领导人还对燕大持正面态度。其中一个例子是关于燕大教师发表的抨击美国白皮书和阐明自己立场的声明。当燕大将一份由一名共产党员和两名进步教师起草的声明递交给上层审批时，周恩来指出，声明太过分了，因为它攻击所有美国人；这将引起支持燕大的美国人的仇恨，从而威胁到燕大的资金来源以及持续运行下去的可能性。所以周恩来提议，声明一个集中攻击国务卿艾奇逊（Dean Acheson）、美国国务院和美国政府，不要涉及美国人民。燕大代理校长陆志韦重写了声明；在陈观胜看来，这个重写的声明"相对和缓一些，涵盖了周恩来所强调的所有观点"[52]。

中国共产党领导人对燕大持包容态度的另一个例子是，周恩来曾亲自批示拨付资金和小米，帮助燕大度过1950年春季学期的困难时期。[53]根据陆志韦描述，事实上早在1949年春，燕大就曾得到政府的资助；而到了1950年5月，燕大则成了唯一一所由新政府部分资助的私立大学。[54]

燕大获得优待是可以理解的。它为中国共产党和新政府培养了许多毕业生，有些甚至身居高位。周恩来和钱俊瑞都表示，新政府需要燕大和其他教会大学继续为建设新中国培养学生，尤其是科学技

术人才。此外,新政府急迫需要外汇,尤其是美元。陈观胜表示,"不需要任何资金支持,政府就能拥有一所优秀的大学,运作良好,与其他国立学校一样或者更有效地开设政府需要的项目。同时,燕大还在获得政府亟需的外汇"[55]。

中国共产党的灵活性鼓励着哈燕社和教会大学,使他们抱有继续下去的希望,给吴耀宗等教会领袖和陆志韦等教育家留下了良好印象。早在30年代,吴耀宗就对共产党的革命产生同情。他于1949年9月出席了中国人民政治协商会议,后来还领导了基督教三自爱国运动。[56]陆志韦认为新政府并没有消灭教会学校的意图,因为新政策既不排外也不反宗教——因为《共同纲领》许诺所有宗教信徒拥有"宗教信仰的自由"。[57]

另一方面,与许多教育家和大部分学生一样,陆志韦真诚地支持中国共产党推翻取代蒋介石的国民党腐败政府的革命。[58]陆志韦受邀与其他知识分子一起,于1949年3月25日在北平西郊机场迎接毛泽东。[59]1949年夏天之前,燕大的教师就自发开展政治学习。包括燕大宗教学院院长赵紫宸和陆志韦在内的9名燕大教师参加了9月21—30日举行的中国人民政治协商会议第一次会议,筹备新中国的建立。整个燕大都受邀参加1949年10月1日在天安门广场举行的开国大典。[60]

早在1949年1月,陆志韦通过他人向毛泽东转交口信,请求新政府支付燕大中方教职员工的工资,将外国经费留给大学的西方人员、研究、设备和整体运作。[61]现在随着中华人民共和国的成立,陆志韦希望燕大能够在新政权下继续办学。

北平之外的几所合作教会大学也支持共产党的政策,决心继续办学。即使是在1950年5—6月的首次全国高等会议之后,他们仍然对未来抱有希望。华中的韦卓民校长在 1950 年 6 月写到:"我们决心将华中的工作继续下去,如果必要的话,我们会修改大学的教学课程。"[62]

然而,新政府的教育政策最终会与哈燕社、燕大(私立学校中最进步的学校)和其他教会大学的基础原则和理念发生冲突。新政府对包括基督教大学在内的教会机构表示出宽容,允许他们在"近期内"或"未来一段时间内"继续运行下去。[63] 可是,中国政府和教育家都不知道,西方/美国资助的机构还能被允许在中国继续运营多久。韦卓民汇报称,政府公开表示,私立大学最终会失去存在的空间。[64] 当政权巩固后,新政府就开始投入更多的精力,改革和重塑教育机构。

哈燕社在中国的两手政策:
在一定前提下继续提供资助(1949 年秋—1950 年春)

哈燕社越来越难得到可靠的信息。哈燕社理事们担心来自中国的报告可能是在政治压力下小心翼翼完成的。不过,他们决定,只要形势许可,他们会继续支持哈燕社在合作教会大学的人文学科项目,但是会谨慎行事并附有前提条件。

陈观胜于 1949 年末至 1950 年初赴京,并于 1950 年 2 月汇报了在京见闻:哈燕社资助的燕大科研项目"与过去一样进行,没有受到任何外界机构的直接干扰"[65]。此外,许多教育家仍对学校能够在新中国生存下去抱有希望,直到 1950 年 6 月初依然如此。1949 年末,陆志韦给叶理绥发电报,敦促陈观胜回到燕大重开哈燕社北京办事处。[66] 所以哈燕社理事会认为,燕大和其他教会大学仍有可能继续在中国运营下去。

在北京之外的地方，其他教育家也对未来仍抱有希望。华中的整个教师队伍重申了在新中国继续工作的决心。[67]华西协合的许多西方员工计划留下，希望"新政府会允许教会大学继续运营下去"[68]。到1950年暮春，岭南大学理事会还一致认为，此时不是西方教职工撤离大学的时候，因为"他们并未处于危险之中；他们所做的工作有用且有意义，而且仍然是大学的中国管理层所期望的。到了应该撤离的时候，撤离到附近的香港也不是什么难事"[69]。合作大学的热情和决心让哈燕社理事会相信，在中国的项目情况总体令人满意，并且有希望继续运行下去。[70]

教会大学联合董事会的政策也加强了哈燕社理事会维持在华项目运行的愿望。联合董事会官员意识到，如果没有美国的财政支持，燕大和其他教会大学将不得不向新中国政府寻求帮助。他们听到陆志韦向新中国政府寻求财政支持时，感到十分惊讶，并担心这会让燕大完全转变为一所国立大学。[71]联合董事会执行副干事芳威廉（William Fenn）在1950年3月末给叶理绥的信中写道：

> 随着压力增大，教会大学的财政独立越来越重要。如果失去财政独立，那么学校将无法保证知识和精神的完整性。这个事实让我们感到，我们应该为这些学校和教授们分担这项预计的风险。鉴于来自中国的经费来源日益减少甚至最终枯竭，我们这一边的责任就越来越重大了。

芳威廉还指出，联合董事会1950年的筹款运动受到了教会机构与个人捐赠者的热情回应，这是对"大学的重要性的真正认可以及对他们应对未来考验的强大信心。"[72]

陈观胜建议叶理绥和哈燕社理事会遵循教会大学联合董事会的

总体政策。陈观胜在关于他1949年12月15日至1950年1月18日北京之行的报告中写道,联合董事会"无法再为教会大学制定总体计划",因为每一所学校在不同的管理分区中,需要遵守教育部的规定,并且满足当地部门的需求。陈观胜还指出,哈燕社在燕大资助的本科项目正经历着机构和教学大纲的变革。尽管有这些变化,但是陈观胜还是强烈建议哈燕社理事会不要完全改变政策,只是暂停对燕大和其他合作大学的支持。他向理事会建议:"只要联合董事会认为在华教会大学有继续存在和受到支持的价值……我们可以采取同样的立场。"[73]

美国政府也将教会大学视为一项重要的美国利益。在回复董纳姆1950年5月17日的来信时,助理国务卿迪安·腊斯克(Dean Rusk)强调了哈燕社在华进行运行的必要性。他解释说,由于美国政府没有渠道与中国政府或者中国人民进行直接联系,而且大部分美国商人都已撤离,"只要有美国人愿意在中国继续进行正常的宗教、教育或其他专业工作,能够与中国人保持即使是有限的联系,那么也是对美国利益的服务"[74]。

哈燕社理事会曾承诺于1949—1950学年向六所合作大学拨付85000美元专项资金,还投票保证于1950—1951学年继续提供同等数量的资助。他们除了之前承诺在1949—1950学年提供7500美元之外,在1950年4月的理事会上还决定在1950—1951学年为华中再拨7500美元。[75]在这次会议上,理事会还决定于1950—1951学年拨付最多不超过50000美元的通用资金资助联合董事会所提交的五个项目中的三个——"教师海外学习奖学金"(以支持年轻优秀中国教师赴美进行为期一年或更长的研修)、"所有中国教授回国之旅"

和"员工个人紧急援助"。[76]

美国和中华人民共和国之间的紧张关系以及美国对新中国正式承认的拖延造成了另外的障碍。在1949年11月的哈燕社理事会会议上,理事会授权学社教育委员会重新起草学社的政策,尤其是当前在中国的学术目标。[77]他们还讨论了由哈燕社资助的、位于北京的美国亚洲研究所是否应该继续下去,并一致认为:如果美国政府承认中华人民共和国,那么就有必要保留美国亚洲研究所;但是如果事实相反,如果没有美国学者愿意去北京的话,那么就应该关闭该研究所。[78]

陈观胜在关于他于1949年末到1950年初对燕大访问的报告中总结说,合作大学的课程和行政事务无法独立。在某些课程中比如中国近代史,可以使用以前的材料,但是必须改变表述方式,将重点放在阶级斗争方面。此外,燕大的一些思想政治课程是反帝和反美的。陈观胜还提出,大学在注册之后,校长更多地成了政府与学校之间的联络人,而不是学术事务的领袖。[79]中美外交关系的持续紧张,让哈燕社重新开放在燕大的北平办事处成为不可能的事情。只要美国国务院不承认新中国政府,叶理绥就看不到"哈燕社北平办事处作为美国基金会分支机构存在和按照既定原则重新运行"的可能性。[80]哈燕社理事会还觉得,各合作大学校长的来信似乎受到了越来越多的限制。[81]

到1950年4月的理事会会议时,哈燕社理事得到了对形势的不同判断。教会大学联合董事会的芳威廉写道:

> 各学校都在各自的管理层下运作,在机构上进行了改革,但是并非完全忠于学校和其理念。政治教化正在干扰正常的项

目,但是还未达到严重降低学术标准、否定学术自由的程度。校园仍享有宗教自由,与之前受到非宗教运动的挑战不同,现在的宗教生活几乎没有受到干扰。尽管有来自国立大学的竞争,但是教会大学提供的教育还是吸引了足够多的学生。明年情况可能会更加困难,但是并非不可能完成。[82]

有了这些新的、尽管有限的信息,哈燕社理事会投票改变政策。哈燕社教育委员会于1949年起草的官方文件《哈佛燕京学社与中国教会大学:学术兴趣和政策声明》宣称,哈燕社的主要目标一如既往,仍然是鼓励"客观和公正的"教学和科研工作,并在中国人文学科领域提供"有效的教育"。[83]在1950年4月的理事会会议上,理事们投票通过以下决议:"如果发生重大改变,给既定目标造成严重障碍,那么理事会将感觉有责任做重大调整,全面调整以前的资助政策。"这是他们首次考虑结束哈燕社在中国的项目的可能性。他们还决定,美国亚洲研究所作为亚洲研究中心不可轻言终止其活动,将其更名为燕大词典编辑办公室。[84]如果教会大学联合董事会的前提条件遭遇严重悖逆,那么联合董事会会停止提供资助并关闭教会大学。[85]关闭教会大学则意味着哈燕社失去在中国的项目基地。

在中国逐渐消亡(1949年秋—1950年春)

哈燕社的合作大学面临着越来越大的压力,不得不屈服于新的规定和政策。从1949年春季学期开始,所有教会大学逐渐改革管理层和课程。到1950年春季学期,哈燕社在合作大学的项目大部分遇到了麻烦,因为哈燕社文化工程项目的重点——中国人文学科——被视为封建和资本主义方法论的化身,与马克思主义不符。大部分新的必修政治学课程都设在中文和历史系,也就是哈燕社项目的核心基地。所有这些变化都预示着哈燕社项目在中国黯淡的未来。

如前所述,教会大学在共产党取得胜利之后都有所调整。首先,他们为了注册而在1949年秋重组了管理层。每一所大学都增添了一系列精心设置的委员会,确保每个人在学校的运行中都有发言权,因为"现在是人民民主"。每校都建立或是扩大校务委员会或者大学政务会,通常由校长、一至两位副校长、院长、审计长、财务主管以及教师、职员、工会以及学生代表组成。

例如,燕大在被接管之前就成立了一个校务委员会,由陆志韦担任主席,现在该委员会扩大至22名委员,除了主席之外,还包括五名院长、审计长、六名选举出来的教授、一名讲师、一名助理、两名职员、两名工友和三名学生。任何决议都取决于大多数委员的投票。[86]作为大学最高管理机构,校务政委员会/政务会负责教学、科研、财务和所有重要改革计划的审批工作。该委员会下设不同级别的小组委员会。尽管1949—1950年的行政重组总体上不是破坏性的,但是它却极大地改变了管理层的总基调。[87]这些重组获得了许多中国教育家和学生的支持。

此外,旨在消除人们旧思想的大规模政治学习,扰乱了合作教会大学教师和学生的正常工作。每一个人都会被改造为社会主义新人,在思想和行动上都遵守社会主义指导方针,将国家置于家庭之上。[88]在燕大,学生现在每天都投入数小时"排练表演和筹划会议",以满足高层的要求。陈观胜汇报说,校园"到处充斥着讨论小组、会议和礼堂中五小时的表演"[89]。所有中国教师都被要求参加政治课程,定期参加反帝反美的演讲和报告,每周在这些政治学习活动上花费10—12小时。[90]

其他学校也必须开展政治学习。1949年夏,北平的清华大学开设了为期一个月的夏令营,为2000多名来自北平、天津地区的大学毕业生提供有关政治理念和社会主义思想的特殊培训。毕业生每周参加两次由周恩来总理这样的重要人物所做的重要演讲,其余时间则进行小组讨论;在培训学习结束后,"每位都会如其所愿被确保得到一份公务员的工作"[91]。

北平以外的学校也纷纷仿效。在南京,教育当局于1949年开设了为期一个月的暑期研究班,对中小学校长和教师进行有关新政策和意识形态的培训。[92]在华西协合大学,为期三周的培训营于1949年11月举办,对成都地区的500名学生进行培训。学生花费许多时间学习歌颂社会主义革命的歌舞,并参加有关意识形态的讲座和讨论,然后用娱乐形式传播给大众,尤其是四川乡村的农民。[93]

1950年春季学期,师生们不得不投入更多的时间到政治学习中。政府在夏天为各大学的校长开办了为期六个月的长期政治学习班,研修马列主义和大众的生活方式。[94]

此外,教学课程发生了重要的改变,尤其是在1950年春季学期。教育部要求所有大学开设几门必修的政治思想课,并停止旧式政治思想课。[95]到这时,所有六所合作大学都要开设新的必修课。例如,岭南增设了五门新课——"新民主主义论""马克思主义选读""近代社会理论""合作社"和"苏联经济法",并开设俄语选修课。[96]

这些政治思想课程占用了一大部分正常的课时,严重扰乱了正常的学术项目。例如,福建协和大学的毕业班"必须修满17学分的必修课程,只剩下很少时间学习其他内容"[97]。由于各种政治学习和思想改造课程占据了大量的时间和精力,教师们只有很少或几乎没有时间从事科研工作。

不合作的后果非常严重。由于齐鲁大学文理学院没有留在济南,齐鲁大学面临着严重的困境。新政府认为齐鲁没有体现新民主的教育精神,因此暂停齐鲁录取新生。此外,齐鲁被要求改进教学方法,指导学生的思想与活动,修订课程,并最终关闭了文理学院,以维持其医学和科学工作。[98]

教会大学还被要求从被压迫阶级立场教授中国人文学科。中国历史被视为统治阶级、剥削者和地主官僚与被压迫剥削的农民和工人阶级之间不间断的阶级斗争,马克思主义的历史研究强调剥削者的罪过,赞扬普通民众的抵抗。简而言之,所有中国历史都必须重写和重新诠释。据此,所有传统的中国人文学科课程,尤其是历史和文学,都要重新修订以符合唯物主义哲学。在1950—1951学年间,燕大的教师面临着来自学生的各种压力,这使哈燕社资助的两名研究教授齐思和和聂崇岐决定,只面向研究生开设小型研讨班课程,这些课程受到的政治压力相对来说要小一些。[99]

燕大的中文系也经历了不小的变革。政府坚持要求教育要适应当前的需求和服务大众,中文系只好修改了大纲。过去,所有的一年级新生都要学习古文和当代中国文学。从1950年春季学期开始,非主修专业的新生不再需要学习中国经典;替而代之的是,他们需要学习"当代政治文学"和"大众语言"。教"中国文学史"的教师不得不将中国最伟大的诗人之一和著名的隐士陶渊明(365—427)当做剥削民众的地主官僚。简而言之,由哈燕社资助的燕大本科人文学科课程,不再享有"西方大学所理解的那种意义上"的全部学术自由。[100]

同时,教会大学开始开设俄语课,并使用苏联教学模式,而减少英语课程。燕大女校的夏仁德夫人(Louise Sailor)发现英文课程在校园里不再受到欢迎:"除了外国人授课的教室之外,哪儿都听不到英语。即使在那儿,大部分学生也在说汉语。大学里没有用英语进行的讲座和会议。所有的大学集会都不再是双语的了。"她还表示,与过去不同,现在所有会议纪要"都用中文,复写版也必须由手工准备,以便在任何必要的时候随时发放。布告栏上所有的告示全是中文。"在她看来,这种改变"让人真正感觉这是一所中国大学,由中国人运行,只是欢迎外国人作为教师提供帮助,甚至在极少数的情况下,让能做特殊贡献的人可以参与行政管理"。[101]其他的合作教会大学也有类似情况。

陈观胜指出,直到1950年1月,"共产党除了要求历史研究从他们的角度进行,没有试图阻止或干涉纯学术研究"。然而,燕大的共产党员明确表示,纯粹的学术研究是浪费时间和精力,对国家当前的需求毫无帮助,如果不完成团体生活和集体活动的需求,那就是自私的个人行为。他们相信:

> 当全国人民积极参加国家建设的伟大运动时,教授们应该忘记自己的小课题,而应该为提高大众生活水平、统一和建设祖国做出直接贡献。中国太穷,人才太少,学者不应浪费时间、精力和金钱,进行与现今无关的学术研究。[102]

对于科研的另一个干扰是,教授们是"如此地忙于学习新理念、参加会议和举行讨论,以至于他们根本不再有时间坐下来搞研究"。燕大的一位系主任告诉陈观胜,从1949年秋季学期开始以后,他就没有一个属于自己的晚上。此外,1950年8月,教育部一连发布了11个方案来调整学术研究,包括一个前提——科研工作应该遵守新政府的教育政策。[103]陈观胜总结道,"我们对学术研究的未来不能抱有太大的希望"[104]。

中国人文学科的教学无可避免地受到新政府政治导向的影响。即使像陆志韦这样的进步人士也承认时局的变化:"教育或学习已经不再是一种逃离政治生活的方式;人们可以赞同或不赞同从政治角度看问题的新方式,但却不能保持中立或者漠不关心,或者不能退缩到自己的小天地中。"[105]

教会领袖和神学家们也面临着同样的要求。劳伦斯·凯斯勒(Lawrence Kessler)评论道,在1949年4月末共产党军队到达后,留在江阴站的传教士失去了某些自由,他们的项目也受到一定程度上的干扰。江阴站的经历"与当时中国的大部分其他新教传教士的经历相似"。[106]中华人民共和国成立后,新政府采取行动,希望新教和天主教都能够与帝国主义切断联系,自立自治。

天主教尤其是上海天主教会直到1957年或之后才接受政府管理,而新教教会在1950年代初期总体来说都积极响应新政府的号召。[107]1950年5月,包括吴耀宗在内的大约20名基督教领袖与周恩来总理和其他政府要员进行了系列会议,并且发表声明表达教会的政治立场。燕京神学院院长赵紫宸、左翼基督教领袖吴耀宗和其他著名中国基督教领袖共同起草了"基督教宣言"(全称为《中国基督教在新中国建设中努力的途径》),并经周恩来批准正式发表。该宣言呼吁所有教会接受新政府的指导,并且全面配合反封建、反帝国主义和反资本主义的运动。由于基督教过去一直与帝国主义结盟,而且美帝国主义利用宗教培养反动势力,所以这些教会要成为自养、自传、自治和自尊的教会。原则上,基督教团体不再接受外国的资金援助,不再雇佣外国人;外国传教士应该在合同到期后离开中国,而正

第五章 一个美国在华事业的终结(1949—1951)

在休假的则不应该再返回中国。宣言于6月初发表在报纸上,最终版本在8月出版。到8月末,该宣言已获得了1500多个签名,包括杰出的中国基督教领袖和几所教会大学校长的签字;到1951年5月,签名数量约达18万。[108]宣言显示,许多中国基督教领袖甚至在朝鲜战争爆发之前,就已经倒向新政府了。

日趋严格的条规/要求和思想改造运动挑战着哈燕社的思想理念——学术自由、学术操守/标准以及跨国/跨文化合作,大量学生、教授和宗教神学家自愿支持新政策,这引起了对西方/美国资助的文教事业在中国继续运行的能力的进一步担忧。

朝鲜战争降下帷幕

朝鲜战争造成的紧张局势给哈燕社项目和其他西方/美国文化和教育机构致命一击。朝鲜战争爆发前,美国的出资机构仍然希望将项目继续运行下去。然而,朝鲜战争加强了中国的反美运动和美国的反华情绪。最终,朝鲜半岛的兵戎相见阻挡了美国资金流向中国,从而为中国政府接管教会大学带来了机会,导致哈燕社失去了在华项目基地。

包括哈燕社合作大学在内的所有教会大学,都被要求将更多的时间用于群众会议、上街示威游行、讲座、分组讨论和大众集会,从事教学和科研的时间越来越少,旨在消除任何"亲美、崇美和恐美"的情绪。随着战争的深入,强有力的爱国主义诉求,结合马克思主义,引发了"高度情绪化的民族主义和反美主义的爆发"以及一波又一波的全国性抗议,正常教学和研究工作完全不可能。所有人员,从教授到学生到员工,必须参加反美活动,否定过去的亲美思想。教员们被要求使用符合新路线的教材。任何违反规定的人都会受到惩罚。[109]

在教会大学中,燕大首先发起了反美运动。由于他们过去与美国联系过于紧密,燕大的中国师生或许觉得有必要表达他们的民族主义。除了那些动员人民起来支持抗美援朝事业的常规政治学习会议和其他活动,燕大还在1950年11月初开始了为期一个月的反美运动。[110]据一位在燕大的西方人说,校园中的反美运动:

> 规模比我们任何人想象的更大,更极端……我们大家都很困惑,我是说我们所有人。不仅图书馆里贴满了许多东西,而且墙上、树上和不怎么使用的建筑上也都贴满了大字报;广场上的扩音器,报纸上的文章,群众集会、小组会议等,所以这一切都围绕着同一个话题——帝国主义在朝鲜的行径。[111]

北京以外的合作大学纷纷仿效。齐鲁大学为了集中精力进行反美宣传,直接停课,教授人们对"美帝国主义侵略"和朝鲜战争的正确态度。[112]在福建协和大学,1950年11月末的整整一个星期成为"反美帝国主义周",所有教职员工和学生都学习新民主,批判美国侵略。[113]1950年11月,华西协合大学的大规模反美运动持续了数周,甚至演变为学生对西方教育家的暴力袭击。而金陵大学的反美运动则包括全天候的大型集会和小组讨论。[114]

美国驻联合国代表奥斯汀(Warren Austin)于1950年11月末发表了有关蒋介石国民党政府与美国的长久友谊以及中国知识分子与美国之间的特殊关系的讲话,更强化了对教会大学和美国培养的知识分子的怀疑。许多中国教会领袖强烈抗议奥斯汀的讲话。12月初,七所西方/美国资助的教会大学发了一封2000字的电报给中国驻联合国代表伍修权,抗议奥斯汀的讲话,表达他们的爱国主义。这封电报发表在全国数家主要报纸上。他们谴责美国资助的在华教育机构"在中国年轻人中传播所谓的'美国生活方式'的有毒思想","忽视中国语言、历史、法律、文化、艺术和生活方式,损害中国年轻人的民族意识"。[115]

同时,全国范围内掀起"抗美援朝"运动,揭露"美帝国主义文化侵略的罪行,提高学生对于美帝国主义侵略本质的理解,并且加深他们对美帝国主义的仇恨"[116]。与早些时候针对美国政府的宣传不同,这一波新的运动是针对成为美国在华文化帝国主义象征的知名美国人。中国师生们控诉西方教授讲授反马列主义的材料或者显示出帝国主义的偏见和态度。

76岁的司徒雷登被燕大师生指控为"美国文化侵略的急先锋和美国政治和经济侵略的参与者"[117]。鲍贵思(Grace Boynton)评论道,燕大人的"整个学术训练都受益于司徒雷登,现在却公开谴责他(司徒雷登)是间谍,是中国人民的敌人"[118]。

在华中大学,12月初招募志愿者的运动"迅速转为控诉美帝国主义,尤其是控诉过去和现在的西方职员的一些帝国主义行径……谴责美帝国主义的海报遍布全校园,对某些人的言辞非常过激"[119]。

尽管暴力不常见,但是令人尴尬的公开审判和惩罚却并不少见。岭南大学就是一个极端的例子。岭南将1950年12月中旬到月末的整个时间段都投入到了运动中,"校园中都是大字报,美国人的住家被各种印刷和涂画的标语和攻击字眼所覆盖"。整个1700多人的学生团体都参加了控诉大会,分析60年来美国的影响和控制,批判美帝国主义通过教会大学在华南进行文化入侵,并将反动的美国教授视为其代理人。在他们看来,"美帝国主义的根基是秘密的诡计和邪恶的行动"。整个校园里都充满了极度的愤怒,美国教职员不得不到市里的两家医院避难。有些中国教授也被整肃,他们的名字被公布在日报上。[120]岭南大学文学院院长富伦(Henry Frank)后来回忆道:"从1950年12月1日开始,对美国个体的大字报控诉逐渐出现,而"到12月14—15日两天的全校控诉大会时达到高潮,最终正式给大学里的整个美国人群体打上了帝国主义的标签,迫使他们与中国朋友和同事分开"。[121]

随着反美运动发展到全中国的每一个角落,反美情感达到了新高度。正如鲁珍晞所评论的,"到1951年,人们已经不能接受将美国政策和个人行为区分开来。美国和帝国主义成了同义词。美国人、亲美或者与美国人联系紧密的人,都被视为人民的敌人"。随着美国成为中国的头号敌人,教会大学作为美帝国主义的产物,不再受到欢迎。在此情况下,教会大学不得不放弃与西方世界维持联系的努力。"绝大多数西方教师不再与学生见面,因为即使是单个中国人同西方人之间的社会交往也会让中国人受到怀疑。一些人被攻击为美帝国主义的工具"[122]。

在新形势下,即使是教会大学中一些知名的中国教育家也完全改变了态度。越来越多的中国教育家相信,美国传教士朋友的离去是对教会大学的最好服务。陆志韦宣布,尽管他真心欢迎任何希望留下来的西方人留在中国,但他并不鼓励他们留在中国。[123]福建协和和华西协合的一些教育家觉得,西方人在校园中的继续出现是"一种尴尬,是造成政府领导一直误解的原因"[124]。在成都,人们不愿接受教会大学的职位,因为他们害怕被指控为西方帝国主义的走狗。[125]

中国教育家的态度变化是因为巨大的压力引起的。许多中国教育家自1950年12月开始被整肃,他们的名单被公布在全国各地的

第五章 一个美国在华事业的终结(1949—1951)

日报上。[126]那些不认同马列主义的教育家或"极度认同美国的人,很难界定自己的有用作用",设法在可能的情况下离开中国。1950年,教会大学里有五所学校的校长职位空缺。[127]

许多西方教育家被形势所迫,不得不离开中国,因为他们很难或根本不可能开展工作。他们还认为,为了中国同事,他们最好离开。尽管如此,许多人还是赞同继续资助教会大学,帮助中国同事度过最困难的时期。[128]到1951年11月初,13所新教教会大学中有8所已经没有有美国雇员,只有燕大、齐鲁和华西协合还有美国职员。[129]燕大的英国化学教授赖朴吾(Ralph Lapwood)与妻子于1952年10月末,跟最后一批传教士教育家一同"平安地"离开了中国。[130]

与此同时,中国参加朝鲜战争,导致美国政府对中国采取了过激措施,彻底摧毁了教会大学。1950年12月17日,美国财政部冻结了中国在美国的所有账户,并禁止任何资金在没有特殊批准的情况下流向中国大陆。作为回应,中国政府于1950年12月28日颁布法令,宣布控制所有美国在华财产,禁止中国的所有美元交易以及接受来自美国的资金。法令还保证要在精神和物质上支持以前由美国基金会和教会机构资助的教会大学。[131]著名作家、中国政务院副总理郭沫若就这一政府法令发表了讲话:

> 一百多年来,美帝国主义不仅进行了政治、经济和军事侵略,还长期进行文化帝国主义行侵略。这种文化侵略最重要的是,它用大量资金支持宗教、教育、文化、医学、文学和救济工作等,并利用上述机构来欺骗、麻醉中国人,灌输奴性思想,从精神上奴役中国人民。[132]

政府法令和郭沫若的讲话,旨在鼓励那些美国资助的机构迅速转变成自养或依赖于政府资助。

美国禁止向中国汇款以及中国政府保证教会大学的经费,加速了接管教会大学的进程。[133]1951年1月16—22日,教育部在北京举行会议,讨论美国资助的高等教育机构的前途问题,有19所在华教会大学的校长及师生代表出席,包括两年制学校以及新教和天主教学校。政府再次许诺提供全部财政资助。学校代表保证响应政府号召,加强政治学习,提高政治觉悟,彻底清除帝国主义思想的影响,并"切断与美帝国主义的经济和思想联系",旨在"最后能彻底地、永久地、完全地终结美帝国主义对中国人民的文化侵略"。[134]教会大学联合董事会的成员机构,包括哈燕社的合作大学,一致保证切断与联合董事会的所有联系,包括财政及其他联系。

19所教会大学中有17所在过去都受美国资助。失去了美国的财政支持,教会大学不得不接受政府的资助。燕大最先转变成国立大学。[135]燕大的中国领导层于1950年12月开始严肃讨论大学的未来,并且考虑了教育部给燕大的两个选择:要么成为国立大学,要么在接受政府资助的同时继续作为私立大学运行。1951年1月3日,陆志韦校务长召集大学最高领导机构——校务委员会紧急会议,与所有系主任讨论政府提供的上述条件。包括陆志韦在内的绝大多数人员都倾向于燕京成为国立大学,变为政府项目的一部分,并且不要拖延。在他们看来,如果燕大的资助全部来自政府,那么大学就无法保持私立的地位。同日,燕大发布声明,谴责美国试图"威胁受美国资助机构里的中国人的生计,从而削弱他们对中国人民和政府的忠诚"[136]。

这次会议后,陆志韦请求教育部接管燕大为国立大学。很快,陆志韦接受了为"避免更多尴尬"而希望离职的所有西方人的辞呈。[137] 1951年2月12日,燕大正式被政府接管,陆志韦被任命为校长。燕大成为国立大学后,举行了盛大庆典;陆志韦和教育部长马叙伦在庆典上致辞。陆志韦表示:"不仅在名义和运营上,而且在教学方法上,燕大将永远是中国人民的大学。"工会和学生代表表达了全心全意的支持,并且保证扫除美帝国主义的一切影响。毛泽东赠送了亲笔书写的"燕京大学"匾额。[138]

受到中国政府许诺资助的鼓励,其他教会大学也仿效燕大,接受官方资助并成为国立大学,也都举办了盛大庆典。[139]华西协合在政府接管时的全校庆典非常壮观和典型:

> 丰富多彩的庆典,成千上万条幅、彩旗、三角旗和伴随着烟火的歌唱,开启了整个庆典。校园中满是人群,好奇且兴奋……日出日落。华西协合大学不复存在,华西人民大学诞生了。你可以想象目睹燃烧旧校旗以及教育厅授予新校长新校印的那种复杂情感……之前大学与外国联系的所有标识都被除去。所有显示与外国人或教会有关联的建筑物的名字都已更改。奠基石都被水泥覆盖,或者被打磨。纪念牌匾都被摘掉,连哈特学院(Hart College)台阶上那块刻有"真理使人自由"的牌子也被摘掉。[140]

在国有化后,福建协和与华南女子学院合二为一,金陵大学和金陵女子学院合并,而华中与中原大学合并成立国立华中大学。华西协合于1951年10月被正式接管,更名为国立华西大学。[141]教会大学的绝大部分管理者留任至1952年院系调整开始为止。

在教会大学的国有化进程中,政府于1951年发起了全国性的控诉运动,以"消除高等教育领域的美国影响",调动学校管理者和教师改组这些旧式教育机构。主要控诉目标之一就是教会大学、接受过西方教育的中国人或与西方有其他联系的中国人。这些运动批判教会大学通过"将英语作为教学语言、依赖美国教材和设备,并仿效美国文理学院的课程",使中国学生美国化。1951年2月燕大被政府接管时,陆志韦被迫公开认错。由于陆志韦并未真心谴责自己的大学、他以前的同事和他自己,他的忏悔被认为是不令人满意的,后来也给他带来更多的磨难。

1952年1月,政府发起了三反运动——反浪费、反腐败和反官僚主义——让教师们心甘情愿"牺牲自己的兴趣"而纳入国家教育计划。[142]在燕大,三反运动"仔细梳理了燕大历史的每一个阶段",一大批管理者和教师都被指控。在他们之中,陆志韦、赵紫宸和张东荪被"点名受到最严重的批评"。[143]

1952年,政府发起了全国性的改组高等教育机构的运动。所有教会大学,包括哈燕社的合作大学和华中大学,以及其他西方/美国资助的教育机构都被纳入中国国家教育体制。这些大学的名称被去除,其院系/研究所被并入到各国立大学中。每一个区域都有一到两所综合大学和几所技术学院。燕大校园被选作新的综合大学——北京大学的校园,拥有所有学科院系。陆志韦在1952年初的三反运动中被公开声讨后,离开了燕大,前往中国科学院工作。[144]到1952年末,大部分地区的改组工作都完成了。[145]院系调整运动标志着西方/美国经营的在华文教机构的实体覆灭。

教会方面,1951年初,一批新教领袖,在吴耀宗的领导下,与周恩来会面,制定能够保证中国教会独立性的政策,并正式开展三自爱国运动,要求中国教会立即切断与美国教会的所有关系。[146]

上述分析表明,美国政府的行动给了哈燕社和教会大学最后一击。在美国政府切断资金前,教会大学曾希望获得美国的资金,而且中国政府也允许他们接受国外资金。在支持燕大接受美方资金的决定时,周恩来总理曾引用中国一句老话——"盗泉之水,可以养田。"[147]然而,美国政府的禁令突然终止了任何进一步的财政安排,因为这项禁令使得向中国汇款,即使是通过第三方,变成违法。失去了美国资金的教会大学,不得不寻求中国政府的资金支持,而政府立即做出了许诺。另一方面,鉴于朝鲜战争中的直接军事对峙,美国政府只能制裁中国。

哈燕社理事对于变化的中国局势反应相对比较缓慢。尽管很难及时得到详细信息,但是到1950年11月的理事会会议时,理事们已经意识到新政府的教育政策对于教会大学的影响。叶理绥社长告知理事会,来自中国的年度报告显示,合作教会大学大大地减少了科研量:"教授们太忙于政治思想学习会议,缺少必要的时间从事自己的科研工作。"甚至连大学校长也被要求"离职一段时间以接受党的理论学习"。例如,金陵校长被派往苏州六个月,学习"底层阶级的生活方式"。[148]

在1950年11月的理事会会议上,理事们讨论了如何防止哈燕社的资金被用于反美活动。一方面,他们回忆道,教会大学在20年代的非基督教运动中遭遇了类似的挑战但是却幸存下来了。他们仍然保证在1951—1952学年拨付85000美元专项资金给六所合作院校和7500美元通用资金给华中大学。另一方面,他们得出总结,关于哈燕社资金在中国的使用,他们应该格外谨慎。在当前的学年中已经来不及做很多事情了,但是如果报告显示哈燕社的资金被用于政治宣传,那么他们可以在年末就停止资助。[149]

中国教会大学联合董事会也时刻关注着中国的剧变。在美国禁止向中国汇款后,联合董事会于1950年12月末立即采取行动。联合董事会和许多刚从中国返美的美国教育家都赞同继续支持燕大和其他教会学校,直到他们有足够的理由相信中国的教师已"放弃了他们的信念和理念"[150]。联合董事会成功地获得了特别许可,将资金通过香港发往教会大学。然而,让他们非常吃惊的是,教会学校当局不仅拒绝了资金,而且认为这是美帝国主义收买中国人民的阴谋,并认为"美帝国主义的无耻行为是对中国人民的极大侮辱"[151]。

联合董事会于1951年1月16日向13所新教教会大学的校长发去电报,再次提供资金支持。教会大学当局不仅忽视联合董事会的支持,而且在报纸上公开谴责来自美国的帮助,使用的标题包括"美国梦想控制我们的教会大学"等。他们指出,在教育部组织的、讨论外国资助机构未来的1月16—22日会议期间,"一贯无耻的美帝国主义者继续进行着破坏性的活动"[152]。

尽管被拒绝,但是联合董事会并不想轻易放弃在中国的工作。他们感到,中国的教会大学教育家或许是被美国政府的政策激怒,或是面临着前所未有的国内压力,以至于每个人都不得不公开宣布拒绝美国的资金。[153]他们中许多人希望在不久或遥远的未来看到中国离开苏联,对美国显示出友好的态度,尽管他们不知道何时这才会发生。[154]因此,联合董事会于1951年2月初再次给教会大学发去电报,要求学校回复。然而,仍然没有任何回复。陆志韦选择忽略电报,因为联合董事会"仍然密谋达到其对华文化侵略的目标"[155]。

到1951年4月,联合董事会官员终于意识到,就算不考虑是否违背法令,现在也不可能再给教会大学汇款。然而,他们仍不愿意承

第五章 一个美国在华事业的终结(1949—1951)

认彻底的决裂,决定如果未来有机会并且资金被合理使用,不被用在宣传上,他们将重新研究局势。[156]他们还决定考察支持海外潜在新项目的可能性,这些新项目日后能为中国服务,包括帮助当时在美国的中国职员,培养海外中国青年,推动亚洲其他地区的教育。同时,他们还计划寻找当时在美国的中国教会大学校友,并帮助他们继续学习,培养他们,以便在局势改善后回国效力,从而保留恢复对中国师生的支持的可能性。[157]

哈燕社理事也不情愿排除返回中国的可能性。在1951年4月的理事会会议上,他们决定停止向合作教会大学继续提供哈燕社的基金,但是会资助岭南大学美国教职工撤离中国。然而,他们并不情愿收回全部支持。他们发现,许多在中国的中西方教育家仍持谨慎的乐观态度。1950年秋天收到的许多信件,都认为新政府造福于中国。鉴于这样的乐观态度,董纳姆谨慎地反对认为教会大学已经无法在中国恢复工作的不成熟结论,而且还建议资助培训那些在美国和其他地方的合格的中国撤离者,甚至邀请一些人到哈佛学习。因此,理事会在1951年4月的会议上投票在1951—1952学年的燕大预算中包括5000美元的通用资金。他们希望这些努力能够帮助哈燕社准备好未来在中国恢复工作的机会。[158]

然而,随着时间的推移,哈燕社理事会终于意识到,合作教会大学已经无法再按照哈燕社的既定原则继续进行中国人文学科项目。他们在1951年11月的理事会上达成了下列共识:自1950年10月31日以来,哈燕社随时准备为合作教会大学拨付更多款项,但是却不能"将这些资金汇到中国,或用于支持中国人文学科的教育项目"。此外,1949年后,合作大学不再使用指定的哈燕社资金完成理事会制定的目标,或积极从事自己的教育项目。到1951年,这些学校被纳入中国国立教育体系,不再由西方/美国教育家来维持和控制,因此,有必要停止继续资助在华合作教会大学的人文学科项目,但是岭南大学除外;对岭南的资助是用于协助其西方教职工撤离中国以及在美国的安置;在终止对合作大学的支持后,基金(主要是专项资金收入)将成为哈燕社的资产,作为用于学社总体运营的捐赠基金。[159]

小结

哈燕社在中国的人文学科项目在1950年代初期就这样结束了,包括教会大学在内的其他在华美国文化教育机构也是如此的结局。回顾整个历程,我们可以看到,他们的消亡是不可避免的,用董纳姆的话说,这是因为"爱国主义和马克思主义非常有效的结合"[160]。马列主义和强烈的民族主义,与对美国支持蒋介石国民党政府和拒绝承认中华人民共和国的愤怒相互作用,以及东亚冷战的加剧,驱使新中国政府采取如此政策。[161]

全国性的宣传运动改造了旧式教育机构,促使师生抵制西方/美国帝国主义的利益和建立对社会主义新中国的新认同。[162]在此过程中,教会大学成了不受欢迎的、代表美国国家利益的符号。朝鲜战争中的直接军事对抗以及随后对资金的冻结,引发了全中国新一波反美运动,加速了对教会大学的接管。失去在华项目基地,让哈燕社无法继续进行在中国的人文学科项目。然而,即使没有朝鲜战争,中国政府也不会允许美国文教机构按照既定的西方/美国原则和学术标准在中国永久运行下去,哈燕社所代表和推广的开放性的学术研究方法和多元化与当时的教育理念是完全矛盾的,朝鲜战争只是加速了教会大学和哈燕社项目在中国的终结。

为什么哈燕社的文化工程项目无法在中国继续下去,或者至少在新中国的早期发挥作用?为什么美国文化和教育机构躲过了20年代的反帝运动和非基督教运动,却无法与此时的新政府和平共处?的确,20年代全国性的民族主义运动浪潮攻击了帝国主义和教会在中国的利益和特权,要求结束西方对中国教育的控制。而国民党政府也曾经提出过类似于50年代初期新政府所提出的教育国有化的要求:外国人经营的私立学校应该在政府注册;学校的校长、主管或院长都应该是中国人;宗教活动应该是学生自愿选修。胡美和华尔纳(Langdon Warner)等一些西方(传教士)教育家曾在20年代预言,西方统治教会学校的时代很快就会结束。然而,西方/美国资助的文化和教育机构,包括哈燕社的合作教会大学,却选择向蒋介石的政府注册,因为他们如果想要在中国继续生存下来,别无选择,它们因此得以幸存下来。

然而,在50年代初,中美两国国内的局势和国际环境都发生了巨变。"政治高于一切。"即使在几乎所有西方人于1951年离开中国后,教会大学仍"看起来与美国联系过于紧密,不允许继续运行下去。他们被认为是资产阶级意识形态的堡垒,他们的存在本身就被看作是对中国革命的侮辱"[163]。

在邓小平开启国内改革和对外开放之后,中国政府对美国教育机构/教育家持日益开放接纳的心态,但是在当代中国,仍然有一些人对于40年代末50年代初的意识形态、民族主义和反帝国主义的观点产生共鸣。自80年代初以来,中西方之间的大型文化和教育交流项目不断发展扩大。此外,全球化,尤其是新的信息革命带来的互联互动,让中国很难再关闭国门。即便如此,在现今我们仍很难想象中国政府会允许西方人/美国人在中国大规模创办新的教会大学,以西方原则为基础,推广基督教和传播西方理念/思想,就像19世纪末20世纪初在中国所发生的那样。中国政府拥有自己独特的意识形态,只是选择性地借用西方的经验,推动中国的现代化,包括文化和教育领域的现代化。

回顾整个过程,我们可以说,哈燕社在中国的人文学科项目以及其他在华西方/美国文化和教育机构的消亡,不仅仅是因为朝鲜战争的爆发。韦斯特(Philip West)得出了相似的结论:他指出,燕大在中国的终结不是由单个因素造成的。[164]这些机构的消亡是由于复杂的文化对抗引起的;王晓朝认为这种文化对抗包括政治竞争、意识形态争论和宗教冲突。[165]这种对抗在朝鲜战争期间当中美兵戎相见时达到顶峰,给在华美国机构带来了不可逾越的挑战。但是,意识形态、民族主义愿望,以及由于是否承认新中国而引起的中美外交关系的紧张局势和亚洲冷战的升级,才是根本原因。这表明了(发起方和接受方的)国家/政府和国际环境在决定跨国文化工程的命运方面所起的作用。

注 释

1 毛泽东:《别了,司徒雷登!》(1949年8月18日),载《毛泽东选集》卷4,北京:人民出版社,1991年,第1491页。
2 这些著作包括 Jessie G. Lutz, *China and the Christian Colleges*, *1850-1950* (Ithaca, NY: Cornell University Press, 1971), 452-454, 461-462, 473-482; Philip West, *Yenching University and Sino-Western Relations*, *1916-1952* (Cambridge, MA: Harvard University Press, 1976), 197-202, 205-208, 223, 231-232; Nancy B. Tucker, *Patterns in the Dust: Chinese-American Relations and the Recognition Controversy*, *1949-1950* (New York: Columbia University Press, 1983), 40-58, 100-111, 195-207; Tucker, "An Unlikely Peace: American Missionaries and the Chinese Communists, 1948-1950", Pacific Historical Re-

view 45.1 (1976):97-116;陶飞亚、吴梓明:《基督教大学与国学研究》,福州:福建教育出版社,1998 年,第 304—305 页;马敏:《艰难的蜕变:解放前后的华中大学与韦卓民》,载章开沅等编《中西文化与教会大学》,武汉:湖北教育出版社,1991 年,第 334 页。

3 这些包括黄新宪:《基督教教育与中国社会变迁》,福州:福建教育出版社,1996 年,第 291—293 页;刘方仪:《教会大学的终结:从中华人民共和国建国初期基督教政策谈起并以金陵大学为个案研究》,载《思与言》,台湾,42.3 (2004):69—92;刘家峰:《调试与冲突:1950 年前后的教会大学,以齐鲁大学为个案》,载陶文钊、陈永祥编:《中美文化交流论集》,北京:中国社会科学出版社,1999 年,第 224—226 页;Zhang Baijia, "Chinese Policies toward the United States, 1937-1945", in *Sino-American Relations*, *1945-1955: A Joint Reassessment of a Critical Decade*, eds., Harry Harding and Yuan Ming (Wilmington, DE: Scholarly Resources, 1989), xxi, 26。

4 Serge Elisseeff to Wallace B. Donham, Feb. 24, 1949, "The Harvard-Yenching Institute Office Archives" (HYIOA), Cambridge, Massachusetts; The Harvard-Yenching Institute's Board of Trustees' meeting minutes (TM), Apr. 12, 1948. In late 1948, Robert James Hightower, the HYI's American Assistant Director, sent most of the AIAS's valuable library collections to Harvard before he left Beijing for America. See TM, Nov. 14, 1949.

5 Kenneth Chen to Chen Xujing (陈序经), President of Lingnan and H. S. Frank, Provost of Lingnan, Nov. 25, 1948; Hilda L. Hague to K. Chen, Nov. 20, 1948, both in The HYI's Peiping Office Annual Report, 1948-1949; (TM), Nov. 14, 1949, HYIOA; "Harvard-Yenching Head Flees Captured Peking: University Closes as Students Pull Out", *The Harvard Crimson*, Jan. 25, 1949, http://www.thecrimson.com/article/1949/1/25/harvard-yenching-head-flees-captured-peking-padvancing/ (于 2013 年 5 月登录查询). Dwight W. Edwards also mentioned the warnings from the U.S. government for evacuation from Beijing. See Edwards, *Yenching University* (New York: The United Board for Christian Higher Education in Asia, 1959), 423。

6 TM, Apr. 11 and Nov. 14, 1949.

7 Donham to Carl T. Keller, Vice Chairman of HYI Board of Trustees, Feb. 9, 1949, HYIOA.

8 K. Chen to Serge Elisseeff, Feb. 15, 1949, HYIOA.

9 Lu Zhiwei, Chairman of Yenching's Administrative Committee, to Robert J. McMullen, Executive Secretary of the United Board, Dec. 7, 1948, in "The File of the United Board for Christian Higher Education in Asia"（UBCHEA File）, 51-54-1397, Yale Divinity School Library, New Haven, Connecticut；Hague to Chen, Dec. 8, 1948, HYIOA；West, *Yenching University*, 224, 238；燕京大学校友校史编写委员会：《燕京大学史稿》,北京：人民中国出版社,1999 年,第 411—412、1364 页。

10 关于美国在中国"失去机会"的辩论,见 Joseph W. Esherick, ed., *Lost Chance in China: The World War Dispatches of John S. Service*（New York： Vintage Books, 1974）; Dorothy Borg and Waldo Henrichs, eds., *Uncertain Years: Chinese-American Relations, 1947-1950*（New York： Columbia University Press, 1973）; Harding and Yuan, eds., *Sino-American Relations, 1945-1955*; Thomas I. Christensen, "A 'Lost Chance' for What? Rethinking the Origins of the U. S.-PRC Confrontation", *Journal of American-East Asian Relations* 4（Fall 1995）：249-278; Warren I. Cohen, Chen Jian, John W. Garver, Michael Sheng, and Odd Arne Westad's articles in "Symposium： Rethinking the Lost Chance in China", *Diplomatic History* 21.1（Winter 1997）, 71-115。

11 Letter from C. A. Evans of the United Board, Nov. 19, 1949, HYIOA。

12 叶理绥在 1949 年 3 月给教会大学的通信中强调指出,中国教会大学校董联合会相信,教会大学不论遇到任何障碍,都应该继续运行。Elisseeff to Huang Yanyu of Lingnan, Mar. 30, 1949, HYIOA; McMullen to Lu Zhiwei, Nov. 26, 1948, UBCHEA File 51-54-1397; McMullen to Carl T. Keller, Feb. 14, 1949, HYIOA。

13 引自 K. Chen's letter to Elisseeff, Feb. 15, 1949。

14 Hague to K. Chen, Dec. 8, 1948, HYIOA; Lu Zhiwei to McMullen, Dec. 7, 1948, UBCHEA File 51-54-1397; Edwards, *Yenching University*, 421; West, *Yenching University*, 197, 224, 238; *YDSG*, 411-412, 1364.

15 TM, Apr. 12, 1948.

16 TM, Nov. 14, 1950.

17 此报告引自 TM, Nov. 14, 1950。

18 TM, Nov. 14, 1949; Jinling Annual Report, 1948-1949; Fukien Christian University Annual Report, 1948-1949, HYIOA.

19 Stuart R. Schram, *The Political Thought of Mao Tse-tung*（Mao Zedong）, Rev

and enl. ed. (New York: Praeger, 1969), 229-233, 356-357.

20. Steven I. Levine, "On the Brink of Disaster: China and the United States in 1945", in *Sino-American Relations*, eds., Harding and Yuan, xx, 5-6; Michael H. Hunt, *Ideology and the U.S. Foreign Policy* (New Haven, CT: Yale University Press, 1987).

21. 有关冷战的研究,见 Akira Iriye, *The Cold War in Asia: A historical Introduction* (Englewood Cliffs, NJ: Prentice-Hall, 1974); John Lewis Gaddis, *We Now Know: Rethinking Cold War History* (New York: Oxford University Press, 1997); Chen Jian, *Mao's China and the Cold War* (Chapel Hill, NC: University of North Carolina Press, 2001); Melvyn P. Leffler, "The Cold War: What do 'We Now Know'?" *American Historical Review* 104.2 (April 1999): 501-524。

22. *The White Paper*, 参见 the U.S. State Department, *The China White Paper, August 1949* (Stanford, CA: Stanford University Press, 1967); U.S. State Department, *United States Relations with China with Special Reference to the Period 1944-1949* (Washington, DC: U.S. Government Print Office, 1949)。

23. 毛泽东:《丢掉幻想,准备斗争》(1949年8月14日),载《毛泽东集》第二版,东京:苍苍社,1983年,卷10,第317—318、322—323、345页。

24. 毛泽东:《论人民民主专政》(1949年6月30日),载《毛泽东集》,卷10,第296—297页。

25. Chen Jian, *Mao's China*, 44-46;谢益显:《当代中国外交思想史》,开封:河南大学出版社,1999年,第10—19页;陶文钊:《中美关系史》,上海:上海人民出版社,1999年,第7—9页。对于承认新中国的争论的全面分析,见 Tucker, *Patterns in the Dust*。

26. 陶飞亚:《抗战时期中共对基督教会的新政策》,载《文史哲》1995年第5期,第10—15页;陶飞亚等:《基督教大学》,第292—293页;毛泽东:《新民主主义论》,载《毛泽东选集》卷2,北京:人民出版社,1952年,第一版,第691—692页;《解放日报》,1942年2月2日。

27. 何迪:《燕京大学与中国教育现代化》,文章提交于华中师范大学1989年教会学校史国际会议,武汉,湖北,引自陶飞亚等:《基督教大学》,第293页。

28. 毛泽东:《丢掉幻想,准备斗争》(1949年8月14日),《"友谊"还是侵略》(1949年8月30日),载《毛泽东集》,卷10,第318—319页和第341—342页。另见 Michael H. Hunt, *The Making of a Special Relationship: The United*

States and China to 1914（New York：Columbia University Press，1983），309。

29 Leighton Stuart，*Fifty Years in China*，225，244，247。

30 周恩来:《我们的外交方针和任务》,载《周恩来选集》,卷 2,第 85—87 页；当代中国丛书编辑部:《当代中国外交》,北京:中国社会科学出版社,1988 年,第 2—5 页；Barbara Barnouin and Yu Changgen，*Zhou Enlai: A Political Life*（The Chinese University Press，2006），133-136。

31 "New Curricula for Colleges of Arts and Social Sciences"，*The Daily News Release*（New China News Agency），Oct. 16，1949，UBCHEA File，66-69-1832. Donham later also mentioned these requirements for curricular change in his report that examined the HYI's activities in China. 参见 Donham，"Report on the Use of Income from Restricted Funds, Nov. 1, 1951"，HYIOA. 又见杨建新等:《五星红旗从这里升起:中国人民政治协商会议诞生记事暨资料选编》,北京:文史资料出版社,1984 年,第 69 页。

32 K. Chen's report to Elisseeff and the HYI trustees, Feb. 15, 1950; Creighton Lacy，"The Missionary Exodus from China"，*Pacific Affairs* 28. 4（Dec. 1955）：301；Tucker，"An Unlikely Peace"，109-111。

33 《人民日报》,北京,1950 年 1 月 6 日。

34 于风政:《改造》,郑州:河南人民出版社,2001 年,第 133—134 页。

35 柳湜:《为建设新中国人民教育而奋斗》,《人民教育》发刊词,1950 年 5 月 1 日。

36 马叙伦和钱俊瑞的发言词分别发表于 1950 年 7 月和 1950 年 12 月的《人民教育》,见《人民教育》,1950 年 5 月；Suzanne Pepper，*Radicalism and Education Reform in 20th-Century China: The Search for an Ideal Development Model*（New York：Cambridge University Press，1996），174。

37 Wu Yifang，"Report on the First National Conference on Higher Education, Peking, May 30-Jun. 9, 1950"，forwarded by William P. Fenn, Committee of Nine of the United Board, Jun. 27, 1950; "Report on New Democratic Higher Education"（dispatch from *The Daily News Release* of the New China News Service, Hong Kong, Jun. 14, 1950），forwarded by Fenn, on Jun. 28, 1950, HYIOA; Huachung Annual Report, 1949-1950, HYIOA; TM, Nov. 13, 1950; Pepper，*Radicalism and Education Reform*，174；《人民教育》（1950 年 5 月）；中共中央文献研究室编:《建国以来中央文献选编》卷 1,北京:中央文献出版社,1992 年,第 408—412 页。

38 Lutz, *The Christian Colleges*, 455; Daniel H. Bays, *A New History of Christianity in China* (Malden, MA: Wiley-Blackwell, 2012), 159.

39 K. Chen's report to Elisseeff and the HYI trustees, Feb. 15, 1950.

40 Jeremy Brown and Paul G. Pickowicz, eds., *Dilemmas of Victory: The Early Years of the People's Republic of China* (Cambridge, MA: Harvard University Press, 2007); Bays, *New History of Christianity*, 159.

41 毛泽东:《新民主主义论》。

42 Schram, *The Political Thought of Mao*, 77, 96, 234-235.

43 毛泽东:《新民主主义论》。

44 Tucker, "An Unlikely Peace", 102.

45 Hunt, *Special Relationship*, 308.

46 《当代中国外交》。

47 周恩来:《中央关于外交工作的指示》(1949年1月19日),载《中共中央文件选集》卷18,北京:中共中央党校出版社,1992年,第44页;《周恩来选集》卷2,北京:人民出版社,1980年,第322—324页;林利民:《遏制中国:朝鲜战争和中美关系》,北京:时事出版社,2000年,第93—94页。

48 Han Suyin, *Eldest Son: Zhou Enlai and the Making of Modern China, 1898-1976* (New York: Hill and Wang, 1994), 209-09.

49 Ronald C. Keith, *The Diplomacy of Zhou Enlai* (New York: St. Martin's Press, 1989), 33-44; "The Common Program of the Chinese People's Political Consultative Conference, 1949", in *The Important Documents of the First Plenary Session of the Chinese People's Political Consultative Conference*, comp.《中国人民政治协商会议》,北京:外文出版社,1949年,第1—20页。

50 Tucker, "An Unlikely Peace", 99, 101-103.

51 K. Chen's report to Elisseeff and the HYI trustees, Feb. 15, 1950.

52 K. Chen's report to Elisseeff and the HYI trustees, Feb. 15, 1950;《人民日报》,1949年8月23日。

53 Lu Zhiwei to McMullen and Fenn, Apr. 13, 1950, UBCHEA File, 51-54-1397; *YDSG*, 63, 1371.

54 *YDSG*, 1371.

55 K. Chen's report to Elisseeff and the trustees, Feb. 15, 1950; *YDSG*, 1370.

56 Gao Wangzhi, "Y. T. Wu: A Christian Leader under Communism", in *Christianity in China: From the Eighteenth Century to the Present*, ed., Daniel H.

Bays (Stanford, CA: Stanford University Press, 1996), 338-352; Bays, *New History of Christianity*, 160-166; Thomas Reilly, "Wu Yaozong and the YMCA: From Social Reform to Social Revolution, 1927-1937", *Journal of American-East Asian Relations* 19.3-4 (2012): 263-287.

57　Lu Zhiwei to McMullen, Nov. 1, 1950, UBCHEA File, 51-54-1397.

58　Lutz, *The Christian Colleges*, 447-448; West, *Yenching University*, 196, 214, 224-225, 232-238; Ralph Lapwood and Nancy Lapwood, *Through the Chinese Revolution* (London: Spalding & Levy, 1954), 167-171; Chang-tai Hung, *Mao's New World: Political Culture in the Early People's Republic* (Ithaca, NY: Cornell University Press, 2011), 265-266.

59　Susan Chan Egan, *A Latterday Confucian: Reminiscence of William Hung (1893-1980)* (Cambridge, MA: Harvard University Press, 1987), 173-174; 孙琴安:《毛泽东与陆志韦》,载孙琴安等编著《毛泽东与名人》,南京:江苏人民出版社,1993年,第439页。

60　West, *Yenching University*, 202; *YDSG*, 62, 78-79, 1366; Han, *Eldest Son: Zhou Enlai*, 206-209.

61　Lu Zhiwei to McMullen, Nov. 1, 1949, UBCHEA File 51-54-1397; *YDSG*, 63.

62　"Excerpts of a letter just received from Francis Wei, dated Jun. 20, 1950", forwarded by the Committee of Nine of the United Board, July 11, 1950, HYIOA.

63　Tucker, "An Unlikely Peace", 99, 102-103.

64　John L. Coe, *Huachung University* (New York: United Board for Christian Higher Education in Asia, 1962), 197.

65　K. Chen's report to Elisseeff and the trustees, Feb. 15, 1950.

66　Elisseeff 把最后决定权留给了让陈观胜,让他自己决定是否从岭南返回燕大。陈观胜决定,如果交通条件许可,他将于1950年2月或3月返回燕大一段时间。见 TM, Nov. 14, 1949。

67　Huachung Annual Report, 1948-1949, HYIOA.

68　Ashley W. Lindsay, Vice-Chancellor of West China, to Elisseeff, Sept. 15, 1949, 附于 West China Annual Report, 1948-1949, HYIOA。

69　Charles H. Corbett, *Lingnan University* (New York: The Trustees of Lingnan University, 1963), 162.

70　TM, Apr. 17, 1950, HYIOA.

71 陆志韦于1949年末写信给中国教会大学校董联合会,表示他正在请求中共政府提供部分经费援助。Lu Zhiwei to McMullen, Nov. 1 and Dec. 19, 1949; McMullen to Lu, Feb. 7, 1950, UBCHEA File, 51-54-1397; YDSG, 1368。

72 Fenn to Elisseeff, Mar. 30, 1950; TM, Apr. 17, 1950; Fenn to friends, Feb. 14, 1950; Donham to Dean Rusk, May 17, 1950, HYIOA.

73 K. Chen's report to Elisseeff and the trustees, Feb. 15, 1950.

74 Dean Rusk to Donham, Jun. 21, 1950 (Response to Donham's letter dated May 17, 1950), HYIOA. Nancy Tucker also stated that a varied group of American "China hands" could function as unofficial channels of communication with the Chinese in late 1949 and 1950. See Tucker, *Patterns in the Dust*, 100-101, 110.

75 TM, Apr. 11 and Nov. 14, 1949, Apr. 17, 1950.

76 TM, Apr. 17, 1950.

77 哈燕社教育委员会成立于1928年,由哈佛大学的五名教授组成,为哈燕社理事会在哈佛中心的政策、项目和预算提供咨询。见 the HYI's first incorporation meeting minutes, Jan. 4, 1928; the HYI's Executive Committee meeting minutes, Apr. 25, 1928; TM, Jan. 4, 1928 and Dec. 8, 1930; Donham, "Memorandum on the Origins of the Harvard-Yenching Institute with Particular Reference to the Period before Incorporation, Apr. 29, 1952", all in HYIOA; Eric M. North, "Draft Memorandum Concerning the Organization of the Harvard-Orient Institute, Nov. 23, 1927", UBCHEA File 173-334-5117。

78 TM, Nov. 14, 1949; Apr. 17, 1950. 后来在1950年5月的会议上,哈燕社理事会投票将美国亚洲研究所的名称改为燕大辞典编纂办公室,并终止了其作为亚洲研究中心的功能。

79 K. Chen's report to Elisseeff and the trustees, Feb. 15, 1950.

80 Elisseeff to K. Chen, Aug. 17, 1949, and Chen to Elisseeff, Feb. 1, 1950, HYIOA.

81 TM, Apr. 17, 1950.

82 Fenn to Elisseeff, Mar. 30, 1950; TM, Apr. 17, 1950. Fenn也许将中国教会大学的情况描述得过于乐观,因为他向哈燕社理事会寻求帮助,希望学社资助校董联合会的五个项目。理事会于1950年4月会议中投票决定支持其中三个。

83 "The Harvard-Yenching Institute and the Christian Colleges in China: A Statement of Interest and of Policy, 1949", HYIOA.
84 TM, Apr. 17, 1950.
85 Donham to Dean Rusk, May 17, 1950, HYIOA.
86 Edwards, *Yenching*, 426.
87 Lutz, *The Christian Colleges*, 453; K. Chen's report to Elisseeff and the trustees, Feb. 15, 1950.
88 Lutz, *The Christian Colleges*, 444.
89 K. Chen to Elisseeff, Feb. 15, 1950; letter from Louise E. Sailor of Yenching, July 13, 1949, HYIOA; *YDSG*, 1363, 1367-1369; West, *Yenching University*, 214-215.
90 TM, Nov. 13, 1950; K. Chen's report to Elisseeff and the trustees, Feb. 15, 1950; Donham, "Report on the Use of Income"; West, *Yenching University*, 206-210, 217-218; *YDSG*, 1370-1371.
91 Letter from Louise E. Sailer, Jul. 13, 1949; Edwards, *Yenching*, 432.
92 Letters from President Wu Yifang of Jinling College for Women, Jul. 20, 1949, HYIOA.
93 Letter from Tom Scott of West China, Feb. 7, 1950, HYIOA.
94 Report of Soochow (Suzhou) University to the United Board, 引自 TM, Nov. 13, 1950。
95 李明山、左玉河编:《当代中国学术思想史》,开封:河南大学出版社,1999年,第10—11、20—25页; Pepper, *Radicalism and Education Reform*, 174。
96 Lingnan Annual Report, 1949-1950, HYIOA; P. C. Feng of Lingnan to K. Chen, Mar. 15, 1950, UBCHEA File 44-46-1186; Corbett, *Lingnan*, 159-160.
97 T. H. Wang, Chairman of the Administrative Committee at Fukien, to the trustees, Jul. 31, 1950, HYIOA; TM, Nov. 13, 1950.
98 K. Chen's report to Elisseeff and the trustees, Feb. 15, 1950; Cheeloo Annual Report, 1949-1950"; TM, Nov. 13, 1950.
99 K. Chen's report to Elisseeff and the trustees, Feb. 15, 1950; Donham, "Report on the Use of Income". Also see Lutz, *The Christian Colleges*, 455-456; Edwards, Yenching, 431-432.
100 K. Chen's report to Elisseeff and the trustees, Feb. 15, 1950; Donham, "Re-

port on the Use of Income".

101 L. Sailer to the Committee of Yenching Women's College, Apr. 4, 1950, forwarded by the United Board, May 1, 1950, HYIOA. 另见 *YDSG*, 1364; West, *Yenching University*, 216-217。

102 引自 K. Chen's report to Elisseeff and the trustees, Feb. 15, 1950。

103 Jinling Annual Report, 1949-1950; TM, Nov. 13, 1950.

104 K. Chen's report to Elisseeff and the trustees, Feb. 15, 1950.

105 Lu Zhiwei to McMullen, Nov. 1, 1949.

106 Lawrence D. Kessler, *The Jiangyin Mission Station: An American Missionary Community in China, 1895-1951* (Chapel Hill, NC: University of North Carolina Press, 1996), 129-130; Tucker, "An Unlikely Peace", 107.

107 Bays, *New History of Christianity*, 158-182; Rob Carbonneau, " 'The Velvet Glove Is Wearing Thinner and Thinner with the Mailed Fist Much in Evidence': American Catholic Missionaries Witness Liberation in West Hunan, 1949-1950". paper submitted to the March 2011 Special Joint Conference sponsored by the Association for Asian Studies and the International Convention of Asia Scholars in Honolulu, Hawaii.

108 "A Manifesto" (May 2, 6, and 13, 1950), "Comments on the Manifesto" (Jun. 9, 1950), and "A Report on the Various Meetings between the Government and Church Leaders on the Subject of the Relation between Church and State", by Bliss Wiant of Yenching and others, forwarded by Fenn, Jun. 27, 1950, HYIOA; Rowland M. Cross, Secretary of China Committee, Far Eastern Joint Office, Foreign Missions Conference of North America, to friends from Shanghai, Nov. 1950, published in *Overseas Newsletter*, 7 (Dec. 5, 1950), HYIOA; Philip L. Wickeri, *Seeking the Common Ground: Protestant Christianity, The Three-Self Movement, and China's United Front* (Maryknoll, NY: Orbis Books, 1988), 127-133; Bays, *New History of Christianity*, 160-163; Gao Wangzhi, "Y. T. Wu: A Christian Leader under Communism", 343-344.

109 "West China, Fall 1950", from C. G. Vichert, forwarded by the Committee of Nine of the United Board, Nov. 13, 1950, HYIOA; Lutz, *The Christian Colleges*, 462.

110 *YDSG*, 65, 1372-1373, 1375.

111 B. Wiant to the United Board, Nov. 10 and 23, 1950; R. Lapwood to Randolph Sailer (n. d., probably in late December 1950), forwarded by Fenn, Jan. 15, 1951, HYIOA.

112 A confidential document prepared by Dr. H. Jocelyn Smyly of Cheeloo dated Mar. 28, 1951, from Hong Kong, forwarded by McMullen, Apr. 10, 1951, HYIOA.

113 信件来自 Dean T. H. Wang of Fukien, Nov. 30, 1950, HYIOA。

114 信件来自 Dr. Leslie G. Kilborn of West China, dated Nov. 22, 1950, HYIOA。

115 Rev. Thomas I. Lee, "Criticism of the Christian Colleges for Cooperation with the Communist Regime, Dec. 13, 1950", forwarded by Fenn, Jan. 16, 1951; and "Seven Christian Universities Send Message of Protest to U. N. against Austin's Slanders", Dec. 10, 1950, *Shanghai News*, HYIOA.

116 Lutz, *The Christian Colleges*, 465-466.

117 Fenn of the United Board to friends, Jan. 5, 1951; Lee, "Criticism of the Christian Colleges for Cooperation with the Communist Regime".

118 West, *Yenching University*, 228.

119 Coe, *Huachung*, 200-201.

120 摘录自 Edwin E. Walline 致 Fenn 的信件，附于"Seven Christian Universities Send Message of Protest to the UN against Austin's Slanders", Dec. 10, 1950, *Shanghai News*; "The Situation at Lingnan University", a memo prepared by Olin D. Wannamaker, forwarded by Fenn, Dec. 26, 1950, HYIOA。

121 Corbett, *Lingnan*, 163.

122 Lutz, *The Christian Colleges*, 452-454, 461-463.

123 B. Wiant to the United Board, Nov. 10, 1950; R. Lapwood to R. Sailer, forwarded by Fenn, Jan. 15, 1951.

124 Lewis Calvin Walmsley, *West China Union University* (New York: United Board for Christian Higher Education in Asia, 1974), 153.

125 "West China, fall 1950", from C. G. Vichert, forwarded by Committee of Nine of the United Board, Nov. 13, 1950.

126 Report from Henry Frank, Provost of Lingnan, HYIOA; TM, Apr. 16, 1951.

127 Lutz, *The Christian Colleges*, 459; Corbett, *Lingnan*, 156.

128 Wiant to the United Board, Nov. 23, 1950; letter from Leslie G. Kilborn of

West China Union University, Nov. 22, 1950, forwarded by the United Board, Dec. 22, 1950; letter from President Fong of West China, Dec. 18, 1950 (forwarded, Jan. 12, 1951), HYIOA.

129 R. Lapwood to friends of Yenching, Sept. 26, 1952, UBCHEA File 75-78-2123; "The situation at Lingnan University", a memo prepared by Olin D. Wannamaker, Dec. 26, 1950; Huachung Annual Report, 1949-1950; TM, Nov. 13, 1950; Donham, "Report on Use of Income". Also see Lacy, "The Missionary Exodus", 301-302; Edwards, *Yenching*, 433; Roderick Scott, *Fukien Christian University: A Historical Sketch* (New York: United Board for Christian Colleges in China, 1954), 123; Charles H. Corbett, *Lingnan*, 163 and *Shantung Christian University* (Cheeloo) (New York: The United Board for Christian colleges in China, 1955) 255-265; Walmsley, *West China*, 155; Coe, *Huachung*, 201; Lutz, *The Christian Colleges*, 446, 453.

130 R. Lapwood told friends that his flight was scheduled for Oct. 24, 1952. See Lapwood to friends of Yenching, Sept. 26, 1952, UBCHEA File 75-78-2123; Donham, "Report on Use of Income"; Lutz, *The Christian Colleges*, 459, 463; West, *Yenching University*, 223; Edwards, *Yenching*, 433.

131 Wallace C. Merwin and Francis P. Jones, comps., *Documents of the Three-Self Movement* (New York: National Council of the Churches of Christ in the USA, 1963), 22-23; Letter from Elsie Priest, Dec. 29, 1950, forwarded by Fenn, Jan. 15, 1951, HYIOA.

132 引自 Walmsley, *West China*, 152。

133 Lutz, *The Christian Colleges*, 467.

134 "Joint Declarations Issued by Representatives of Nineteen Colleges and Universities to Endorse the Decisions Reached at the Conference of January 16-22 for Regulating Higher Educational Institutions Receiving Foreign (American) Subsidies", New China News Service, Beijing, Jan. 24, 1951, UBCHEA File 66-69-1832.

135 Barnouin and Yu, *Zhou Enlai*, 135-136.

136 "Proposed Nationalization of Yenching University", a letter from R. Lapwood to Rev. Noel Slater, Jan. 4, 1951, forwarded by Fenn, Jan. 23, 1951; "Developments at Yenching University", excerpts from letters by B. Wiant, dated Jan. 7 and 8, 1951, forwarded by Fenn, Jan. 31, 1951, HYIOA; Lutz, *The*

Christian Colleges, 468.

137　"Proposed Nationalization of Yenching University"; "Developments at Yenching University"; West, *Yenching University*, chap. 7.

138　"U. S. - Subsidized Yenching University Formally Taken Over", from New China News Agency, Feb. 14, 1951, UBCHEA File 75-78-2123; Lutz, *The Christian Colleges*, 474-475; West, *Yenching University*, 201-202; *YDSG*, 66, 1373-1375; Leighton Stuart, *Fifty Years in China*, 284. 尽管燕京大学变成一所公立大学,其宗教学院仍是私立机构,并重命名为燕京宗教学院,见 West, *Yenching University*, 243。

139　Lutz, *The Christian Colleges*, 468-469.

140　Walmsley, *West China*, 154-155.

141　Donham, "Report on the Use of Income"; letter from Dr. Wang of Fukien, Feb. 12, 1951, forwarded by McMullen, Mar. 5, 1951, HYIOA; Scott, *Fukien Christian University*, 123; Edwards, *Yenching*, 468.

142　Lutz, *The Christian Colleges*, 468-472, 475-476. 另见徐达深等编:《中华人民共和国实录　卷 1:1949—1956》,长春:吉林人民出版社,1994 年。

143　Edwards, *Yenching University*, 434.

144　*YDSG*, 66, 79-80, 104, 1377-1379; Lutz, *The Christian Colleges*, 474, 478; West, *Yenching University*, 235, 240-242.

145　南京大学高教研究所校史编写组:《金陵大学史料集》,南京:南京大学出版社,1989 年,第 78 页; Lapwood to friends, Sept. 26, 1952, UBCHEA File 75-78-2123; Lutz, *The Christian Colleges*, 468-484; West, *Yenching University*, 235, 243; Corbett, *Shantung*, 265-266 and *Lingnan*, 163-164。

146　Bays, *New History of Christianity*, 162-165; Donald MacInnis, *Religious Policy and Practice in Communist China: A Documentary History* (New York: Macmillan, 1972), 27-28; Richard C. Bush, *Religious in Communist China* (Nashville, TN: Abingdon Press, 1970), 77-79; Merwin and Jones, *Documents of the Three-Self Movement*.

147　Lu Zhiwei to Fenn, Oct. 28, 1950, UBCHEA File 51-54-1398.

148　TM, Nov. 13, 1950.

149　TM, Nov. 13, 1950.

150　West, *Yenching University*, 229.

151　"Joint Declarations Issued by Representatives of Nineteen Colleges and Universities to Endorse the Decisions Reached at the Conference of January 16-22 for Regulating Higher Educational Institutions Receiving Foreign (American) subsidies".

152 "Official Reaction to Proposed Hong Kong Consultations" (The United Board telegram of Jan. 16, 1951 and an article in *Beijing People's Daily*, Jan. 25, 1951), forwarded by Fenn on Jan. 30, 1951, HYIOA.

153 Letters from Clarence B. Day and Roy S. Lautenschlager of Hangchow (Hangzhou) University, Apr. 3, 1951, forwarded by the United Board, Apr. 17, 1951, HYIOA.

154 TM, Apr. 16, 1951.

155 "U. S. - Subsidized Yenching University Formally Taken Over".

156 TM, Apr. 16, 1951.

157 Eric North's report to the trustees regarding the United Board's April 1951 meeting, TM, Apr. 16, 1951.

158 TM, Apr. 16, 1951.

159 Herrick, Smith, Donald, Farley & Ketchum, the HYI's attorneys, to the HYI's Board of Trustees, Nov. 5, 1951, and letter from Lingnan to the trustees, Nov. 2, 1951, 以上两份文档均附于 TM, Nov. 5, 1951; 另见 Donham, "Report on the Use of Income"。

160 Donham, "Report on Use of Income".

161 Edwards, *Yenching*, 435; Thomas W. Robinson and David Shambaugh, eds., Chinese Foreign Policy: Theory and Practice (New York: Oxford University Press, 1994), 355-367.

162 Hung, *Mao's New World*, 1-2, 17-21, 262-267.

163 Lutz, *The Christian Colleges*, 457, 461-462.

164 West, *Yenching University*, 248.

165 王晓朝:《基督教与帝国文化》,北京:东方出版社,1997年,第267—269页。

结　论　作为东西方桥梁的文化工程

哈燕社在中国的经历表明,在跨国情境下运行的文化工程的成功,需要拥有一个有效的行政管理机制,稳定的环境,对当地社会需求的良好回应,以及接收方的积极响应和积极参与。在中国的第一个十年,哈燕社大多数时候都拥有几乎以上所有这些有利和必需的因素。哈燕社建造了一座跨越太平洋的桥梁,促成太平洋两岸的双向交流,尽管并不是以一种平衡的方式进行。通过这座桥梁,哈燕社对中国倾注了资金和其他资源。通过移植西方科学研究方法,特别是美国人文学科成果,学社与中国知识分子一道,为中国人文学科的繁荣和中国高等教育的现代化做出了贡献。通过这一桥梁,哈燕社得以生产有关中国的知识,并将之输入美国,而且还开展有关亚洲研究的严谨学术课题。因此,哈燕社在中国的第一个十年可以被视为黄金时代。

然而,良好的开端很快被两次战争——抗日战争(1937—1945)和国共内战(1946—1949)打断。军事冲突和严重的通货膨胀不仅摧毁了哈燕社在早期所享有的稳定环境,而且还使中国知识分子关注的重心转移到了别处。与1920年代和1930年代初期相比,日益变化的战时形势使哈燕社的项目与中国社会的紧迫需求关联程度越来越低。战争也给叶理绥社长提供了一个实施其计划的机会,即扩展哈燕社在哈佛的项目,加强监管学社资金的使用以及在华项目的运行和管理。叶理绥的新政使得哈燕社与其伙伴大学的中美教育者的关系更为紧张。这些来自内部和外部的挑战交互作用,在战争年代削弱了哈燕社在中国的文化工程项目,表明哈燕社已经不再享有其在中国的第一个十年所拥有的有利因素。

1949年新中国成立,社会最终恢复了稳定,却注定了哈燕社在华项目的消亡。新政府发起了自己的大规模的文化工程,以巩固政权和传播马列主义,旨在建设一种全新的文化和塑造社会主义公民的新的身份认同。席卷全国的文化工程运动也旨在改革旧有的教育体制,根除旧的态度,特别是"亲美、崇美、恐美"的态度。中共的文化工程运动,与哈燕社的资助前提以及中国教会大学联合董事会的要求相抵触。这种抵触注定了教会大学和哈燕社在华项目的消亡。冷战在东亚的兴起,美国拒绝承认新成立的中华人民共和国,朝鲜战争的爆发以及战争所引起的紧张局势,特别是美国政府禁止任何资金流入中国和中国政府的报复,导致了哈燕社在华文化工程项目的终结以及中国政府对教会大学的接管,中断了美国在华直接参与的文化和教育事业。从这个意义上说,哈燕社未能利用其文化工程来满足中华人民共和国初期的需求。其实这个结果是可以理解的,因为很多因素都超出了哈燕社理事会的控制范围,而且中美文化和教育交流的持续,在一定程度上,也取决于两国官方外交关系的持续。

哈燕社在中国二十多年的经历揭示了在20世纪前半叶中美文化互动的新特点。哈燕社的文化工程项目可以被视作西方/美国现代人文学科全球化的一部分。其项目是跨国性和跨文化的。学社起源于哈佛最初获得霍尔教育基金指定用于东方的资金的尝试,后来才有将现代人文学知识移植到中国的全球性视野。

哈燕社的文化工程项目展示了美国人如何希望改变中国,但并不是延续美国世纪(American Century)最初几十年里日益崛起的威尔逊国际主义时期的"中国遭遇西方"的旧模式。哈燕社的创立者试图运用一种直接或间接的文化方法，引领中国走向现代，使中国不会采用纯粹的西方模式、日本模式或是苏联模式，而是采取一种打破传统和现代二分法的新模式。他们希望将西方科学研究方法和价值与中国文化遗产的"精华"相结合（哈燕社创立者未对"精华"一词提供定义），创新中国文化。因为他们相信，这种新文化会帮助中国避免西方和日本早期工业化的副作用，包括对经济利益的盲目追求，忽视对人文环境的保护和文化传统的保留，以及人文伦理和健康的社会价值的缺失。哈燕社的创立者坚持认为亚洲/中国不应该盲目地追随西方，而是应该忠实于自身的文化；学社强调对中国传统文化的研究，这本身也是一种来自西方的处方，是美国教育者为了应对20世纪初期变化的中国形势而采取的策略之一。中国变成了西方人文主义学者和社会科学家的某种实验室。显然，威尔逊式的提携扶持是哈燕社文化工程项目的理论根基，因为哈燕社的创立者理所当然地认为，美国人知道如何引领中国走向现代。

尽管哈燕社在20世纪初期与美国政府并没有发展紧密的关系，而且它也是向海外输出美国梦的私人文化和教育活动的一部分[1]，但是其项目，尤其是在哈佛开展的项目和由哈燕社资助、由西方学者开展的考古考察，田野旅行以及研究课题，都对在美国进行有关中国的知识的累积和生产作出了贡献。根据松田武（Takeshi Matsuda）的说法，哈燕社和其他的区域研究项目所累积的知识，都是美国软实力的一个主要的组成部分，美国在两次世界大战之间有关亚洲的学术研究成果，在二战和冷战中都服务于美国的国家利益。[2]到1950年代初期和1960年代，学术项目，包括那些由哈燕社发起的项目，都与政治发展了更为紧密而又公开的联系。社会科学和人文学科领域的学者,都齐心协力地与政府合作执行"现代化"理论;他们希望这种方法在美国与苏联的竞争中比直接的军事行动更能赢得亚洲人民的"心与灵"。[3]

但是,哈燕社的文化工程项目不同于英帝国在印度的项目。哈燕社的项目更多地是在中国国内、为中国人进行的有关中国的知识生产。与印度的情况不同,中国并不是美国的殖民地;中国的教育者也比印度同行享有多得多的独立性。尽管哈燕社要求中国教员采用西方的科学方法,但是绝大多数中国教员还是采用中国的方法来教授中国的人文学科,而只有一小部分在西方受过教育或是在国内接受过西方教育的教员,才在教学和研究中运用西方的方法,或者综合运用中西的方法。大多数中国学者都是开展独立的研究,其中一部分课题着重于地方史和地方文化,并且研究成果是用中文进行写作和出版的。因此,我们必须承认,许多中国学者并不主要是为西方/美国而进行有关中国的知识的生产的,因而他们的情形不同于印度学者,后者参与了英帝国政府机构发起资助的文化课题。

尽管哈燕社的创立者和理事会拥有文化优越感和居高临下的家长式姿态,他们在很多方面都不同于老一辈的在华美国传教士和教育者。他们首先对已定型的、将西方教育模式强加于亚洲/中国的传教士做法发起了挑战。与早期的其他西方/美国机构相比,他们是在相对来说更加平等的条件下在中国开展项目的。哈燕社在太平洋两岸的创立者,从一开始都强调有必须尊重中国的民族主义情感,鼓励中国知识分子研究和欣赏他们自己的文化并保存其"精华",并敦促他们积极参与为中国人自身而进行的有关中国的知识生产。哈燕社的理事很早以来就意识到了其在华项目的特殊作用。在华项目消亡后,他们强调指出,哈燕社作为一个学术机构的声誉以及它过去对传统文化研究的重视,在1950年代初期紧张的冷战气氛中抚慰了受伤害的亚洲人的情感。[4]

在一定程度上,由于哈燕社创立者和具有类似理念的教育者和慈善家的新思路,哈燕社的在华项目成为由中国知识分子发起的大规模文化工程项目的一部分。中国知识分子,尤其是那些在美国接受教育的知识分子,是1910年代末和1920年代在中国国内开展的中国文化工程的主要发起者。哈燕社成立之前,在1910年代传统王朝秩序崩溃和现代民族国家成立之后,他们就发起了"整理国故"运动,旨在建设一种新的文化认同和民族国家认同。他们认识到,中国需要"一种全新的生活方式",即一种新文化。[5] 20世纪初期几十年里的民族国家认同危机使得中国的文化项目不仅仅是纯粹的学术研究,相反,它更多地发挥了文化工程的作用,这也部分地解释了为什么文化重建和身份认同建设成为了五四新文化运动之后意识形态斗争的主要阵地。[6] "重建"成为这些"后五四"时期知识分子借用西方理念和方法在旧废墟中建设新中国的重要概念。[7]他们当中有些人为了重建中国文化和中国社会,包括乡村地区,而致力于将西方/美国人文学科和社会科学知识移植到中国,而其他人则为了民族国家建设而积极引进西方科学和医学。[8]尽管他们在不同领域采用了不同的方法,但是这些知识分子是将他们的项目作为建设现代民族国家的一种途径。

在发起大规模文化工程项目方面,哈燕社和其他美国基金会以及教会教育者可以被视作客人和后来者。中国民族主义运动所带来的巨大压力,迫使教会大学在1920年代初期就加强了中国人文学课程。在这之后,哈燕社和其他基金会才参与进来,提供资金和西方的科学方法,为教会大学人文学项目的持续繁荣做出了贡献。通过提供资金和学术指导,哈燕社和其他美国基金会对中国知识分子寻求现代化的努力做出了回应,并满足了中国的文化重建和民族国家建设的需求。

哈燕社和其他美国基金会的影响也是"受邀约的",因为尽管中国在20世纪初期并没有像1980年代对外开放时期那样门户大开,但是许多中国知识分子都欢迎西方科学、技术和价值/观念。[9]虽然美国基金会和中国知识分子在权力关系上享有不同的发言权,但是发起者通过接受方的积极参与,部分满足了中国的需求。通过大规模的文化工程项目,哈燕社与其他美国基金会一起,参与并推进了中国的现代化,尤其是通过文化再造和革新——这就是胡适的"再造中国文明"之梦——推动了文化和教育领域的现代化,也为中国的现代人文学科的建立做出了贡献。

哈燕社的文化工程项目表明,中国知识分子在中国高等教育的现代化过程中起了特殊作用,凸显了中国因素的影响。[10]一方面,中国知识分子有着强烈的民族主义愿望,绝不妥协,时刻准备着为保护中国艺术珍宝留在中国而做出努力,以阻止那些令人不快的项目,比如1930年代初由哈燕社资助的考古考察,不过此危机被哈燕社理事会及时而有效地化解了。[11]另一方面,得益于(尤其是第一次世界大战前后)文化交流项目的扩展以及西方主导的全球化,他们能够通过欣然接受西方的科学研究方法、理念和价值观来追求现代化。他们是根据中国国情将西方/美国科学(医学科学)、社会科学和人文学科知识移植到中国,建立现代民族国家的积极参与者。[12]一个著名的例子就是胡适运用西方方法,将西方科学方法和价值融入中国文化来"再造中华文明",这反映了五四新文化运动进行身份认同建设和民族国家建设方法的精髓与核心。[13]但是,哈燕社的经历表明,中国知识分子并不是西方输出的被动接收者。他们爱国且具有创新精神,会对西方理想和理念进行调适、传播和转化,以为己用。其他的个案研究证实了这一点。江勇振曾说,燕京大学和南开大学的中国社会科学家是社会科学学科传入中国并使之本土化的积极推手。虽然他们是根据洛克菲勒基金会的资助兴趣来拟定他们的研究项目,但是通过对研究议程和研究方法的协商,他们也利用了发起方。[14]玛丽·布洛克(Mary Bullock)的研究表明,北京协和医学院的师生是西方医学科学中国化过程的主要参与者。

海福德(Charles Hayford)强调指出,像晏阳初这样的跨太平洋自由主义者,"既不是美国理念的奴隶",也不是"外国影响的被动受害者,而是对普世价值的积极适应者和创造性的发展者"。海福德相信,"从纯粹的美国、日本、苏联或欧洲特色的理念中筛选出具有普世性的现代科学理念,是他们那一代人的中心任务;他们引进这些理念,并使其中国化,从而改变了德先生和赛先生的性质以及中国本身的性质"。[15]正如玛丽·布洛克在其研究中恰当指出的那样,"关键性的问题不是影响,而是调适;不是回应,而是同化"[16]。

此外,在20世纪前半叶,施与受的关系发生了变化。中国和美国的教育者通过"反射作用"塑造了美国公众对中国的态度。[17]因此,哈燕社就成为一座双向道的信息流通桥梁,尽管流向两端的信息量并不平衡。

在哈燕社和其他美国基金会的资助支持下,中国知识分子,尤其是那些在教会大学工作的学者,为中国的高等教育,特别是建立现代人文学科和社会科学学科的建立做出了巨大的贡献,而中国现代人文学科和社会科学的创立则是早期西方/美国将西方科学、技术和基督教引入中国的活动的延伸。由于教会大学的参与以及哈燕社和其他美国基金会的参与和资助,这些教会大学不仅在1949年之前成为中国私立教育体系的顶梁柱,而且也为今天的著名国立大学,如北京大学和南京大学,奠定了基础。

这些教会大学在科学、社会科学以及人文学科领域培养出一代又一代的中国学者。阿瑟·罗森鲍姆(Arthur Rosenbaum)编辑的关于燕京大学的论文集展示了一代一代的燕京校友是如何为中国做出贡献的,而江勇振的研究则彰显了中国知识分子对中国现代社会科学的建立以及为中国培养未来的数代社会科学家所做出的贡献。在医学领域,像玛丽·布洛克所说,北京协和医学院培养了一批杰出的中国医学专业工作者;这些专业医学工作者薪火相传将中国医学科学推进到了下一个阶段,那就是创建适合中国的科学医学以及在民国和中华人民共和国时代为中国的民族国家建设培养数代年轻的医学人员。在乡村重建方面,海福德通过晏阳初"自由主义中国化"的案例,提供了一个关于中国知识分子通过采用西方科学来"扶持提携"中国乡村的活动的极好例子。[18]因此,哈燕社的文化工程项目为考察具有影响力的美国教育事业以及中国的思想变迁和教育转型提供了一扇窗户。

以上这些新特点是20世纪前半叶在华美国文化和教育事业变迁的一个缩影。尽管美国教育者仍然受久已形成的美国文化优越感和天定命运论以及居高临下的家长式姿态的影响[19],但是他们更多是被新兴的世界主义观、进步主义教育潮流和威尔逊国际主义精神和氛围所影响。因此,中美文化互动中的上述新特点,可以被视视作是美国民族主义、威尔逊国际主义和美国国内的进步主义教育思潮的综合产物;这些新特点也可以被视为对中国民族主义和动乱的中国形势的及时回应。与美国修正主义文献所描绘的、驳斥关于两次世界大战之间美国"孤立主义"论的新画面一致,哈燕社的文化工程项目可以被理解为美国在海外的大规模文化和教育扩张的一部分,也可以同样地被理解为进步主义教育改革活动从美国本土到亚洲/中国的一个延伸。[20]

也许将哈燕社的文化工程项目视做由一个美国的基金会、美国在华教育机构以及中美教育者为推动中国人文学而运作的"合营事业"更为合适。就像司徒雷登校长及其中西管理层和教员在燕京大学所做的那样,哈燕社的创立者和理事也追寻着一个相似的目标,即按"世界主义理念"运营一个中西合营事业。[21]这个合营事业可以被视做一种合作,合作过程中为应对太平洋两岸不断变化的社会、经济、文化和政治情境而出现了紧张关系、调适和回应。

这种合作模式表明,强调西方主导和土著抵抗的后殖民范式并不完全适合20世纪前半叶中国的情形。[22]美国教育者愿意投入资金和输出西方科学研究方法到中国,而中国知识分子更愿意接受西方的帮助,有选择地输入西方观念和方法,并对之进行修改和调适,以为己用。哈燕社的管理层声称他们有权监管其在华文化工程的运行、经营和管理,因为是哈燕社在提供资金。叶理绥在管理项目和严格监管哈燕社在华资金使用时所采取的强硬手段,说明有钱能使鬼推磨——"谁是老板谁说了算"。然而,叶理绥和哈燕社所强调的权利,主要是涉及方法层面的,尤其是关于如何改进哈燕社所开展的中国人文学科的教学、研究和出版项目。哈燕社理事会的确给了中国知识分子许多自由,允许他们在广义的中国人文学领域自由他们想要教授的课程和从事的研究课题。

因此,"文化帝国主义"论并不能完全解释哈燕社的在华项目。

学者们对"文化帝国主义"有不同的定义。有些学者将其定义为外来文化对本土文化的侵略。[23]然而,在哈燕社的经历里,我们并没有看到美国教育者将其文化"强加"给中国或者美国文化统治中国文化的任何明确证据。中国人对"文化帝国主义"的定义,是一种带有极端政治色彩的言辞,而不是一个严谨的概念,旨在根除美国在近代中国的势力。正如哈燕社理事在1950年代初期所意识到的,极端的民族主义使得亚洲人特别是中国人对于西方的宣传——无论是宗教的还是世俗的——都高度敏感,并导致他们"对任何有可能被看做是西方'文化帝国主义'的东西都强烈不满"。[24]

但是,我们必须承认,在20世纪前半叶的中美互动中,在哈燕社的理事、中国知识分子和在华西方/美国教育者之间,存在着复杂的紧张关系。哈燕社的理事、教会大学和在华的中美两国教育者,在如何运行、经营和管理文化工程项目的问题上,动机、目标和方法并非完全一致。他们之间的分歧有时使得他们的关系非常紧张,并给哈燕社的在华文化工程项目带来了障碍。例如,中国知识分子对1930年代初由哈燕社资助的考古调查以及对来自西方教育者的控制的抗议,似乎就带有抵制美国"文化帝国主义"的特点。

不过,哈燕社和教会大学的西方/美国管理层之间的摩擦,则是美国基金会与在华的西方教育者之间的矛盾,也是西方人运行的教育机构之间的矛盾。例如,叶理绥和燕京大学之间的较量或许表明,司徒雷登和他的行政班子不愿意屈从于叶理绥和哈佛,因为早在哈佛展开努力以获得霍尔基金之前,燕京大学就已得到了霍尔遗产基金会的资助,并已被许诺可以得到霍尔基金的直接资助,所以燕京大学方面对哈燕社强制性规定的条件和制定的政策感到不快。而哈燕社的合作教会大学之间的紧张关系,则可以被视做哈燕社学术系统的内部冲突,也许可以说是对中国学术圈中的资源、声誉和地位的竞争。

虽然哈燕社从1950年代初期到1980年代初被迫终止了在中国内地的项目,但是其方法对任何组织,特别是包括由非政府组织运营的国际基金会仍意义非凡。首先,哈燕社的案例呈现出了类似的当代跨文化合营事业所固有的机遇和问题;在这些合营事业中,资金、人物个性和政治互相交错,时而使合营事业卓有成效,时而也引起冲突。

第二,哈燕社的理事在1950年代已注意到西方/美国在亚洲资助的项目的教训,这些教训对现时的任何跨国性基金会的运营都是宝贵的忠告。他们强调指出,美国教育者对亚洲,特别是对中国投入了大量的资金和精力,但是在一个关键方面却失败了,即他们对想要帮助的亚洲社会的历史和文化缺乏了解;他们在每一个西方知识领域都培养了优秀的专业人才和技术人员,也培养出了基督教神学、英国文学和西方政治学领域的专家,但是却没有培养出能综合理解西方的知识和经验作为一个整体对亚洲社会有何意义的专家。[25]江勇振在对近代中国社会科学的研究中列举了一些很好的例子:留美的归国中国学生虽然成为美国经济某些领域的专家,但是他们的课程却与中国几乎没有关联。[26]哈燕社的理事已经意识到,西方与东方几乎没有什么联系,因此他们寻求通过学社的项目沟通东西方两个世界。

第三,哈燕社对人文学科项目的重视也为发展中国家提供了经验教训。对近代甚至当代亚洲/中国或其他发展中国家存在的问题,有各种不同的解决办法:自由主义与革命激进主义,博雅人文主义与消费主义/工业主义。哈燕社对中国文化研究的重视是其中的一个途径。具有讽刺意味的是,由西方理念引导的哈燕社变成了中国人文主义价值的保存之地,而中国自身的某些组织却成为这些人文主义价值的摧毁者。中国一度摈弃了中国的文化遗产,并实施了可能是最糟糕的、无灵魂的现代化项目。中国的情况表明,哈燕社强调人文主义价值的做法是发展中国家在 21 世纪为构建一个健康和谐的社会和一个安全和平的世界而进行的工业化和现代化过程中所需要的。

哈燕社在当今的美国与东亚/中国文化交流中仍然非常活跃。在 1951 年从中国内地撤退后,哈燕社理事会迅速将兴趣转向东亚的其他地区。[27]他们选择将专项基金用于资助韩国、日本、中国香港和中国台湾地区的教会大学——这些大学都是亚洲基督教高等教育联合董事会的成员,发起了一系列新的项目,包括于 1954 年启动的访问学者项目。[28]在停止对中国大陆提供资助约三十年之后,韩南社长(Patrick Hanan,任职时间为 1987—1996)继承了前任们的成果,并在中美关系正常化后于 1980 年代为恢复哈燕社与中国内地的联系而做出了新的努力,恢复了学社在中国内地的部分活动,包括邀请几个著名的教育机构参与学社的访问学者项目。[29]

在著名的新儒学研究专家、哈佛大学杰出教授杜维明社长(任职时间为 1996—2008)的领导下,哈燕社在世纪之交对扩展美国与东亚/中国的文化交流起了重要的作用。不同于 20 世纪初期的美国教育者专注于将西方理念和方法输出到中国来推动中国的人文学科发展。作为第一任华裔社长的杜维明教授,尝试扩张哈燕社项目的规模,在美国宣传中国文化。目标之一就是邀请亚洲学者,特别是中国学者到哈佛,使这些亚洲的本土学者可以帮助在美国的学术圈传播中国文化和研究方法,同时通过与西方学者的接触和对西方方法的掌握拓展自身的学术视野。为了实现这个目标,杜维明社长还在哈佛开设了一些用中文讲授的课程和组织了一些以中文为媒体的会议。在杜维明看来,这一做法有助于推动哈佛的国际化。[30]

哈燕社的第一位女社长、哈佛大学杰出的中国史教授裴宜理博士2008年起任社长,自上任以来一直在致力扩大哈燕社在美国和亚洲的活动范围。裴宜理社长生于中国,是美国传教士的后代,也是中华人民共和国的同龄人;她对于她的出生国总是感到着迷,并致力于中国历史的研究。作为新任社长,裴宜理博士为哈燕社带来了许多新观念,不仅鼓励亚洲学者参与学社的奖学金项目,以在美国进行高级研修和开展课题研究,而且也希望更多的美国学者在哈燕社的资助下去亚洲开设讲座和开展研究。此外,在裴宜理博士的主持下,哈燕社在亚洲研究协会的年会上一直举办专题学术小组研讨会,并为校友和访问学者举行招待会。[31]

在20世纪前半叶,哈燕社通过其项目将西方/美国人文学术成果移植到中国,试图融会贯通古今东西的经验,为像中国和其他亚洲国家这样的转型社会所面临的问题提供解决方案。哈燕社的经历说明英国作家吉卜林(Rudyard Kipling)的名言——"东方就是归东方,西方归西方,两者永不相逢"——已经过时。悬挂在坐落于哈佛校园的哈燕社办公室里的一个匾额和一副对联,完美地描述了哈燕社自1920年代以来通过其项目一直所追求的东西。该匾额上写着"居今识古";该对联是"文明新旧能相宜,心理东西本自同"。匾额是由在1918—1922年间担任中华民国(北京政府)总统的徐世昌(1858—1939)为哈燕社所题;对联则是由末代皇帝溥仪的老师陈宝琛于1932年为哈燕社的汉和图书馆所书,由洪业译成英文。[32](请参考本书目录之前的图片)。

注 释

1 Emily S. Rosenberg 认为,虽然 1920 年代是"美国历史上(直到 1960 年代)经济扩张最有力的十年",但是美国"协进性政府"对美国海外经济扩张和美国私人企业参与国际经济提供的支持极为有限。见 Emily S. Rosenberg, *Spreading the American Dream: American Economic and Cultural Expansion,1890-1945*(New York: Hill and Wang, 1982), 138-160。

2 Takeshi Matsuda, *Soft Power and Its Perils: U. S. Cultural Policy in Early Postwar Japan and Permanent Dependency* (Washing, DC: Woodrow Wilson Center Press, 2007), introduction and conclusion.

3 Michael E. Latham, *Modernization as Ideology: American Social Science and "Nation Building" in the Kennedy Era* (Chapel Hill, NC: University of North Carolina Press, 2000); Gregg A. Brazinsky, *Nation Building in South Korea: Koreans, Americans, and the Making of a Democracy* (Chapel Hill, NC: University of North Carolina Press, 2007); Kenneth Prewitt and William McAllister, "Changes in the American Executive Elite, 1930-1970", in *Elite Recruitment in Democratic Politics*, eds., Heinz Elau and Moshe M. Czudnowski (New York: Wiley, 1976), 105-132.

4 "Memorandum: The Future Policy of the Harvard-Yenching Institute, 1953", in "The Harvard-Yenching Institute Office Archives" (HYIOA), Cambridge, Massachusetts.

5 Charles W. Hayford, *To the People: James Yen and Village China* (New York: Columbia University Press, 1990), ix.

6 Lydia Liu, *Translingual Practice: Literature, National Culture, and Translated Modernity-China, 1900-1937* (Stanford: Stanford University Press, 1995), 239.

7 Xiaoqing Diana Lin, "John K. Fairbank's Construction of China, 1930-1950s: Culture, History, and Imperialism", *Journal of American-East Asian Relations* (JAEAR) 19(2012): 220-221.

8 Yung-chen Chiang, *Social Engineering and the Social Sciences in China, 1919-1949* (New York: Cambridge University Press, 2001); Mary Brown Bullock, *An American Transplant: The Rockefeller Foundation and Peking Union Medical Collage* (Berkeley, CA: University of California Press, 1980); Hayford, *To the*

People.

9 Norton Wheeler, *The Role of American NGOs in China's Modernization: Invited Influence* (New York: Routledge, 2013).

10 有关本土知识分子在跨文化交流中的积极作用的近期著述,见 Brazinsky, *National Building in South Korea*; Matsuda, *Soft Power*, 3。

11 鲁珍晞、杨天宏以及易社强(John Israel)的著作展现了民族主义在1920年代非基督教运动和收回教育权运动中所起的作用。请看 Lutz, *Chinese Politics and Christian Missions: The Anti-Christian Movements of 1920-1928* (Notre Dame: Cross Cultural Publications, 1988);杨天宏:《基督教与近代中国》,成都:四川人民出版社,1994年;Israel, *Student Nationalism in China, 1927-1937* (Stanford: Stanford University Press, 1966)。郑师渠与叶文心关于两次世界大战之间知识分子变化的研究,见郑师渠:《在欧化与国粹之间:学衡派文化思想研究》,北京:北京师范大学出版社,2001年;Yeh, *The Alienated Academy: Culture and Politics in Republican China, 1919-1937* (Cambridge: Council on East Asian Studies, Harvard University, 1990)。

12 Chiang, *Social Engineering*; Bullock, *An American Transplant*.

13 Weili Ye, *Seeking Modernity in China's Name: Chinese Students in the United States, 1900-1927* (Stanford, CA: Stanford University Press, 2001);罗志田:《再造文明之梦:胡适传》,成都:四川人民出版社,1995年。

14 Chiang, *Social Engineering*, 13, 15.

15 Hayford, *To the People*, xii-xv.

16 Bullock, *An American Transplant*, xii-xix.

17 Xi Lian, *The Conversion of Missionaries: Liberalism in American Protestant Missions in China, 1907-1932* (University Park, PA: Pennsylvania State University Press, 1997), 20-21 and chap. 7; John King Fairbank, ed., *The Missionary Enterprise in China and America* (Cambridge, MA: Harvard University Press, 1974), 6.

18 Arthur Lewis Rosenbaum, ed., *New Perspectives on Yenching University 1916-1952: A Liberal Education for a New China* (Chicago, IL: Imprint Publications, 2012); Rosenbaum, ed., "Special Volume of Yenching University and Sino-American Interactions, 1919-1952", *The Journal of American-East Asian Relations* 14 (2007): 1-202; Bullock, *An American Transplant*, esp. xvii-xviii; Hayford, *To The People*; Chiang, *Social Engineering*; E-tu Zen Sun, "The

Growth of the Academic Community, 1912-1949", in *The Cambridge History of China*, vol. 13, *Republican China*, *1912-1949*, part 2. eds., John K. Fairbank, Dennis Twichett, and Albert Feuerwerker (New York: Cambridge University Press, 1986), 361-420.

19 关于美国意识形态的代表作品,参见 Michael H. Hunt, *Ideology and U. S. Foreign Policy* (New Haven: Yale University Press, 1987); Anders Stephanson, *Manifest Destiny: American Expansionism and the Empire of Right* (New York: Hill and Wang, 1995)。

20 本研究通过强调美国进步主义教育对海外文化和教育扩张的影响,从而扩展了有关美国进步主义教育的著述。见 Barry Keenan, *The Dewey Experiment in China: Educational Reform and Political Power in the Early Republic* (Cambridge: Harvard University Press, 1977)。

21 Philip West, *Yenching University and Sino-Western Relations*, *1916-1952* (Cambridge: MA: Harvard University Press, 1976); Yuming Shaw, *An American Missionary in China: John Leighton Stuart and Chinese-American Relations* (Cambridge, MA: Harvard University Press, 1992).

22 Liu, *Translingual Practice*.

23 学界关于文化帝国主义论的讨论概况,见 John Tomlinson, Cultural Imperialism: A Critical Introduction (Baltimore: The Johns Hopkins University Press, 1991); Gienow-Hecht, "Shame on US? Academics, Cultural Transfer, and the Cold War—A Critical Review", *Diplomatic History* 24. 3 (Summer 2000): 465-494; Ryan Dunch, "Beyond Cultural Imperialism: Cultural Theory, Christian Missions, and Global Modernity", *History and Theory* 40 (Oct. 2002): 301-325。

24 "Memorandum: The Future Policy of the Harvard-Yenching Institute, 1953", HYIOA.

25 "A Brief Survey of Educational Problems at Harvard University and Harvard-Yenching Institute with especial reference to East Asia and a Suggested Administrative Re-organization to Help Resolve the Difficulties", n. d., HYIOA.

26 Chiang, *Social Engineering*, 15-22.

27 The Harvard-Yenching Institute's Board of Trustees' meeting minutes (TM), Apr. 16, 1951, HYIOA.

28 TM, Apr. 16 & Nov. 5, 1951; the HYI trustees' special meeting minutes,

Apr. 29 & Nov. 17, 1952; Apr. 27 & May 25, 1953, HYIOA; "the Harvard-Yenching Institute Report of the Educational Committee on the Visiting Scholars Program, Nov. 9, 1953", HYIOA.

29 作者对阿尔伯特·克雷格(Albert Craig)教授(1976—1987年任哈燕社社长)和韩南教授的访谈,哈佛大学,2003年7月18日。

30 作者对杜维明教授的访谈,哈佛大学,2003年7月18日。

31 《"我的半个故乡在中国":哈佛燕京学社社长裴宜理教授访谈录》("*Half of My Hometown is in China*": *An Interview with Elizabeth J. Perry, Director of Harvard-Yenching Institute*), http://english.beijingharvardclub.com/artical/artical.aspx?pagetitle=Alumni%20Honor-s&id=597(于2012年12月登录查询)。

32 匾额和对联的赠予日期及场合暂不清楚。

参考文献

一手资料

机构、私人档案

"Annual reports from the Christian Colleges in China, 1928-1951", in The Harvard-Yenching Institute Office Archives (HYIOA), Cambridge, Massachusetts.

Annual reports from the Department of Asian Languages and Civilizations (prior 1952), Harvard Archives, Cambridge, Massachusetts.

Annual reports of the Harvard-Yenching Library, 1928-1951, HYIOA, The Harvard-Yenching Library, Harvard University, Cambridge, Massachusetts.

The Harvard-Yenching Institute's Board of Trustees' meeting minutes (TM), HYIOA.

The Harvard-Yenching Institute: Purposes and Programs, 1928-1968. Cambridge, MA: The Harvard-Yenching Institute, 1968.

Hall, George, "Biographical Sketch", *The Oberlin Alumni Magazine*, 11:5 (Feb. 1915): 170-72, Main Special Collection, Oberlin College Archives (OCA), Oberlin, Ohio.

Hemp, Susan. ed., "The History of the Oberlin-Shanxi Memorial Association", n. p.: no pub., n. d., pp. 1-21, OCA.

Jewett, Frances. ed. *Frank Fanning Jewett (1844-1926): The Beloved Teacher*. Oberlin, Ohio, No pub., n. d., OCA.

King, Henry C., "Some General Impressions of the Orient", *The Oberlin Alumni Magazine*, 7:2 (Nov. 1910), OCA.

Langdon Warner Papers, 1881-1955, the Harvard Houghton Library, Harvard University, Cambridge, Massachusetts.

Nunn, Emily. "The Century of Hall's Discovery". n. p., n. d., OCA.

Records of the Trustees of Lingnan University's board of Trustees (LUTR), 1820-

1952, The Harvard-Yenching Library, Harvard.

Reischauer, Edwin O., "A Brief History of the Harvard-Yenching Institute", HYIOA.

The File of the United Board for Christian Higher Education in Asia (UBCHEA), Yale Divinity School Library, New Haven, Connecticut.

Yenching University archives (YUA) related to the Harvard-Yenching Institute, Peking University Archives (PUA), Beijing, China.

报纸和杂志

The China Colleges (A bulletin published quarterly by the United Board for Christian Colleges in New York), HYIOA.

The Chinese Recorder, 1868-1941.

《光明日报》,1949—1953。

《人民日报》,1946—1953。

二手资料
著作与文章

Abt Jeffrey. "The Breasted-Rockefeller Egyptian Museum Project: Philanthropy, Cultural Imperialism and National Resistance", *Art History* 19.4 (Dec. 1996): 551-572.

Adas, Michael. *Dominance by Design: Technological Imperatives and America's Civilizing Mission.* Cambridge, MA: The Belknap Press of Harvard University Press, 2006.

Agard, Walter R. *The Humanities for Our Time.* Lawrence, KS: University of Kansas Press, 1949.

Akami, Tomoko. *Internationalizing the Pacific: The United States, Japan, and the Institute of Pacific Relations in War and Peace, 1919-1945.* New York: Routledge, 2002.

Alchon, Guy. *The Invisible Hand of Planning: Capitalism, Social Science, and the State in the 1920s.* Princeton, NJ: Princeton University Press, 1985.

Anderson, Benedict. *Imagined Communities: Reflections on the Origin andSpread of Nationalism*. London: *VERSO*, 1983.

Anderson, Lisa. *Pursuing Truth, Exercising Power: Social Science and Public Policy in the Twenty-First Century*. New York: Columbia University Press, 2003.

Annis, Stanley E., Edward Annis, and William Annis. *West China sketches*. Calgary: R. A. Murch Management, 1990.

Arnove, Robert. ed. *Philanthropy and Cultural Imperialism: The Foundations at Home and Abroad*. Boston: G. K. Hall, 1980.

Ashcroft, Bill, Gareth Griffiths, and Helen Tiffin. eds. *The Post-colonial Studies Reader*. New York: Routledge, 1995.

Babbitt, Irving, "Humanistic Education in China and the West", *Chinese Students' Monthly*, 17.2 (1921): 85-91.

Barnouin, Barbara and Yu Changgen. *Zhou Enlai: A Polital Life*. Hong Kong: The Chinese University Press, 2006.

Barker, Francis, Peter Hulme, and Margaret Iversen, eds. *Colonial Discourse, Post-Colonial Theory*. Manchester, UK: Manchester University Press, 1994.

Barnett, Suzanne and John K. Fairbank. eds. *Christianity in China: Early Protestant Missionary Writings*. Cambridge, MA: Harvard University Press, 1985.

Bayoumi, Moustafa. Edward Said, and Andrew Rubin. eds. *The Edward Said Reader*. New York: Vantage Books, 2000.

Bays, Daniel H. Ed. *Christianity in China: From the Eighteenth Century to the Present*. Stanford, CA: Stanford University Press, 1996.

——. "Indigenous Protestant Churches in China, 1900-1937: A Pentecostal Case Study", in *Indigenous responses to Western Christianity*. ed. Steven Kaplan. New York, NY: New York University Press, 1995.

—— and Ellen Widmer, eds. China's *Christian Colleges: Cross-Cultural Connections, 1900-1950*. Stanford, CA: Stanford University Press, 2009.

——. A New History of Christianity in China. Malden, MA: Wiley-Blackwell, 2012.

Beisner, Robert L. *Dean Acheson: a life in the Cold War*. New York: Oxford University Press, 2006.

Bender, Thomas. *Intellect and Public Life: Essays on the Social History of Academic Intellectuals in the United States*. Baltimore: Johns Hopkins University Press, 1993.

—— and Carl E. Schorske. eds. *American Academic Culture in Transformation:*

Fifty Years, *Four Disciplines*. Princeton, NJ: Princeton University Press, 1998.

Berman, Edward H. *The Ideology of Philanthropy: The Influence of the Carnegie, Ford, and Rockefeller Foundations on American Foreign Policy*. Albany, NY: State University of New York Press, 1983.

Bethel, John T. *Harvard Observed: An Illustrated History of the University in the Twentieth Century*. Cambridge, MA: Harvard University Press, 1998.

Bennett, Wendell Clark. *Area Studies in American Universities*. New York: Social Science Research Council, 1951.

Bieler, Stacey. "*Patriots*" or "*Traitors*"? *A History of American-Educated Chinese Students*. Armonk, NY: M. E. Sharpe, 2004.

Bigelow, Donald K. and Lyman H. Legters, "The Non-Western World in Higher Education", *The Annals of the American Academy of Political and Social Science*, 356 (Nov. 1964).

Blaustein, Albert P. ed. *Fundamental Legal Documents of Communist China*. South Hackensack, NJ: F. B. Rothman, 1962.

Bodde, Derk. *Peking Diary: A Year of Revolution*. New York: Schuman, 1950.

Boorman, Howard. ed. *Biographical Dictionary of Republican China*. 4 vols. New York: Columbia University Press, 1967, 1970, 1971.

Borg, Dorothy and Waldo Henrichs. eds. *Uncertain Years: Chinese-American Relations*, *1947-1950*. New York: Columbia University Press, 1973.

Bowie, Theodore. ed. *Langdon Warner Through His Letters*. Bloomington, IN: Indiana University Press, 1966.

Braeman, John, "The New Left and American Foreign Policy during the Age of Normalcy: A Reexamination", *Business History Review*, 57.1 (Spring 1983): 72-105.

Brands, H. W. *The Devil We Knew: Americans and the Cold War*. New York: Oxford University Press, 1993.

Brazinsky, Gregg A. *Nation Building in South Korea: Koreans, Americans, and the Making of a Democracy*. Chapel Hill, NC: University of North Carolina Press, 2007.

Bretelle-Establet, Florence, "Resistance and Receptivity: French Colonial Medicine in Southwest China, 1898-1930", *Modern China*, 25.2 (April 1999): 171-203.

Charles Bright and Michael Geyer, "For a Unified History of the World in the Twentieth Century", *Radical History Review*, 39 (Fall 1987): 69-90.

Brook, Timothy, "The Sinology of Joseph Needham", *Modern China*, 22.3 (July 1996): 340-348.

Brown, Jeremy and Paul G. Pickowicz., eds. *Dilemmas of Victory: The early Years of the People's Repubblic of China.* Cambridge, MA: Harvard University Press, 2007.

Brown, E. Richard, "Rockefeller Medicine in China: Professionalism and Imperialism". in *Philanthropy and Cultural Imperialism: The Foundations at Home and Abroad*, ed. Robert Arnove.

Brubacher, John S. and Willis Rudy, *Higher Education in Transition: A History of American Colleges and Universities.* 4th ed. New Brunswick, NJ: Transaction Publishers, 1996.

Brush, Kathryn. *Vastly More Than Brick and Mortar: Reinventing the Fogg Art Museum in the 1920s.* New Haven, CT: Yale University Press, 2004.

Buell, Frederick. *National Culture and the New Global System.* Baltimore, MD: Johns Hopkins University Press, 1994.

Buck, Peter. *American Science and Modern China, 1874-1936.* New York: Cambridge University Press, 1980.

Bullock, Mary. *An American Transplant: The Rockefeller Foundation and Peking Union Medical College.* Berkeley, CA: University of California Press, 1980.

——. *The Old Prince's Legacy: Rockefeller Philanthropy in China.* Stanford, CA: Stanford University Press, 2011.

Bush, Richard C. *Religion in Communist China.* Nashville, TN: Abingdon Press, 1970.

Byrnes, Robert F. *Awakening American Education to the World: The Role of Archibald Cary Coolidge, 1866-1928.* Notre Dame, IN: University of Notre Dame Press, 1982.

Cadbury, Catherine Jones. *Lingnan University: A Letter from William Penn Lodge.* Canton, China, 1948.

Cameron, Meribeth E., "The Basic Course in Far Eastern Studies", *Notes on Far Eastern Studies in America*, 1 (June 1937): 7-13.

——. "Far Eastern Studies in the United States", *Far Eastern Quarterly*, 7 (Feb. 1948): 115-135.

Carnoy, Martin. *Education as Cultural Imperialism.* New York: Longman, 1974.

Carter, Edward C. ed. *China and Japan in Our University Curricula.* New York: The Institute of Pacific Relations, 1929.

Carter, James, "Struggle for the Soul of a City: Nationalism, Imperialism, and Racial Tensions in 1920s Harbin", *Modern China*, 27. 1 (Jan 2001): 91-116.

Cartier, Carolyn, "Origins and Evolution of a Geographical Idea: The Macroregion in China", *Modern China*, 28. 1 (Jan. 2002): 79-142.

Chan, F. Gilbert. ed. *China at the Crossroads: Nationalists and Communists, 1927-1949*. Boulder, CO: Westview, 1980.

Chang, Kia-ngau. *The Inflationary Spiral: The Experience in China, 1939-1950*. Cambridge, MA: MIT Press, 1958.

Chapman, Nancy E. *The Yale-China Association: A Centennial History*. Hong Kong: Chinese University Press, 2001.

Chay, Jongsuk. ed. *Cultural and International Relations*. New York: Praeger, 1990.

Chen, Jerome. *Mao and the Chinese Revolution*. New York: Oxford University Press, 1965.

———. *China and the West: Society and Culture, 1815-1937*. Bloomington, IN: Indiana University Press, 1979.

陈观胜:《哈佛燕京学社与燕京大学之关系》,载燕大文史资料编委会编《燕大文史资料》第三辑,北京:北京大学出版社,1990年,第19—20页。

Chen, Jian. *China's Road to the Korean War: The Making of the Sino-American Confrontation*. New York: Columbia University Press, 1997.

———. *Mao's China and the Cold War*. Chapel Hill, NC: The University of North Carolina Press, 2001.

陈明章等编:《私立燕京大学》,台北:南京有限出版公司,1982年。

Chen, Theodore H. E. *Thought Reform of the Chinese Intellectuals*. Hong Kong: Hong Kong University Press, 1960.

陈万里:《西行日记》,北京:朴社,1926年。

陈远:《燕京大学1919—1952》,杭州:浙江人民出版社,2013年。

Chi, Hsi-sheng. *Warlord Politics in China, 1916-1928*. Stanford, CA: Stanford University Press, 1976.

Chiang, Yung-chen. *Social Engineering and Social Sciences in China, 1919-1949*. New York: Cambridge University Press, 2001.

Chin, Carol C., "Beneficent Imperialists: American Women Missionaries in China at the Turn of the Twentieth Century", *Diplomatic History*, 27. 3 (June 2003): 327-352.

Chou, Shun-hsin. *The Chinese Inflation,1937-1949*. New York: Columbia University Press, 1963.

Chow, Kai-Wing, Tze-ki Hon, Hung-yok Ip, and Don C. Price, eds. *Beyond the May Fourth Par adigm: In Search of Chinese Modernity*. Lanham, MD: Lexington Books, 2008.

Chow, Tse-tsung. *The May Fourth Movement: Intellectual Revolution in Modern China*. Cambridge, MA: Harvard University Press, 1960.

Christensen, Thomas I. "A 'Lost Chance' for What? Rethinking the Origins of the U. S. PRC Confrontation", *Journal of American-East Asian Relations* 4 (Fall 1995): 249-278.

Chu, Sin-Jan. *Wu Leichuan: A Confucian-Christian in Republican China*. New York: Peter Lang, 1995.

Chung, Shih. *Higher Education in Communist China*. Hong Kong: The Union Research Institute, 1953.

Clyde, Paul H. and Burton F. Beers. *The Far East: A History of the Western Impact and the Eastern Response,1830-1965*. 4th rev. ed. Englewood Cliffs, NJ: Prentice-Hall, 1966.

Coe, John L. *Huachung University*. New York: The United Board for Christian Higher Education in Asia, 1962.

Cohen, Paul. *Discovering History in China: American Historical Writing on the Recent Chinese Past*. New York: Columbia University Press, 1984.

————. and Merle Coldman. Comps. *Fairbank Remembered*. Cambridge, MA: The John K. Fairbank Center for East Asian Research, Harvard University, 1992.

Cohen, Warren I. *East Asian Art and American Culture: A Study in International Relations*. New York: Columbia University Press, 1992.

————. *The Chinese Connection: Roger S. Greene, Thomas W. Lamont, George E. Sokolsky and American-East Asian Relations*. New York: Columbia University Press, 1978.

————. ed. *New Frontiers in American-East Asian Relations: Essays Presented to Dorothy Borg*. New York: Columbia University Press, 1983.

————. *America's Response to China: A History of Sino-American Relations*. 3rd ed. New York: Columbia University Press, 1990.

————. ed. and with an introduction. *Pacific passage: The study of American-East*

Asian Relations on the Eve of the Twenty-first Century. New York: Columbia University Press, 1996.

——. Chen Jian, John W. Garver, Michael Sheng, and Odd Arne Westad. Articles in "Symposium: Rethinking the Lost Chance in China", *Diplomatic History* 21.1 (Winter 1997): 71-115.

Cohn, Bernard S. *Colonialism and Its Forms of Knowledge: The British in India.* Princeton, NJ: Princeton University Press, 1996.

Coleman, James Samuel. *University Development in the Third World: The Rockefeller Foundtion Experience.* New York: Pergamon Press, 1993.

Cong, Xiaoping, *Teachers' Schools and the Making of the Modern Chinese Nation-State, 1897-1937.* Vancouver, Canada: The University of British Columbia Press, 2007.

Connell-Szasz, Margaret. ed. *Between Indian and White Worlds: The Cultural Broker.* Norman, OK: University of Oklahoma Press, 1994.

Corbett, Charles H. *Shantung Christian University* (Cheeloo). New York: The United Board for Christian colleges in China, 1955.

——. *Lingnan University.* New York: Trustees of Lingnan University, 1963. Cheeloo (Qilu daxue). ed. *Shantung Christian University, Twenty Five Years in Tsinan* (in English). Chengdu: Local Government Publication, 1943.

Costigliola, Frank. *Awkward Dominion: American Political, Economic, and Cultural Relations with Europe, 1919-1933.* Ithaca, NY: Cornell University Press, 1984.

Crockatt, Richard. *The Fifty Years War: The United States and the Soviet Union in world Politics, 1941-1991.* New York: Routledge, 1995.

Crossley, Pamela Kyle, Helen F. Siu, and Donald S. Sutton. eds. *Empire at the Margins: Culture, Ethnicity, and Frontier in Early Modern China.* Berkeley, CA: University of California Press, 2006.

Cui, Dan. *The Cultural Contribution of British Protestant Missionaries and British-American Cooperation to China's National Development during the 1920s.* Lanham, MD: University Press of America, 1998.

Curti, Merle and Roderick Nash. *Philanthropy in the Shaping of American Higher Education.* New Brunswich, NJ: Rutgers University Press, 1963.

Dagnino, Evelina, "Cultural and Ideological Dependence: Building a Theoretical Framework".

In *Transnational Enterprises: Their Impact on Third World Societies and Cultures*, ed. Krishna Kumar. Boulder, CO: Westview, 1980.

《当代中国》丛书编辑部:《当代中国外交》,北京:中国社会科学出版社,1988年。

Darby, Phillip. *Three Faces of Imperialism: British and American Approaches to Asia and Africa, 1870-1970*. New Haven, CT: Yale University Press, 1987.

David, Lydia, "Oberlin and Internationalism: The Origins of Shanxi Band", *The Missionary Herald*, 1933, Oberlin College Archives.

Day, Tonry, and Craig J. Reynolds, "Cosmologies, Truth Regimes, and the State in Southeast Asia", *Modern Asian Studies*, 34:1 (2000): 1-55.

De Bary, Theodore, "East Asian Studies: A Comprehensive Program", *Annals of the American Academy of Political and Social Science*, 356 (1964): 63-93.

Department of Education, East China Normal University. ed., *Zhongguo xiandai jiaoyushi* (Modern Chinese Educational History). Shanghai: Huadong shifan daxuechubanshe, 1983.

华东师范大学教育系、教科所编:《中国现代教育史》,上海:华东师范大学出版社,1983年。

Dewey, John, "Old China and New", *Asia*, 21.5 (May 1921): 445-456

Diner, Steven J. *A City and Its Universities: Public Policy in Chicago, 1892-1919*. Chapel Hill, NC: The University of North Carolina Press, 1980.

丁名楠等:《帝国主义侵华史》,北京:科学出版社,1958。

Dirlik, Arif. *Revolution and History: The Origins of Marxist Historiography in China, 1919-1937*. Berkeley, CA: University of California Press, 1978.

———. "Chinese History and the Question of Orientalism", *History and Theory*, 35.4 (1996): 96-119.

———. "Reversals, Ironies, Hegemonies: Notes on the Contemporary Historiography of Modern China", *Modern China*, 22.3 (July 1996): 243-284.

Dreyer, Edward. *China at War, 1901-1949*. New York: Longman, 1995.

Duara, Prasenjit, "Knowledge and Power in the Discourse of Modernity: The Campaigns against Popular Religion in Early Twentieth-Century China", *Journal of Asian Studies*, 50.1 (1991): 67-83.

———. "Response to Philip Huang's 'Biculturality in Modern China and in Chinese Studies,'" *Modern China*, 26.1 (2000): 32-37.

──. *Rescuing History from the Nation: Questioning Narratives of Modern China.* Chicago, IL: University of Chicago Press, 1995.

Dubois, Thomas David, "Hegemony, Imperialism, and the Construction of Religion in East and Southeast Asia", *History & Theory*, 44.4 (Dec. 2005): 113-131.

Dunch, Ryan, "Beyond Cultural Imperialism: Cultural Theory, Christian Missions, and Global Modernity", *History and Theory*, 41.3 (2002): 301-325.

──. *Fuzhou Protestants and the making of a Modern China, 1857-1927.* New Haven, CT: Yale University Press, 2001.

Dupuy, Trevor Nevitt. *The Military History of the Chinese Civil War.* New York: Franklin Watts, 1969.

Duus, Peter. *The Abacus and the Sword: The Japanese Penetration of Korea, 1895-1910.*

Berkeley, CA: University of California Press, 1995.

Edmunds, Charles Keyser. *Modern Education in China.* Washington: Government Printing Office, 1919. Reprint.

Edwards, Dwight W. *Yenching University.* New York: The United Board for Christian Higher Education in Asia, 1959.

Edwards, Junius. *The Immortal Woodshed: The Story of the Inventor Who Brought Aluminum to America.* New York: Dodd, Mead & Company, 1955.

Egan, Susan Chan. *A Latterday Confucian: Reminiscences of William Hung (1893-1980).*

Cambridge, MA: The Council on East Asian Studies, Harvard University Press, 1987.

Ekbladh, David. The Great American Mission: Modernization and the Contruction of an American World Order. Princeton, NJ: Princeton University Press, 2010.

Ekstein, Modris. *Rites of Spring: The Great War and the Birth of the Modern Age.* Boston: Houghton Mifflin, 1989.

Elman, Benjamin. *A Cultural History of Modern Science in China.* Cambridge, MA: Harvard University Press, 2009.

Erh, Duke (Tung-ch'iang), Martha L. Smalley, and Tess Johnston. *Hallowed Halls: Protestant Colleges in Old China.* Hong Kong: Old China Hand Press, 1998.

Esherick, Joseph, "Harvard on China: The Apologetics of Imperialism", *Bulletin of Concerned Asian Scholars*, 4.4 (1972): 9-16.

──. ed. *Lost Chance in China: The World War II Dispatches of John S. Service.*

New York: Vintage Books, 1974.

Evans, Paul M. *John Fairbank and the American Understanding of Modern China*. New York: Basil Blackwell, 1988.

Fairbank, John K., "Introductory Survey of the Far East", *Notes on Far Eastern Studies in America* 3 (June 1938).

———. "A Note of Ambiguity: Asian Studies in America", *Journal of Asian Studies*, 19 (Nov. 1959): 3-9.

———. "East Asia in General Education: Philosophy and Practice". In *Asian Studies in Liberal Education*, ed. Eugene P. Boardman, 19-24. Washington, DC: Association of American Colleges, 1959.

———. ed. *The Missionary Enterprise in China and America*. Cambridge, MA: Harvard University Press, 1974.

———. Dennis Twitchett, and Albert Feuerwerker. eds. *The Cambridge History of China*, vol. 12-13: *Republican China*, *1912-1949*. New York: Cambridge University Press, 1983.

———. *China Bound: A Fifty-Year Memoir*. New York: Harper & Row, 1982.

Fairbank, Wilma. *America's Cultural Experiment in China*, *1942-1949*. Washington, DC: Bureau of Educational and Cultural Affairs, 1976.

Fallers, Lloyd A. "Ideology and Culture in Uganda Nationalism", *African Anthropologist*, 63 (1961): 677-678.

Fan, Fa-ti. *British Naturalists in Qing China: Science*, *Empire*, *and Cultural Encounter*. Cambridge, MA: Harvard University Press, 2004.

樊书华,《美国铝业大王查尔斯·马丁·霍尔与哈佛燕京学社的缘起》,载刘海平编《世纪之交的中国与美国》,上海:上海外语教育出版社,2000 年,第 217—246 页。

樊书华,《萧德方案与哈佛大学汉学的起源》,载刘海平编《文明的对话:本土知识的全球意义》,上海:上海外语教育出版社,2002 年,第 480—506 页。

樊书华,《燕京大学与哈佛燕京学社的建立》,《美国研究》1999 年第 1 期,第 70—90 页。

———. "Explaining the Rise of Asian Studies in the United States: The Harvard-Yenching Institute as a Case Study", *Southeast Review of Asian Studies*, 25 (2003): 101-138.

———. "To Educate China in the Humanities and Produce China Knowledge in the

United States: The Founding of the Harvard-Yenching Institute, 1924-1928", *The Journal of American-East Asian Relations*, 16. 4 (Winter 2009): 251-283. Reprinted in *New Perspectives on Yenching University, 1916-1952: A Liberal Education for a New China*. ed. Arthur Lewis Rosenbaum, 73-105. Chicago, IL: Imprint Publications, 2012.

——. The End of an American Enterprise in China: The Harvard-Yenching Institute, 1949-1953". In *New Perspectives on Yenching University, 1916-1952: A Liberal Education for a New China*. ed. Arthur Lewis Rosenbaum, 151-184. Chicago, IL: Imprint Publications, 2012. Fenn, William P. *Christian Higher Education in Changing China, 1880-1950*. New York: William B. Eerdmans Publishing Company, 1976.

——. *Ever New Horizons: The Story of the United Board for Christian Higher Education in Asia, 1922-1975*. New York: The United Board for Christian Higher Education in Asia, 1980.

——. *The Effect of the Japanese Invasion on Higher Education in China*. Hong Kong: China Institute of Pacific Relations, 1940.

Fenton, William N. *Area Studies in American Universities*. Washington, DC: American Council on Education, 1947.

Fink, Leon. *Progressive Intellectuals and the Dilemmas of Democratic Commitment*. Cambridge, MA: Harvard University Press, 1997.

Fitzgerald, John. *Awakening China: Politics, Culture, and Class in the Nationalist Revolution*. Stanford, CA: Stanford University Press, 1996.

Fogel, Joshua A. *The Teleology of the Modern Nation-state: Japan and China*. Philadelphia, PA: University of Pennsylvania Press, 2005.

Foreign Relations of the United States, 1945-1949: The Far East: China. Washington, DC: U. S. Government Printing Office, 1969-1974.

Franke, Wolfgang, "Sinological Research Work in Free China during the War Period, 1937-1945", *Zhongguo wenhua yanjiu huikan* (*Bulletin of Chinese Studies*) 6 (1946): 140-141.

Frazier, Mark W. *The Making of the Chinese Industrial Workplace: State, Revolution, and Labor Management*. New York: Cambridge University Press, 2002.

Friedman, Norman. *The Fifty-year War: Conflict and Strategy in the Cold War*. Annapolis, MD: Naval Institute Press, 2000.

Fukuyama, Francis. *The End of History and the Last Man*. New York: Free Press, 1992.

Fung, Edmund S. K., "Socialism, Capitalism, and Democracy in Republican China: The Political Thought of Zhang Dongsun", *Modern China*, 28.4 (Oct. 2002): 399-431.

―――. *The Intellectual Foundations of Chinese Modernity: Cultural and Political Thought in the Republican Era*. New York: Cambridge University Press, 2010.

Gaddis, John Lewis. *The Cold War: A New History*. New York: Penguin Press, 2005.

Galtung, Johan. "A Structural Theory of Imperialism", *Journal of Peace Research*, 8.2 (1971): 81-117.

高奇:《中国现代教育史》,北京:北京师范大学出版社,1985年。

Gardner, Charles S. *Chinese Studies in America: A Study of Resources and Facilities*. Washington, D C: American Council of Learned Society, 1935.

Geisert, Bradley Kent. *Radicalism and Its Demise: The Chinese Nationalist Party, Factionalism, and Local Elites in Jiangsu Province, 1924-1931*. Ann Arbor, MI: Center for Chinese Studies, University of Michigan, 2001.

Gemelli, Guiliana, ed. *The "Unacceptable": American Foundations and Refugee Scholars between the Two Wars and After*. New York: P. I. E. - Peter Lang, 2000.

耿云志、欧阳哲生编:《胡适书信集》,北京:北京大学出版社,1995年。

Gienow-Hecht, Jessica C. E. "Shame on US? Academics, Cultural Transfer, and the Cold War: A Critical Review", and the commentaries by Richard Pells, Bruce Kuklick, Richard Kuisel and John W. Dower, *Diplomatic History*, 24:3 (Summer 2000): 465-528.

Gilman, Nils. *Mandarins of the Future: Modernization Theory in Cold War America*. Baltimore, MD: The Johns Hopkins University, 2004.

Gongqingtuan zhongyang qingyunshi yanjiushi. comps. *Jiefang zhanzheng shiqi*. 共青团中央青运史研究室:《解放战争时期学生运动论文集》,上海:同济大学出版社,1988年。

Gould, Lewis L. *America in the Progressive Era,1890-1914*. New York: Longman, 2001.

Graham, Gael. *Gender, Culture, and Christianity: American Protestant Mission Schools in China,1880-1930*. New York: Peter Lang, 1995.

Graves, Mortimer, "The Needs and Plans for Chinese Studies in the United States", *Annals of the American Academy of Political and Social Sciences*, 152 (Nov. 1930).

———. "Far Eastern Studies at the Annual Meeting of the American Oriental Society, Apr. 19-21, 1938", *Notes on Far Eastern Studies in America*, 3 (June 1938).

Gregg, Alice H. *China and Educational Autonomy*. Syracuse, NY: Syracuse University Press, 1946.

Gregory, J. *The West and China Since 1500*. New York: Palgrave Macmillan, 2003.

Grieder, Jerome B. *Hu Shi and the Chinese Renaissance: Liberalism in the Chinese Revolution, 1911-1937*. Cambridge, MA: Harvard University Press, 1970.

Gruber, Carol. *Mars and Minerva: World War I and the Uses of the Higher Learning in America*. Baton Rouge, LA: Louisiana State University Press, 1975.

顾潮:《历劫终教志不灰:我的父亲顾颉刚》,上海:华东师范大学出版社,1997年。

顾潮:《顾颉刚评传》,南昌:百花洲文艺出版社,1995年。

顾潮:《顾颉刚年谱》,北京:中国社会科学出版社,1993年。

顾颉刚:《古史辨》,北京:朴社,1927—1941年,7卷。

顾学稼等编:《中国教会大学史论丛》,成都:成都科技大学出版社,1994年。

Guang, Lei, "Realpolitik Nationalism: International Sources of Chinese Nationalism", *Modern China*, 31 (2005): 487-514.

Guo, Jian, "Resisting Modernity in Contemporary China: The Cultural Revolution and Postmodernism", *Modern China*, 25.3 (July 1999): 343-376.

郭卫东主编:《近代外国在华文化机构》,上海:上海人民出版社,1993年。

Guo, Yingjie and Baogang He, "Reimagining the Chinese Nation: The Zeng Guofan Phenomenon", *Modern China*, 25.2 (Apr. 1999): 142-170.

Guttmann, Allen. *Games and Empires: Modern Sports and Cultural Imperialism*. New York: Columbia University Press, 1994.

Haldeman, H. R *The Haldeman Diaries: Inside the Nixon White House*. New York: G. P. Putnam's, 1994.

Hall, David. *Halls of New England: Genealogy and Biographical*. Albany, NY: Joel Munsell's Sons, 1883.

Hall, Robert B. *Area Studies: With Special Reference to Their Implications for Research in the Social Sciences*. Pamphlet no. 3. New York: Social Sciences Research Council, 1947.

Halle, William, "The Place of Oriental Studies in a University Curriculum", Journal of Higher Education, 27 (Jan. 1956): 11-16.

Han, Suyin. Eldest Son: Zhou Enlai and the Making of Modern China, 1898-1976. New York: Hill and Wang, 1994.

Harding, Harry, and Yuan Ming, eds. Sino-American Relations, 1945-1955: A Joint Reassess ment of a Critical Decade. Wilmington, DE: SR Books, 1989.

Harlow, Barbara and Mia Carter, eds. Imperialism and Orientalism: A Documentary Sourcebook. Malden, MA: Blackwell, 1999.

Harris, Paul W., "Cultural Imperialism and American Protestant Missionaries: Collaboration and Dependency in Mid-Nineteenth-Century China", Pacific Historical Review, 60:3 (Aug. 1991): 309-338.

Harrison, Henrietta. The Making of Republican Citizen: Political Ceremonies and Symbols in China, 1911-1929. New York: Oxford University Press, 2000.

Hartnett, Richard A. The Saga of Chinese Higher Education from the Tongzhi Restoration to Tiananmen Square: Revolution and Reform. Lewiston, NY: The Edwin Mellen Press, 1998.

Hayford, Charles W. To the People: James Yen and Village China. New York: Columbia University Press, 1990.

———. "The Open Door Raj: Chinese-American Cultural Relations, 1900-1945", in Pacific Pas sage: The Study of American-East Relations on the Eve of The Twenty-first Century. Ed. Warren I. Cohen, 139-162. New York: Columbia University Press, 1996.

Hayhoe, Ruth. China's Universities, 1895-1995: A Century of Cultural Conflict. New York: Garland Pub., 1996.

———. Portraits of Influential Chinese Educators. Hong Kong: Comparative Education Research Centre, the University of Hong Kong, 2006.

———. And Marianne Bastid. eds. China's Education and the Industrialized World: Studies in Cultural Transfer. Armonk, NY: M. E. Sharpe, 1987.

Heininger, Janet E., "Private Positions versus Public Policy: Chinese Devolution and the American Experience in East Asia", Diplomatic History, 6.3 (Summer 1982): 287-302.

Herzstein, Robert E. Henry R. Luce: A Political Portrait of the Man Who Created the American Century. New York: C. Scribner's Sons, 1994.

———. Henry R. Luce, Time, and American Crusade in Asia. New York: Cambridge University Press, 2005.

Hewa, Soma, and Philo Hove. eds. *Philanthropy and Cultural Context: Western Philanthropy in South, East, and Southeast Asia in the 20th Century*. Lanham, MD: University Press of America, 1997.

Hevia, James. *English Lessons: The pedagogy of imperialism in nineteenth-century China*. Durham, NC: Duke university press, 2003.

———. "Leaving a Brand on China: Missionary Discourse in the Wake of the Boxer Movement", *Modern China*, 18.3 (1992): 304-332.

Hill, Patricia. *The World Their Household: The American Women's Foreign Mission Movement and Cultural Transformation, 1870-1920*. Ann Arbor, MI: University of Michigan Press, 1985.

Hixson, Walter L. *George F. Kennan: Cold War iconoclast*. New York: Columbia University Press, 1989.

Hogan, Michael J. *A Cross of Iron: Harry S. Truman and the Origins of the National Security State, 1945-1954*. New York: Cambridge University Press, 1998.

——— and Thomas G. Paterson. eds. *Explaining the History of American Foreign Relations*. New York: Cambridge University Press, 1991.

Hon, Tze-Ki. "Cultural Identity and Local Self-Government: A Study of Liu Yizheng's History of Chinese Culture", *Modern China*, 30.4 (Oct. 2004): 506-542.

———. "Ethnic and Cultural Pluralism: Gu Jiegang's Vision of a New China in His Studies of Ancient History", *Modern China*, 22.3 (July 1996): 315-339.

———. "National Essence, National Learning, and Culture: Historical Writings in *Guocui Xuebao*, *Xueheng*, and *Guoxue Jikan*", *Historiography East and West*, 1.2 (Sept. 2003): 242-286.

Holden, Reuben. *Yale-In-China: The Mainland, 1901-1951*. New Haven, CT: Yale-China Association, 1964.

洪镰德:《人文思想与现代社会》,台北:扬智文化事业股份有限公司,1997年。

Hooper, Paul F., "The Institute of Pacific Relations and the Origins of Asian and Pacific Studies", *Pacific Affairs*, 61:1 (Spring 1988): 98-121.

Hooton, E. R. *The Greatest Tumult: The Chinese Civil War, 1936-1949*. Washington, DC: Brassey's, 1991.

Hopkirk, Peter. *Foreign Devils on the Silk Road: The Search for the Lost Cities and*

Treasures of Chinese Central Asia. London: J. Murray, 1980.

侯德础:《抗日战争时期中国高校内迁史略》,成都:四川教育出版社,2001年。

胡逢祥:《社会变革与文化传统:中国近代文化保守主义思潮研究》,上海:上海人民出版社,2000年。

胡绳:《帝国主义与中国政治》,上海:三联书店,1949年。

胡适:《从私立学校谈到燕京大学》,《独立评论》第108号,1934年7月8日。

胡适著,曹伯言整理:《胡适日记全编》,合肥:安徽教育出版社,2001年。

胡颂平:《胡适之先生年谱长编初稿》,台北:联经出版事业公司,1984年。

华西校史编委会,《华西医科大学校史(1910—1985)》,成都:四川教育出版社,1990年。

Huang, Philip, "Biculturality in Modern China and in Chinese Studies", *Modern China*, 26.1 (2000): 3-31.

——. "The Paradigmatic Crisis in Chinese Studies: Paradoxes in Social and Economic History", *Modern China*, 17.3 (July 1991): 299-234.

黄新宪:《基督教教育与中国社会变迁》,福州:福建教育出版社,1996年。

Hucker, Charles O. *The Association of Asian Studies: An International History*. Seattle, WA: University of Washington Press, 1973.

Hummel, Arthur W. trans. and annotated. *The Autobiography of a Chinese Historian: Gu Jiegang*. Taibei: Cheng-wen Publishing Co., 1966.

Hung, Chang-tai. *Mao's New World: Political Culture in the Early People's Republic*. Ithaca, NY: Cornell University Press, 2010.

——. *War and Popular Culture: Resistance in Modern China, 1937-1945*. Berkeley, CA: University of California Press, 1994.

Hunt, Michael H. *The Making of a Special Relationship: The United States and China to 1914*. New York: Columbia University Press, 1983.

——. *Ideology and U.S. Foreign Policy*. New Haven, CT: Yale University Press, 1987.

——. *The American Ascendancy: How the United States Gained and Wielded Global Dominance*. Chapel Hill, NC: The University of North Carolina Press, 2007.

—— and Steven Levine. *Arc of Empire: America's Wars in Asia from the Philippines to Vietnam*. Chapel Hill, NC: The University of North Carolina Press, 2012.

Hunter, Edward, *Brainwashing in Red China: The Calculated Destruction of Men's Minds*. New York: Vanguard Press, 1951.

Hunter, Jane. *The Gospel of Gentility: American Women Missionaries in Turn-of-the Century China*. New Haven, CT: Yale University Press, 1984.

Hutchison, William R. *Errand to the World: American Protestant thought and Foreign Missions*. Chicago, IL: University of Chicago Press, 1987.

Huters, Theodore. *Bringing the World Home: Appropriating the West in Late Qing and Early Republican China*. Honolulu, HI: University of Hawaii Press, 2005.

———. R. Bin Wong, and Pauline Yu, eds. *Culture and State in Chinese History: Conventions, Accommodations, and Critiques*. Stanford, CA: Stanford University Press, 1997.

Huntington, Samuel P. *The Clash of Civilizations and the Remaking of World Order*. New York: Simon and Schuster, 1996.

Ip, Hung-Yok, "Liang Shuming and the Idea of Democracy in Modern China", *Modern China*, 17.4 (Oct 1991): 469-508.

———. Tze-Ki Hon, and Chiu-Chun Lee, "The Plurality of Chinese Modernity: A Review of Recent Scholarship on the May Fourth Movement", *Modern China*, 29.4 (Oct. 2003): 490-509.

Iriye, Akira. *Cultural Internationalism and World Order*. Baltimore, MD: Johns Hopkins University, 1997.

———. *The Globalizing of America, 1913-1945*. New York: Cambridge University Press, 1993.

———. "Americanization of East Asia: Writings on Cultural Affairs Since 1900". In *New Frontiers in American-East Asian Relations: Essays Presented to Dorothy Borg*. ed. Warren Cohen. New York: Columbia University Press, 1983.

———. *Power and Culture: The Japanese-American War, 1941-1945*. Cambridge, MA: Harvard University Press, 1981.

———. *The Cold War in Asia: A Historical Introduction*. Englewood Cliffs, NJ: Prentice-Hall, 1974.

———. et al. eds. *The Origins of the Cold War in Asia*. New York: Columbia University Press, 1977.

———. *Across the Pacific: An Inner History of American-East Asian Relations*. New York: Harcourt, Brace & World, 1967.

———. *Global Community: The Role of International Organizations in the Making of the Contemporary World*. Berkeley, CA: University of California Press, 2002.

Israel, John. *Student Nationalism in China, 1927-1937.* Stanford, CA: Stanford University Press, 1966.

———. *Lianda: A Chinese University in War and Revolution.* Stanford, CA: Stanford University Press, 1998.

Jacobs, Justin. "Confronting Indiana Jones: Chinese Nationalism, Historical Imperialism, and the Criminalization of Aurel Stein and the Raiders of Dunhuang, 1899-1944", in *China on the Margins*. Eds. Sherman Cochran and Paul G. Pickowicz, 65-90. Ithaca, NY: East Asia Program, Cornell University, 2010.

Jesperson, T. Christopher. *American Images of China, 1931-1949.* Stanford, CA: Stanford University Press, 1996.

金陵大学图书馆:《金陵大学图书馆概况》,南京:金陵大学,1929年。

金以林:《近代中国大学研究》,北京:中央文献出版社,2000年。

金以林、丁双平:《大学史话》,北京:社会科学文献出版社,2000。

Johnson, Sheila K. *American Attitude toward Japan, 1941-1945.* Washington: American Enterprise Institute for Public Policy Research, 1975.

———. *The Japanese through American Eyes.* Stanford, CA: Stanford University Press, 1988.

Johnson, Walter and Francis J. Colligan. *The Fulbright Program: A History.* Chicago, IL: University of Chicago Press, 1965.

Josephson, Harold. *James T. Shotwell and the Rise of Internationalism in America.* Rutherford, NJ: Fairleigh Dickinson University Press, 1975.

Kandel, Issac Leon. *United States Activities in International Cultural Relations.* Washington, DC: American Council on Education, 1945.

Kaplan, Amy and Donald E. Pease, eds. *Cultures of United States Imperialism.* Durham, NC: Duke University Press, 1993.

Karl, Rebecca. *Staging the World: Chinese Nationalism at the Turn of the Twentieth Century.* Durham, NC: Duke University Press, 2002.

Keenan, Barry. *The Dewey Experiment in China: Educational Reform and Political Power in the Early Republic.* Cambridge, MA: Harvard University Press, 1977.

Keith, Ronald C. The Diplomacy of Zhou Enlai. New York: St. Martin's Press, 1989.

Kennedy, Dane, "Imperial History and Post-Colonial Theory", *Journal of Imperial And Commonwealth History*, 24 (London, Sept. 1996): 345-363.

Kennedy, Valerie. *Edward Said: A Critical Introduction.* Malden, MA: Polity

Press, 2000.

Kessler, Lawrence D. *The Jiangyin Mission Station: An American Missionary Community in China, 1895-1951*. Chapel Hill, NC: University of North Carolina Press, 1996.

Kiang, Wen-han, "Secularization of Christian Colleges in China", *Chinese Recorder*, 68.5 (May 1937): 302-303.

Kiger, Joseph C. *American Learned Societies*. Washington, DC: Public Affairs Press, 1963.

Klein, Christian. *Cold War Orientalism: Asia in the Middlebrow Imagination, 1945-1961*. Berkeley, CA: University of California Press, 2003.

Knight, Edgar W., "Christian Education: Higher Education". In *Laymen's Foreign Missions Inquiry: China*, ed. Orville Petty, vol. 5, part 2. New York: Harper, 1933.

Kornweibel, Theodore. *Seeing Red: Federal Campaigns against Black Militancy, 1919-1925*. Bloomington, IN: Indiana University Press, 1998.

Kramer, Lloyd, "Historical Narrative and the Meaning of Nationalism", *Journal of the History of Ideas*, 58 (July 1997): 525-545.

Kroes, Rob, "American Empire and Cultural Imperialism: A View from the Receiving End", *Diplomatic History*, 23.3 (1999): 463-477.

Kwei, Paul C. T. "Christian Higher Education in China", *International Review of Missions*, 43 (1945).

Kwok, D. W. Y. *Scientism in Chinese Thought, 1900-1950*. New Haven, CT: Yale University Press, 1965.

郭颖颐著,雷颐译:《中国现代思想中的唯科学主义》,南京:江苏人民出版社,2010年。

Lacy, Creighton. "The Missionary Exodus from China", *Pacific Affairs* 28.4 (Dec. 1955): 301-314.

Lambert, Richard D. ed., "New Directions in International Education", *The Annals of the Ameri-can Academy of Political and Social Science*, 449 (May 1980).

———. *Beyond Growth: The Next Stage in Language and Area Studies*. Washington, DC: Association of American Universities, 1984.

———. "Blurring the disciplinary boundaries: Area studies in the United States". In *Divided Knowledge*, eds. D. Easton and S. Schelling, 171-194. Newbury Park, CA: Sage, 1991.

Lapwood, Ralph and Nancy Lapwood. *Through the Chinese Revolution*. London: Spalding & Levy, 1954.

Latham, Michael E. *Modernization as Ideology: American Social Science and "National Building" in the Kennedy Era*. Chapel Hill, NC: The University of North Carolina Press, 2000.

Latourette, Kenneth S. , "Chinese Historical Studies during the Past Seven Years", *The American Historical Review*, 26:4 (July 1921).

———. "Chinese Historical Studies during the Past Nine Years", *The American Historical Re view*, 35:4 (July 1930).

———. "Far Eastern Studies in the United States: Retrospect and Prospect", *The Far Eastern Quarterly*, 15:1 (Nov. 1955).

Lee, Steven Hugh, *Outposts of Empire: Korea, Vietnam and the Origins of the Cold War in Asia, 1949-1954*. Montreal, Canada: McGill-Queen's University Press, 1995.

Leffler, Melvyn P. *The Specter of Communism: The United States and the Origins of the Cold War, 1917-1953*. New York: Hill and Wang, 1994.

Lei, Yi. "Hu Shi and the Movement to 'Reexamine the National Heritage'", Chinese Studies in History 42.2 (Winter 2008-2009): 22-35.

Leland, Waldo G. , "International Intellectual Relations", *Annals of the American Academy of Political and Social Science*, 235 (Nov. 1944).

Levine, Steven. *Anvil of Victory: The Communist Revolution in Manchuria, 1945-1949*. New York: Columbia University Press, 1987.

Leung, Philip Yuen-sang, "Chinese Studies at Christian Colleges in Modern China: From Periphery to Core". In *Changing Paradigms of Christian Higher Education in China, 1888-1950*, ed. Peter Tze Ming Ng. Lewiston, NY: The Edwin Mellen Press, 2002.

Lew, Timothy Tingfang, "The New Culture Movement and Christian Education in China". In *China Today Through Chinese Eyes*, ed. T. C. Chao. London: Student Christian Movement, 1927.

Lewis, Bernard, "The Question of Orientalism". In *Islam and the West*, ed. Bernard Lewis, 99-118. New York: Oxford University Press, 1993.

Li, Hongshan. *U. S. -China Educational Exchange: State, Society, and Intercultural Relations, 1905-1950*. New Brunswick, NJ: Rutgers University Press, 2008.

Li, Li. *Mission in Suzhou: Sophie Lanneau and Wei Ling Girls' Academy, 1907-*

1950. New Orleans, LA: University Press of the South, 1999.

Li, Lincoln. *Student Nationalism in China, 1924-1949*. Albany, NY: State University of New York Press, 1994.

李明山、左玉河编:《当代中国学术思想史》,开封:河南大学出版社,1999年。

李瑞明编:《岭南大学》,香港:岭南(大学)筹募发展委员会,1997年。

李喜所等:《近代中国的留美教育》,天津:天津古籍出版社,2000年。

Lian, Xi. *The Conversion of Missionaries: Liberalism in American Protestant Missions in China, 1907-1932*. University Park, PA: Pennsylvania State University Press, 1997.

———. "The Search for Chinese Christianity in the Republican Period (1912-1949)", *Modern Asian Studies*, 38.4 (Oct. 2004): 851-898.

梁启超:《欧游心影录节录》,载氏著《饮冰室专集》,上海:中华书局,1936年。

廖风德:《学潮与战后中国政治(1945—1949)》,台北:东大图书股份有限公司,1994年。

Lifton, Robert J. *Thought Reform and the Psychology of Totalism: A Study of "Brainwashing" in China*. New York: Norton, 1961.

Lin, Xiaoqing D. *Peking University: Chinese Scholarship and Intellectuals, 1898-1937*. Albany, NY: State University of New York Press, 2005.

———. "Historicizing Subjective Reality: Rewriting History in Early Republican China", *Modern China*, 25.1 (Jan. 1999): 3-43.

———. "John K. Fairbank's Construction of China, 1930s-1950s: Culture, History, and Imperialism", Journal of American-East Asian Relations 19 (2012): 211-234.

Lind, Michael. *The American Way of Strategy: U.S. Foreign Policy and the American Way of Life*. New York: Oxford University Press, 2006.

刘大年:《美国侵华史》,北京:人民出版社,1951年。

刘方仪:《教会大学的终结:从中华人民共和国建国初期基督教政策谈起并以金陵大学为个案研究》,《思与言》2004年第3期,第69—92页。

Liu, Lydia. *Translingual Practice: Literature, National Culture, and Translated Modernity-China, 1900-1937*. Stanford, CA: Stanford University Press, 1995.

———. *The Clash of Empires: The Invention of China in Modern World Making*. Cambridge, MA: Harvard University Press, 2006.

Liu, Kwang-ching. ed. *American Missionaries in China: Papers from Harvard Semi-*

nars. Cambridge, MA: Harvard University Press, 1966.

刘家峰:《调试与冲突:1950年前后的教会大学——以齐鲁大学为个案》,载陶文钊、陈永祥主编:《中美文化交流论集》,北京:中国社会科学出版社,1999年,第210—228页。

刘少雪:《中国大学教育史》,太原:山西教育出版社,2007年。

刘家峰、刘天路:《抗日战争时期的基督教大学》,福州:福建教育出版社,2003年。

Lodwick, Kathleen L. *Educating the Women of Hainan: The Career of Margaret Moninger in China, 1915-1942*. Lexington, KY: University Press of Kentucky, 1995.

Luce, Henry R. *The American Century*. New York, 1941.

Lucas, Christopher J. *American Higher Education: A History*. New York: St. Martin's Press, 1994.

罗志田:《再造文明之梦——胡适传》,成都:四川人民出版社,1995年。

罗志田:《裂变中的传承——20世纪前期的中国文化与学术》,北京:中华书局,2003年。

Lutz, Jessie G. *China and Christian Colleges, 1850-1950*. Ithaca, NY: Cornell University Press, 1975.

———. *Chinese Politics and Christian Missions: The Anti-Christian Movements of 1920-1928*. Notre Dame, IN: Cross Cultural Publications, Cross Roads Books, 1988.

马敏:《近年来大陆中国教会大学史研究综述》,载章开沅主编《文化传播与教会大学》,武汉:湖北教育出版社,1996年,第401—428页。

Macdonald, Douglas J. *Adventures in chaos: American intervention for reform in the Third World*. Cambridge, MA: Harvard University Press, 1992.

MacInnis, Donald. *Religious Policy and Practice in Communist China: A Documentary History*. New York: Macmillan, 1972.

Madsen, Richard. *China and the American Dream: A Moral Inquiry*. Berkeley, CA: University of California Press, 1995.

Mannoia, V. James, Jr. With a foreword by Authur F. Holmes. *Christian Liberal Arts: An Education That Goes Beyond*. Lanham, MD: Rowman & Littlefield, 2000.

毛泽东:《毛泽东集》第二版,东京:苍苍社,1983年10卷本。

毛泽东:《新民主主义论(一九四零年一月十九日)》,载《毛泽东集》,卷7。

毛泽东:《全世界革命力量团结起来,反对帝国主义的侵略!(一九四八年十一月)》,载《毛泽东集》,卷 10。

毛泽东:《目前形势和我们的任务———一九四七年十二月二十五日在中共中央会议的报告》,载《毛泽东集》,卷 10。

毛泽东:《论人民民主专政(一九四九年六月三十日)》,载《毛泽东集》,卷 10。

毛泽东:《丢了幻想,准备斗争(一九四九年八月十四日)》,载《毛泽东集》,卷 10。

毛泽东:《"友谊"还是侵略?(一九四九年八月三十日)》,载《毛泽东集》,卷 10。

毛泽东:《解放日报》社论(一九四六年十一月二十六日),载《毛泽东选集》第二版,北京:人民出版社,1952—1977 年四卷本。

———. "Report to the Second Plenary Session of the Seventh Central Committee of the Communist Party of China, 5 Mar. 1949", *Selected Works of Mao Zedong*. 3rd ed. Beijing: Foreign Language Press, 1969. vol. 4.

———. "Manifesto of the Chinese People's Liberation Army, October 1947", *Selected Works of Mao Zedong*. vol. 4.

May, Ernest R., "American Imperialism: A Reinterpretation", *Perspectives in American History*, 1 (1967).

———. *The Truman Administration and China, 1945-1949*. Philadelphia, PA: Lippincott, 1975.

May, Glenn A. *Social engineering in the Philippines: The Aims, Execution, and Impact of American Colonial policy, 1900-1913*. Westport, CT.: Greenwood press, 1980.

Mazrui, Ali A. *Cultural Engineering and Nation-Building in East Africa*. Evanston, IL: Northwestern University Press, 1972.

McCaughey, Robert A., "Four Ambassadors", *Perspectives in American History*, 12 (1979).

———. *International Studies and Academic Enterprise: A Chapter in the Enclosure of American Learning*. New York: Columbia University Press, 1984.

———. "The Transformation of American Academic Life: Harvard University, 1821-1892", *Perspectives in American History*, 8 (1974).

McClymer, John. *War and Welfare: Social Engineering in America, 1890-1925*. Westport, CT: Greenwood Press, 1980.

Meng, Chih. *Chinese-American Understanding: A Sixty-Year Search*. New York: China Institute in America, 1981.

Merwin, Wallace C. and Francis P. Jones, comps. *Documents of Three-Self Movement*. New York: National Council of the Churches of Christ in the USA, 1963.

Mitter, Rana. *The Manchurian Myth: Nationalism, Resistance, and Collaboration in Modern China*. Berkeley, CA: University of California Press, 2000.

Morgan, Jamie, "Distinguishing Truth, Knowledge, and Belief: A Philosophical Contribution to the Problem of Images of China", *Modern China*, 30.3 (July 2004): 398-427.

Morison, Samuel Eliot. *Three Centuries of Harvard*. Cambridge, MA: Harvard University Press, 1936.

———. *The Development of Harvard University, 1869-1929*. Cambridge, MA: Harvard University Press 1930.

Mutsuda, Takeshi. *Soft Power and Its Perils: U. S. Cultural Policy in Early Postwar Japan and Permanent Dependency*. Washington, DC: Woodrow Wilson Center Press, 2007.

南京大学高教研究所校史编写组编:《金陵大学史料集》,南京:南京大学出版社,1989年。

Neils, Patricia. *China Images in the Life and Times of Henry Luce*. Savage, MD: Rowman & Littlefield, 1990.

——— and John C. Brewer, et al. *United States Attitudes and Policies toward China: The Impact of American Missionaries*. Armonk, NY: M. E. Sharpe, 1990.

Nevin, Thomas. *Irving Babbitt: An Intellectual Study*. Chapel Hill, NC: University of North Carolina Press, 1984.

Nevins, Allan. *The United States in a Chaotic World: A Chronicle of International Affairs, 1918-1933*. New Haven, CT: Yale University Press, 1950.

聂崇岐:《简述哈佛燕京学社》,载《文史资料选辑》第25辑,北京:文史资料出版社,1986年重印版,第70—80页。

Nielsen, Kim E. *Un-American Womanhood: Antiradicalism, Antifeminism, and the First Red Scare*. Columbus, OH: Ohio State University Press, 2001.

Nielsen, Waldemar A. *The Big Foundations*. New York: Columbia University Press, 1972.

Ng, Peter Tze Ming et al. *Changing Paradigms of Christian Higher Education in China, 1888-1950*. Lewiston, NY: The Edwin Mellen Press, 2002.

宁可、郝春文:《敦煌的历史和文化》,北京:新华出版社,1993 年。

Ninkovich, Frank A. *The United States and Imperialism*. Malden, MA: Blackwell Publishers, 2001.

——— and Liping Bu. eds. *The Cultural Turn: Essays in the History of U. S. Foreign Relations*. Chicago, IL: Imprint Publications, 2001.

———. *U. S. Information Policy and Cultural Diplomacy*. New York: Foreign Policy Association, 1996.

———. *The Diplomacy of Ideas: U. S. Foreign Policy and Cultural Relations, 1938-1950*. New York: Cambridge University Press, 1981.

———. "The Currents of Cultural Diplomacy: Art and the State Department, 1938-1947", *Diplomatic History*, 1.3 (Summer 1977): 215-238.

牛大勇、臧运祜:《中外学者纵论 20 世纪的中国——新观点与新材料》,南昌:江西人民出版社,2003 年。

Niu, Jun. ed. *From Yan'an to the World: The Origins and Development of Chinese Community Foreign Policy*. Trans. by Steven Levine. Norwalk, CT: East Bridge, 2005.

牛军、章百家主编:《冷战与中国》,北京:世界知识出版社,2002 年。

Oleson, Alexandra and John Voss, eds., *The Organization of Knowledge in Modern America*. Baltimore, MD: Johns Hopkins University Press, 1979.

Ouyang Zhesheng. "Hu Shi and Peking University", *Chinese Studies in History* 42.2 (Winter 2008-2009): 36-55.

Panichas, George A. *The Critical Legacy of Irving Babbitt: An Appreciation*. Wilmington, DE: Intercollegiate Studies Institute, 1999.

——— and Claes G. Ryn. eds. *Irving Babbitt in Our Time*. Washington, DC: Catholic University of American Press, 1986.

Parker, Michael. *Kingdom of Character: The Student Volunteer Movement for Foreign Missions, 1886-1926*. Lanham, MD: American Society of Missionary, University Press of America 1998.

Peake, Cyrus H. *Nationalism and Education in Modern China*. New York: Columbia University Press, 1932.

Peck, James and Joseph Esherick, "The Roots of Rhetoric: The Professional Ideology of the America's China Watchers", *Bulletin of Concerned Asian Scholars*, 2.1 (1969): 59-69.

Pepper, Suzanne. *Civil War in China: The Political Struggle*, *1945-1949*. 2nd ed. Lanham, MD: Rowman & Littlefield Publishers, 1999.

———. *Radicalism and Education Reform in 20th-Century China: The Search for an Ideal Development Model*. New York: Cambridge University Press, 1996.

Peterson, Glen, Ruth Hayhoe, and Yongling Lu. Eds. Education, Culture, and Identity in Twen tith- Century China. Ann Arbor, MI: University of Michigan Press, 2001.

Petras, James, "Cultural Imperialism in the Late 20th Century", *Journal of Contemporary Asia*, 23.2 (1993).

Pomeranz, Kenneth. *The Great Divergence: Europe, China, and the Making of the Modern World Economy*. Princeton, NJ: Princeton University Press, 2000.

Porter, Andrew N., "Cultural Imperialism and Protestant Missionary Enterprise", *Journal of Imperial and Commonwealth History*, 25 (1997).

Porter, Brian E. *Britain and the Rise of Communist China: A Study of British Attitudes*, *1945-1954* (London: Oxford University Press, 1967).

Porter, L. C. *China's Challenge to Christianity*. New York: Missionary Education Movement of the United States and Canada, 1924.

Powaski, Ronald E. The Cold War: The United States and the Soviet Union, 1917-1991. New York: Oxford University Press, 1998.

Powers, Richard Gid. *Not Without Honor: The History of American Anticommunism*. New York: Free Press, 1995.

Pratt, Mary Louise. *Imperial Eyes: Travel Writing and Transculturation*. 2nd ed. New York: Routledge, 1992.

Price, Maurice T., "Sinology and Social Study: Cooperative Research between Sinologists and Other Academic Specialists", *Pacific Affairs*, 5 (Dec. 1932): 1038-46.

Purifoy, Lewis McCarroll. Harry Truman's China Policy: McCarthyism and the Diplomacy of Hysteria, 1941-1951. New York: New Viewpoints, 1976.

Pyenson, Lewis. *Cultural Imperialism and the Exact Sciences*. New York: Peter Lang, 1985.

Pyle, Kenneth B. *The New Generation in Meiji Japan: Problems of Cultural Identity*, *1885-1895*. Stanford, CA: Stanford University Press, 1969.

卿汝楫:《美国侵华史》全2卷,北京:人民出版社,1952—1956年。

Raucher, Alan, "The First Foreign Affairs Think Tanks", *American Quarterly*, 30:4 (Autumn 1978): 493-513.

Rea, Kenneth W. and John C. Brewer, eds. *The Forgotten Ambassador: The Diplomacy of John Leighton Stuart, 1946-1949*. Boulder, CO: Westview Press, 1981.

Reardon-Anderson, James. *The Study of Change: Chemistry in China, 1840-1949*. New York: Cambridge University Press, 1991.

Reed, James. *The Missionary Mind and American East Asia Policy, 1911-1915*. Cambridge, MA: Harvard University Press, 1983.

Rietzler, Katharina. "Before the Cultural Cold Wars: American Philanthropy and Cultural Diplomacy in the Inter-War Years", *Historical Research* 84. 233 (Feb. 2011): 148-64.

Rivlin, Alice M. *The Role of the Federal Government in Financing Higher Education*. Washington, DC: Brookings Institution, 1961.

Roland Robertson, "Mapping the Global Condition: Globalization as the Central Concept", *Theory, Culture & Society*, 7 (June 1990): 15-30.

Rosenberg, Emily S. *Spreading the American Dream: American Economic and Cultural Expansion, 1890-1945*. New York: Hill and Wang, 1982.

Robinson, Thomas W. and David Shambaugh, eds. *Chinese Foreign Policy: Theory and Practice*. New York: Oxford University Press, 1994.

Rosenbaum, Arthur Lewis. ed. New Perspectives on YenChing University, 1916-1952:

———. Ed. "Special Volume of Yenching University and Sino-Western Interactions, 1919-1952", *The Journal of American-East Asian Relations* 14 (2007): 1-202.

Ross, Dorothy. *The Origins of American Social Science*. New York: Cambridge University Press, 1991.

Rudolph, Frederick. *The American College and University: A History*. New York: Vintage Books, 1962.

Ruotsila, Markku. *British and American Anticommunism before the Cold War*. Portland, OR: Frank Cass, 2001.

Russell, Bertrand. *The Ethics of War: Bertrand Russell and Ralph Barton Perry on World War I*. New York: Garland Publisher, 1972.

Said, Edward W. *Orientalism*. New York: Pantheon Books, 1978.

Sanneh, Lamin. *Translating the Message: The Missionary Impact on Culture*. New York: Orbis, 1989.

Schaller, Michael. *The American occupation of Japan: the origins of the cold war in Asia*. New York: Oxford University Press, 1985.

Schlesinger, Arthur, Jr. , "The Missionary Enterprise and Theories of Imperialism". in *The Missionary Enterprise in China and America*, ed. John K. Fairbank. Cambridge, MA: Harvard University Press, 1974.

——— and Morton White, eds. *Paths of American Thought*. Boston, Houghton Mifflin, 1963.

Schmidt, Regin. *Red Scare: FBI and the Origins of Anticommunism in the United States, 1919-1943*. Copenhagen: Museum Tusculanum Press, University of Copenhagen, 2000.

Schneider, Laurence A. *Gu Jiegang and China's New History: Nationalism and the Quest for Alternative Traditions*. Berkeley, CA: University of California Press, 1971.

———. *Biology and Revolution in Twentieth-Century China*. Lanham, MD: Rowman & Little Field, 2003.

Schneider, William H. ed. *Rockefeller Philanthropy and Modern Biomedicine: International Initiatives from World War I to the Cold War*. Bloomington, In: Indiana University Press, 2002.

Schram, Stuart R. *The Political Thought of Mao Tse-tung* (Mao Zedong). Rev and enl. ed. New York: Praeger, 1969.

Schwarcz, Vera. *The Chinese Enlightenment: Intellectuals and the Legacy of the May Fourth Movement of 1919*. Berkeley, CA: University of California Press, 1986.

Scott, Roderick. *Fukien Christian University: A Historical Sketch*. New York: United Board for Christian Colleges in China, 1954.

Shambaugh, David. ed. *American Studies of Contemporary China*. Armonk, NY: M. E. Sharpe, 1993.

Shantung Christian University, Board of Governors. *Twenty Five Years in Tsinan* (Jinan): Shantung University Christian University. Jinan: Shantung Christian University, Board of Governors, 1943.

Shastri, Amita and A Jeyaratham Wilson. eds. *The Post-Colonial States of South Asia: Democracy, Development, and Identity*. New York: Palgrave, 2001.

Shaw, Charles B. *The Libraries of the Christian Colleges of China*. New York: The

United Board of Christian Colleges of China, 1948.

Shaw, Yuming. *An American Missionary in China: John Leighton Stuart and Chinese-American Relations*. Cambridge, MA: Harvard University Press, 1992.

Shen, Grace Yen. *Unearthing the Nation: Modern Geology and Nationalism in Republican China*. Chicago, IL: The University of Chicago Press, 2014.

Sheridan, James E. *China in Disintegration: The Republican Era in China History, 1912-1949*. New York: Free Press, 1975.

史复洋:《〈燕京学报〉前四十期述评》,载《燕京学报》1995年新一期。

史静寰、王立新:《基督教教育与中国知识分子》,福州:福建教育出版社,1998年。

Showalter, Nathan D. *The End of a Crusade: The Student Volunteer Movement for Foreign Missions and the Great War*. Lanham, MD: Scarecrow Press, 1998.

Sih, Paul K. T. *Chinese Culture and Christianity*. Taibei: China Culture Publishing Foundation, 1957.

Smith, James Allen. *The Idea Brokers: Think Tanks and the Rise of the New Policy Elite*. New York: The Free Press, 1991.

Spence, Jonathan. *To Change China: Western Advisers in China, 1620-1960*. Boston: Little, Brown, 1969.

Stanley, Brian and Alaine M. Low. *Missions, Nationalism, and the End of Empire*. Grand Rapids, MI: Wm. B. Eerdmans Pub., 2003.

Stephanson, Anders. *Manifest Destiny: American Expansionism and the Empire of Right*. New York: Hill and Wang, 1995.

Stevens, David H. *The Changing Humanities: An Appraisal of Old Values and New Issues*. New York: Harper and Brothers, 1953.

Stuart, John Leighton. *Fifty Years in China: The Memoirs of John Leighton Stuart Missionary and Ambassador*. New York: Random House, 1954.

苏云峰:《从清华学堂到清华大学 1911—1929:近代中国高等教育研究》,北京:生活·读书·新知三联书店,2001年。

孙琴安、李师贞:《毛泽东与名人》,南京:江苏人民出版社,1993年。

Swanberg W. A. *Luce and His Empire*. New York: Scribner, 1972.

Tagore, Amitendranath. *Literary Debates in Modern China, 1918-1937*. Tokyo: The Center for East Asian Cultural Studies, 1967.

Tan, Shuangquan. *Jiaohui daxue zai jinxiandai Zhonguo* (The Christian colleges in modern China). Changsha: Hunan jiaoyu chubanshe, 1995.

谭双泉:《教会大学在近现代中国》,长沙:湖南教育出版社,1995年。

Tang, Wenfang and Benjamin Darr. "Chinese Nationalism and Its Political and Social Origins", *Journal of Contemporary China* 21.77 (2012): 811-826.

唐晓峰:《赵紫宸神学研究》,北京:宗教文化出版社,2006年。

唐晓峰编:《夜鹰之志:"赵紫宸与中西思想交流"学术研讨会文集》,北京:宗教文化出版社,2010年。

陶飞亚:《抗战时期中共对基督教会的新政策》,《文史哲》1995年第5期。

陶飞亚、吴梓明:《基督教大学与国学研究》,福州:福建教育出版社,1998年。

陶飞亚、梁元生:《〈哈佛燕京学社〉补正》,《历史研究》1999年第6期。

陶文钊、仲掌生主编:《中美关系100年》,北京:中国社会科学出版社,2001年。

滕茂椿:《燕京大学与哈佛燕京学社》,载张玮瑛等主编《燕京大学史稿1919—1952》,北京:人民中国出版社,2000年。

Teow, See Heng. *Japan's Cultural Policy Toward China, 1918-1931: A Comparative Perspec-tive*. Cambridge, MA: Harvard University Asia Center, distributed by Harvard University Press, 1999.

Thomson, James C., Jr. *While China Faced West: American Reformers in Nationalist China, 1928-1937*. Cambridge, MA: Harvard University Press, 1969.

———. Peter W. Stanley, and John C. Perry. *Sentimental Imperialist: The American Experience in East Asia*. New York: Harper & Row, 1981.

Thomas, John N. *The Institute of Pacific Relations: Asian Scholars and American Politics*. Seattle, WA: University of Washington Press, 1974.

Tien, Hung-mao. *Government and Politics in Kuomintang China, 1927-1937*. Stanford, CA: Stanford University Press, 1972.

Tomlinson, John. *Cultural Imperialism: A Critical Introduction*. Baltimore, MD: Johns Hopkins University Press, 1991.

Tsin, Michael. *Nation, Governance, and Modernity in China: Canton, 1900-1927*. Stanford, CA: Stanford University Press, 1999.

Tucker, Nancy B., "An Unlikely Peace: American Missionaries and the Chinese Communists, 1948-1950", *Pacific Historical Review*, 45.1 (1976): 97-116.

———. *Patterns in the Dust: Chinese-American Relations and the Recognition Controversy, 1949-1950*. New York: Columbia University Press, 1983.

———. *China Confidential: American Diplomats and Sino-American Relations*,

1945-1996. New York: Columbia University Press, 2001.

U, Eddy, "The Making of Chinese Intellectuals: Representations and Organization in the Thought Reform Campaign", *The China Quarterly*, 192 (Dec. 2007): 971-989.

U. S. Department of State, comp. *United States Relations with China, with Special Reference to the Period 1944-1949*. Washington, DC: U. S. Government Printing Office, 1949.

Varg, Paul A. *Missionaries, Chinese, and Diplomats: The American Protestant Movement in China, 1890-1952*. Princeton, NJ: Princeton University Press, 1958.

Vestal, Theodore M. *International Education: Its History and Promise for Today*. Westport, CT: Praeger, 1994.

Veysey, Laurence R. *The Emergence of the American University*. Chicago, IL: University of Chicago Press, 1965.

Von Eschen, Penny M. *Satchmo Blows up the World: Jazz Ambassadors Play the Cold War*. New ed. Cambridge, MA: Harvard University Press, 2006.

Wagley, Charles. *Area Research and Training: A Conference Report on the Study of World Areas*. Pamphlet No. 6. New York: Social Science Research Council, 1948.

Wakeman, Frederic Jr. and Richard Lewis Edmunds, eds. *Reappraising Republic China*, eds. New York: Oxford University Press, 2000.

Walker, Richard L. *China under Communism: The First Five Years*. New Haven, CT: Yale University Press, 1955.

Walmsley, Lewis Calvin. *West China Union University*. New York: United Board for Christian Higher Education in Asia, 1974.

Wang, Dong. *China's Unequal Treaties: Narrating National History*. Lanham, MD: Lexington Books, 2005.

———. *Managing God's Higher Learning: US-China Cultural Encounters and Canton Christian College (Lingnan University), 1888-1951*. Lanham, MD: Lexington Books, 2007.

———. *The United States and China: A History from the Eighteenth Century to the Present*. Lanham, MD: Rowman & Littlefield, 2013.

Wang, Edward. *Inventing China through History: The May Fourth Approach to Historiography*. Albany, NY: State University of New York Press, 2001.

———. "Is There A Chinese Mode of Historical Thinking: A Cross-Cultural Analysis". In *The Many Faces of Clio: Cross-Cultural Approaches to Historiography*, eds. Edward Wang et al. New York: Berghahn Books, 2007.

Wang, Fansen. *Fu Ssu-nien: A Life in Chinese History and Politics*. New York: Cambridge University Press, 2000.

王汎森:《古史辩运动的兴起——一个思想史的分析》,台北:允晨文化实业有限公司,1987年。

赵德馨主编,王方中著:《中国经济通史》第9卷,长沙:湖南人民出版社,2002年。

王立诚:《美国文化渗透与近代中国教育:沪江大学的历史》,上海:复旦大学出版社,2001年。

王立新:《美国传教士与晚清中国现代化——近代基督教新教传教士在华社会文化和教育活动研究》,天津:天津人民出版社,1997年。

王钟翰:《哈佛燕京学社与引得编纂处》,载《燕大文史资料》1990年第3期,北京:北京大学出版社,第19—20、22—24页。

Warner, Langdon. *The Long Old Road in China*. Garden City, NY: Dobuleday, Page & Co, 1926.

Washbrook, D. A., "Orients and Occidents: Colonial Discourse Theory and the Historiography of the British Empire". In *Oxford History of the British Empire*, vol. 5. *Historiography*, ed. Robin W. Winks, 596-611. New York: Oxford University Press, 1999.

Wasserstrom, Jeffrey. *Student Protests in Twentieth Century China: The View from Shanghai*. Stanford, CA: Stanford University Press, 1991.

Webster, James B. *Christian Education and the National Consciousness in China*. New York: Dutton, 1923.

Wei, C. X. George and Xiaoyuan Liu, foreword by William C. Kirby. *Exploring Nationalisms of China: Themes and Conflicts*. Westport, CT: Greenwood Press, 2002.

魏格林、施耐德主编:《中国史学史研讨会:从比较观点出发论文集》,台北:稻香出版社,1999年。

West, Philip. *Yenching University and Sino-Western Relations, 1916-1952*. Cambridge: MA: Harvard University Press, 1976.

Westad, Odd Arne. *Decisive Encounters: the Chinese Civil War, 1946-1950*. Stanford, CA: Stanford University Press, 2003.

———. *Cold War and Revolution: Soviet-American Rivalry and the Origins of the Chinese Civil War*, *1944-1946*. New York: Columbia University Press, 1993.

———. *Brothers in Arms: The Rise and Fall of the Sino-Soviet Alliance*, *1945-1963*. Stanford, CA: Stanford University Press, 1998.

Weston, Timothy B. *The Power of Position: Beijing University*, *Intellectuals*, *and Chinese Political Cultural*, *1898-1929*. Berkeley, CA: University of California Press, 2004.

Wheeler, Norton. *The Role of American NGOs in China's Modernization: Invited influence*. New York: Routledge, 2013.

Wickeri, Philip L. *Seeking the Common Ground: Protestant Christianity*, *the Three-Self Move ment*, *and China's United Front*. Maryknoll, NY: Orbis Books, 1988.

Wieck, Randolph. *Ignorance Abroad: American Educational and Cultural Foreign Policy and the Office of Assistant Secretary of State*. Westport, CT: Praeger, 1992.

Wiley, David S. and Robert S. Glew, eds. *International and Language Education for a Global Future: Fifty Years of U. S. Title VI and Fulbright-Hays Programs*. East Lansing, MI: Michigan State University Press, 2010.

Williams, Patrick. ed. *Edward Said*. Thousand Oaks, CA: Sage, 2001. 4 vols.

———. and Laura Chrisman. eds. *Colonial Discourse and Post-Colonial Theory: A Reader*. New York: Columbia University Press, 1994.

Wilson, Harold. *Social Engineering in Singapore: Educational Policies and Social Changes*, *1819-1972*. Singapore: Singapore University Press, 1978.

Wohlforth, William Curti. *The Elusive Balance: Power and Perception during the Cold War*. Ithaca, NY: Cornell University Press, 1993.

Wolfe, Patrick, "History and Imperialism: A Century of Theory, from Marx to Post Colonial ism", *American Historical Review*, 102 (Apr. 1997): 388-420.

Wright, David. *Translating Science: The Transmission of Western Chemistry into Late Imperial China*, *1840-1900*. Leiden: E. J. Brill, 2000.

吴梓明:《基督教大学华人校长研究》,福州:福建教育出版社,2001年。

吴梓明、马敏:《中国教会大学历史文献在美国收藏情况介绍》,《近代中国史研究通讯》1993年第16期,第180—198页。

吴梓明编:《中国教会大学历史文献研讨会论文集》,香港:香港中文大学出版社,1995年。

谢益显:《当代中国外交思想史》,开封:河南大学出版社,1999年。

Xing, Jun. *Baptized in the Fire of Revolution: The American Social Gospel and the YMCA in China, 1919-1937*. Bethlehem, PA: Lehigh University Press, 1996.

徐达深主编:《中华人民共和国实录》第1卷(1949—1956),长春:吉林人民出版社,1994年。

Xu, Guangqiu. *Congress and the U. S.-China Relationship, 1949-1979*. Akron, OH: University of Akron Press, 2007.

Xu, Guoqi. *China and the Great War: China's Pursuit of a New National Identity and Internationalization*. New York: Cambridge University Press, 2005.

Xu, Xiaoqun, "The Dilemma of Accommodation: Reconciling Christianity and Chinese Culture in the 1920s", *The Historian*, 60:1 (Fall 1997): 21-40.

———. *Chinese Professionals and the Republican State: The Rise of Professional Associations in Shanghai, 1912- 1927*. New York: Cambridge University Press, 2001.

徐以骅:《教会大学与神学教育》,福州:福建教育出版社,1999年。

燕大文史资料编委会编:《燕大文史资料》,北京:北京大学出版社,1988—1997年。

杨国荣:《科学的形上之维——中国近代科学主义的形成与衍化》,上海:上海人民出版社,1999年。

燕京大学校友校史编写委员会编:《燕京大学史稿 1919—1952》,北京:人民中国出版社,2000年。

燕京大学北京校友会:《燕京大学:建校80周年纪念历史影集》,北京:人民中国出版社,1999年。

杨建新等编:《五星红旗从这里升起:中国人民政治协商会议诞生纪实暨资料选编》,北京:文史资料出版社,1984年。

杨天宏:《中国非基督教运动(1922—1927)》,《历史研究》1993年第6期,第83—96页。

杨天宏:《基督教与近代中国》,成都:四川人民出版社,1994年。

Ye, Weili. *Seeking Modernity in China's Name: Chinese Students in the United States, 1900-1927*. Stanford, CA: Stanford University Press, 2001.

Yeh, Wen-hsin. *The Alienated Academy: Culture and Politics in Republican China, 1919-1937*. Cambridge, MA: Council on East Asian Studies, Harvard University, 1990.

Yip, Ka-che. *Religion, Nationalism and Chinese Students: The Anti-Christian Movement of 1922-1928*. Bellingham, WA: Center for East Asian Studies, Western

Washington University, 1980.

——. *Health and National Reconstruction in Nationalist China: The Development of Modern Health Services*, 1928-1937. Ann Arbor, MI: Association of Asian Studies, 1995.

于风政:《改造:1949—1957年的知识分子》,郑州:河南人民出版社,2001年。

Zanasi, Margherita, "Chen Gongbo and the Construction of a Modern Nation in 1930s China". In *Nation Work: Asian Elites and National Identities*, eds. Timothy Brook and Andre Schmid. Ann Arbor, MI: University of Michigan Press, 2000.

Zen, Sophia H. Chen. ed. *Symposium on Chinese Culture*. Shanghai: Institute of Pacific Relations, 1931.

曾业英主编:《五十年来的中国近代史研究》,上海:上海书店出版社,2000年。

张海鹏主编,王建朗、曾景忠著:《中国近代通史》第9卷《抗日战争1937—1945》,南京:江苏人民出版社,2007年。

Zhang, Hong. *America Perceived: The Making of Chinese Images of the United States, 1945-1953*. Westport, CT: Greenwood, 2002.

张寄谦:《哈佛燕京学社》,《近代史研究》1990年第5期,第149—173页。

张济顺:《中国知识分子的美国观(1943—1953)》,上海:复旦大学出版社,1999年。章开沅、林蔚(美)主编:《中西文化与教会大学——首届中国教会大学史学术研讨会论文集》,武汉:湖北教育出版社,1991年。

章开沅主编:《文化传播与教会大学》,武汉:湖北教育出版社,1996年。

章开沅、马敏主编:《社会转型与教会大学》,武汉:湖北教育出版社,1998年。

章开沅:《传播与植根——基督教与中西文化交流论集》,广州:广东人民出版社,2005年。

张若英:《中国新文学运动史资料》,上海:光明书局,1934年。

张越:《关于〈燕京学报〉》,《史学史研究》,1996年第4期,第70—78页。

Zhang, Yingjin. "The Institutionalization of Modern Literary History in China, 1922-1980", *Modern China*, 20.3 (July 1994): 347-377.

Zhao, Gang. "Reinventing China: Imperial Qing Ideology and the Rise of Modern Chinese National Identity in the Early Twentith Century", Modern China 32.1 (Jan 2006): 3-30.

Zhao, Suisheng. *A Nation-State by Construction: Dynamics of Modern Chinese Nationalism*. Stanford, CA: Stanford University Press, 2004.

郑登云:《中国近代教育史》,上海:华东师范大学出版社,1994年。

郑师渠:《在欧化与国粹之间:学衡派文化思想研究》,北京:北京师范大学出版社,2001年。

中共中央文献研究室编:《周恩来年谱(一八九八——一九四九)》,北京:中央文献出版社,1989年。

中央档案馆编:《中共中央文件选集》第18册(1949),北京:中共中央党校出版社,1989年。

中共中央党校教材审定委员会审定:《中共中央文件选编》,北京:中共中央党校出版社,1992年。

中国人民政治协商会议西南地区文史资料协作会议编:《抗战时期内迁西南的高等院校》,贵阳:贵州民族出版社,1988年。

Zhongguo renmin zhengzhi xieshang huiyi. Comp. *The Important Documents of the First Plenary Session of the Chinese People's Political Consultative Conference*. Beijing: Foreign Languages Press, 1949.

中央教育科学研究所编:《中国现代教育大事记》,北京:教育科学出版社,1988年。

周恩来:《周恩来选集》,北京:人民出版社,1980年。

朱峰:《基督教与近代中国女子高等教育——金陵女大与华南女大比较研究》,福州:福建教育出版社,2002年。

朱有瓛、高时良主编:《中国近代学制史料》第4辑,上海:华东师范大学出版社,1993年。

Zi, Zhongyun. *No Exit? The Origin and Evolution of U. S. Policy toward China, 1945-1950*. Norwalk, CT: East Bridge, 2003.

资中筠:《追根溯源:战后美国对华政策的缘起与发展(1945—1950)》,上海:上海人民出版社,2000年。

学位论文

Arum, Stephen M. "A History of Foreign Language and Area Studies in the U. S., 1915-1941". Ph. D. diss., Columbia University, 1976.

Chen, Shiwei. "Government and Academy in Republican China: History of Academia Sinica, 1927-1949". Ph. D. diss., Harvard University, 1998.

Curran, Thomas Daniel. "Education and Science in Republican China". Ph. D diss., Columbia University, 1986.

Dougherty, James V. "A History of Federal Policy Concerning College or University-based Foreign Language and Area Studies Centers, 1941-1980". Ph. D. diss., University of Maryland at College Park, 1993.

Guyotte, Roland Lincoln, III. "Liberal Education and the American Dream: Public Attitude and the Emergence of Mass Higher Education, 1920-1952". Ph. D. diss., University of Minnesota, 1980.

Harris, Marjorie J. "American Missions, Chinese Realities: An Historical Analysis of the Cross-Cultural Influences on the Development of North China Union Women's College/Yenching Women's College, 1905-1943." Ph. D. diss., University of North Carolina at Chapel Hill, 1994.